SPIノートの会 編著

これが 本当の **SPI3** テストセンターだ!

2026 年度版

KODANSHA

これがSPI3テストセンターだ!

次の説明を読んで、各問いに答えなさい。

この問題は2問組です

黒のクレヨンが4本、赤と白のクレヨンが3本ずつある。この10本のクレヨンを、P、Q、R、S、Tの5人が、2本ずつもらった。

もらったクレヨンの色について、以下のことがわかっている。

Ⅰ）Pがもらったクレヨンの色の組み合わせは、Qと同じだった

Ⅱ）Rがもらったクレヨンは、2本とも同じ色だった

同じ色のクレヨンをもらった人が1人だけのとき、Sがもらったクレヨンの色の組み合わせとしてあり得るのはどれか。当てはまるものをすべて選びなさい。

- [ ] A　黒が2本
- [ ] B　赤が2本
- [ ] C　白が2本
- [ ] D　黒と赤が1本ずつ
- [ ] E　黒と白が1本ずつ
- [ ] F　赤と白が1本ずつ

（くわしくは82ページ参照）

回答時間 ▰▰▰▰▰▰▰▰▰▱▱▱▱▱▱▱▱▱

1 2

次へ

SPIの「テストセンター」は専用会場のパソコンで受けるSPIだ!

- 基礎能力検査（言語・非言語）と性格検査がある

  ※言語は国語、非言語は数学に相当

- 自分で受検予約をして、テスト会社の用意した会場に出向いて受ける

※SPIには「2」や「3」などのバージョンがあります。現在のバージョンは「SPI3」です。

オンライン監視による自宅受検が選べます!

※受検会場として、専用会場のほか自宅も選べます（2022年10月開始）。自宅受検の注意事項は33ページを参照

テストセンターのカリスマ氏

テストセンターの言語画面

下線部のことばと意味が最も合致する
ものを1つ選びなさい。

相手の感情や思惑を気にせず思ったまま言う

- ○ A　口がうまい
- ○ B　歯が立たない
- ○ C　馬耳東風
- ○ D　鼻がきく
- ○ E　歯に衣（キヌ）を着せない

回答時間 ■■■■■■■■■■■■■■■■　　　　　　■■

次へ

（くわしくは266ページ参照）

これがテストセンターの言語問題。
見慣れないタイマーやボタンがあって焦るが、
1問1問確実に解いていこう！

就活中の女子大学生

テストセンターの非言語画面

次の文を読んで、各問いに答えなさい。

この問題は3問組です

　1990年代に入って、中国からの生鮮野菜と冷凍野菜の輸入が急増した。それまでは、中国から輸入される野菜といえば、ほとんどが、漬物用原料としての一時貯蔵野菜（塩蔵野菜）だった。例えば、1992年の時点でも、塩蔵野菜16.6万トンに対して、冷凍野菜は7.7万トン、生鮮野菜は3.0万トンにすぎない。これが、1995年には塩蔵21.9万トン、冷凍18.9万トン、生鮮15.3万トンとなった。輸入が増えている品目は、冷凍では里芋、枝豆、ほうれん草など、生鮮では、玉ねぎ、しょうが、にんにくなどがあげられる。中国は、1992年以降、日本にとって最大の野菜供給国の地位を占めている。

回答時間 ■■■■■■■■■■■■■■■■■■■■

　中国から輸入される一時貯蔵野菜について、文中で述べられていることと一致するものは次のうちどれか。

- ○　A　1995年の輸入は冷凍野菜のほうが多かった
- ○　B　1992年から1995年にかけて輸入量が減少した
- ○　C　1992年の輸入量は、冷凍野菜の約3倍だった
- ○　D　1992年の輸入量は、生鮮野菜と冷凍野菜の輸入量の合計より多かった

`1` `2` `3`

`次 へ`

（くわしくは230ページ参照）

言語と非言語は
同じ時間内で切れ目なく
出題される。
言語だと思って解いていたら実は
非言語だった、ということも。
注意が必要だ!

言語じゃないよ
非言語だよ

ウヒー!

テストセンターのオプション検査画面

〈くわしくは356ページ参照〉

英語検査(ENG)

説明文と意味が最も近いものを1つ選びなさい。

to discuss something in order to reach an agreement

- ○ A negotiate
- ○ B fail
- ○ C instruct
- ○ D engage
- ○ E swear

回答時間 ━━━━━━━━━━━━

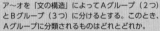

ア〜オを「文の構造」によってAグループ（2つ）とBグループ（3つ）に分けるとする。このとき、Aグループに分類されるものはどれとどれか。

ア　その職人はまだ若くて不慣れに見えたが、仕上げの美しさと手早さには驚いた。

イ　ビルの屋上から市街を見渡したが、美しい眺めだった。

ウ　イルカのショーで話題になった水族館に行ったが、大人でも充分に見応えがあった。

エ　友人に強く勧められた靴店に行ったが、私の好みの靴はなかった。

オ　泊まったホテルの客室はシングルだったが、予想以上に広かった。

- ○ A アとイ
- ○ B アとウ
- ○ C アとエ
- ○ D アとオ
- ○ E イとウ
- ○ F イとエ
- ○ G イとオ
- ○ H ウとエ
- ○ I ウとオ
- ○ J エとオ

〈くわしくは396ページ参照〉

回答時間 ━━━━━━━━━━━━━━━　　　次へ

構造的把握力検査

企業によっては、基礎能力検査が終わった後で、オプション検査が実施されることもある。
オプション検査は「英語検査(ENG)」「構造的把握力検査」の2つ。
集中力を切らさずにがんばろう！

テストセンターの性格画面

以下の質問は、あなたの日常の行動や考え方にどの程度当てはまるか。最も近い選択肢を1つ選びなさい。

	A	Aに近い	Aにどちらかといえば	Bにどちらかといえば	Bに近い	B
1	常に活動的なほうだ	○	○	○	○	常に落ち着いているほうだ
2	決断するときは細心の注意をはらう	○	○	○	○	決断するときは思い切って行う
3	冗談をあまり言わないほうだ	○	○	○	○	冗談をよく言うほうだ
4	うまくいかなくてもやり続ける	○	○	○	○	うまくいかなければ違う方法を試す
5	他人の意見に従うほうだ	○	○	○	○	他人の意見には従わないほうだ
6	気が強いと言われる	○	○	○	○	穏やかだと言われる
7	ある分野で抜きん出た存在になりたい	○	○	○	○	無理せず自分らしく進みたい
8	失敗してもあまり気にしないほうだ	○	○	○	○	失敗するといつまでも気になるほうだ

回答時間 ■■■■■■■■■■■■■■■■■■■

次へ

（くわしくは410ページ参照）

性格検査は事前に自宅で受ける。質問数が多いが、手早く読んで的確に回答しよう。未回答はNGだ！

全問回答!!

v

「テストセンター」 Q&A カリスマに聞け！

SPIのテストセンターって何？

志望企業から
「テストセンターでSPIを受検してください」
ってメールが来たんですけど、
テストセンターで受けるSPIって
何のこと？

一言で言うと「SPI」のパソコン版。
全国に設けられた専用の会場に
出向いて、パソコンで受検するSPIだ。
実施企業が激増していて、
対策必須のテストだ。

SPI

※2022年10月から、オンライン監視のもと
　自宅受検も可能

あ、「SPI」って聞いたことある！
ペーパーテストだと思っていたけど、
今はパソコン版があるんですね。
どっちも同じSPIだし、
紙がパソコンに
なっただけですよね。

甘いぞ！
テストセンターはペーパーテストと見た目が違う
だけじゃなく、出題内容も出題範囲も違う。
専用の対策をとらないと初期選考落ち
なんてことになりかねないぞ！

どんな問題が何問出る？

SPIのテストセンターって
難しいですか？
問題数はたくさんあるの？

テストセンターの基礎能力検査では、
回答の状況に応じて難易度や出題数が
変わるんだ。つまり、
**どんな問題が何問出るのかは、
人によって違うということ。**
パソコンならではの仕組みで、
100人いれば100通りの出題内容が
あるということだな。

みんな
違う問題

あの〜…パソコンって
書き込みできないですよね。
計算、困るなあ。
…そっか！メモとペンを
持ち込めばいいですね！

ノンノン。
それは持ち込めない。
その代わり、入場するときに
**数枚のメモ用紙と
筆記用具が渡される。**
それを使って筆算だ。
メモ用紙の活用が攻略のカギ！

ズバリ、
「テストセンターで高得点を取るコツ」
を教えてください!!

手早く正確に解いて、
なるべく多くの問題に
正解すること。
これができれば
テストセンター突破は間違いなし!
「手早く正確になるべく多く」
は、SPI全体の対策としても有効。
覚えておくといいぞ!

手早く正確に???
もう少しヒントをくださーい。

そうだな、まずは、
SPIの特徴である
「組問題」に慣れておくこと。
そして、問題再現度の高い対策本で
何度も問題を解くこと。
この両方が可能な
本書に取り組むのが一番ってことさ!

対策の要は「組問題」

組問題の画面例（3問組の場合）

問題の設定（画面の左側に表示される内容）は、3問とも同じ。

ここが変わる。

タブを切り替えて、3問解く。

この3問の制限時間。

※組問題では、1問ずつではなく、1組ごとの制限時間となる。

テストセンターでは、同じ設定で2～4問程度が
続く「組問題」が多く出題される。
この「組問題」が対策の要だ。
同じ組の中の設定や計算に使った数値を
上手に使い回すなど、
組問題の特徴を押さえた対策をしよう！

結果の使い回しってどういうこと？

「テストセンターの前回結果を
使い回して全勝！」と話す
先輩がいたんですが、どういうこと？

SPIのテストセンターは、
一度受検すれば、
次に他の企業から受検を
求められたときに、
前回の受検結果を使い回す
ことができるんだ。
その先輩は、できばえがよい
結果を効率よく使い回したんだな。

悪い結果

良い結果

なるほど。でも使い回すかどうかは、
受検したときの点数がわからないと
難しいですよね。そうか、受検後に、
何点取ったかを教えてもらえるんですね！

ちょっと待った。
受検者に得点結果は通知されないぞ。
**使い回すときは、あくまでも
主観的な「できばえ」に
頼るしかないんだ。**
使い回しの判断は難しい。
慎重に考えることだ。

SPI以外の採用テストにも「テストセンター」がある？

「採用テストはSPIだけじゃない！」と
聞きました。
SPI以外の採用テストにも、
テストセンターがありますか？

2013年以降、
SPI以外の採用テストが
次々とテストセンターを開始している。
代表的なものは、以下の3つだ。
・C-GAB（玉手箱のテストセンター）
・ヒューマネージ社のテストセンター
　（TG-WEBのテストセンター）
・SCOAのテストセンター

（くわしくは24ページ参照）

SPI以外のテストセンターも、
新卒採用で
多く使われているのでしょうか？

新しく登場したテストセンターは、
まだSPIほど多くは使われていない。
しかし、実施企業は着実に増えている。
「テストセンターと言えば、必ずSPI」ではない。
SPI以外のテストセンターの情報も
知っておくことが大事だ！

採用テストには「開始日」がある！

本選考には、「広報活動」「選考活動」があり、開始日（解禁日）が決まっている。それぞれで、開始してよいテストの種類が異なるんだ。

「広報活動」「選考活動」の開始日とは？

● **広報活動**（学生にとって場所や時間の拘束が少ない活動）

開始時期	卒業・修了年度に入る直前の**3月1日以降**
開始内容	**Webテスト、テストセンター**など

● **選考活動**（学生にとって場所や時間の拘束を伴う活動）

開始時期	卒業・修了年度の**6月1日以降**
開始内容	**ペーパーテスト**など

※政府が年度ごとに出している「卒業・修了予定者等の就職・採用活動に関する要請事項」を参考に作成
※2026年度から、2週間以上の専門活用型インターンシップの参加者には、6月1日の選考活動開始を待たず、3月1日以降に内々定を出すことができるようになります。

Webテストやテストセンターの方が、ペーパーテストよりも開始が早い……。まずは、Webテスト、テストセンターの対策から始めるべきですね！

その通り。本選考に向けたテスト対策は、「Webテスト、テストセンターが先、ペーパーテストが後」が効率的だ。
ただし、開始日とは無関係に、独自日程で選考を進める企業もある。
志望企業が、いつ、どのテストを実施するかを見極めて対策を進めよう。

わかりました、がんばります！

日本で最も使われている採用テスト SPIの「テストセンター」専用対策本の決定版!

SPIのパソコン受検版「テストセンター」!

日本で最も多く使われている採用テスト「SPI（エスピーアイ）」。そのSPIを、専用会場のパソコンで受けるのが「テストセンター」です。新卒採用で実施する企業が非常に多く、受検者数の割合はペーパーテストのSPIを大きく超えています。テストセンター対策は、SPI対策の要です!

テストセンターの出題範囲に絞った対策が大事!

SPIは、テストセンターやペーパーテストなどの受検方式により出題範囲や出題内容が違います。限られた時間で効果を上げるためには、テストセンターの出題範囲に絞り込んだ適切な対策を取ることが大事です!

テストセンター対策で短期決戦を乗り切ろう!

現在の就職活動は、夏のインターンシップへの応募が、実質的な活動の開始です。有力・人気企業の中には、参加者を絞り込む目的で、Webテストやテストセンターを実施するところもあります。また、3月1日の「広報活動」開始日以降の採用活動も、「短期決戦」の傾向が定着しています。開始日以降、すぐにWebテストやテストセンターを実施する企業が多数です。

テストセンター対策は、早い時期から始める必要があります!

本書を活用し、就活に勝利しましょう!

本書の特徴

SPIの「テストセンター」方式の専用対策本

新卒採用で実施される SPI のうち、最も実施率の高い「テストセンター」を完全解説。最新バージョン「SPI3」に対応し、基礎能力検査（言語、非言語）とオプション検査（英語検査、構造的把握力検査）、性格検査のすべてを掲載しています。本書一冊で、すべての検査の対策ができます！

最新傾向の問題を頻出度順で掲載！

テストセンターの最新傾向を踏まえた問題を多数掲載。頻出度の高さと学習効率を考えた構成を実現しました。本書の目次順に学習を進めていけば、効率のよい対策ができます。

実際の出題範囲、出題内容を忠実に再現！

実際にテストセンターを受検した就活生の皆さんから寄せられた報告に基づき、問題を高い精度で再現しています。SPI の特徴である「組問題」や、2014 年度から登場した「当てはまるものをすべて選ぶ」回答形式など、テストセンターの実態を踏まえた問題に取り組むことができます。

見開き完結・図解でわかりやすい!

すべての項目で見開き完結のレイアウトを実現。SPIの特徴である「組問題」も一目で把握できます。解説は図解を多用し、苦手な分野もすぐに理解できます。さらに、手早く正確に解くための「別解」「速解」を豊富に紹介。実力アップに役立ちます。

予約から当日まで、受検の流れを完全解説!

テストセンターでは、受検する本人が自宅のパソコンなどで予約手続きをします。予約時には性格検査の受検も必要です。本書は、初めてテストセンターを受ける際の疑問や不安に答えます。

※テストセンターでは、オンライン監視による自宅受検が選べます(2022年10月開始)。本書で解説する受検の流れは、自宅受検にも対応しています。

本書だけ! テストセンターの見分け方がわかる!

2013年以降、SPI以外の有力採用テストが次々とテストセンター方式を開始しています。本書は、これらのテストセンターの情報を紹介。テストセンターの見分け方も紹介します。

本 書 の 使 い 方

 1 テストセンターの全体像を理解する

「1章　テストセンターとは？」（P.1）

 2 各科目の出題範囲と対策法を確認

非言語（P.36）・言語（P.240）・
英語（P.326）・構造的把握力（P.384）

 3 一巡目：まずはすべての問題に取り組む

まずは、各科目ですべての問題に取り
組んでみよう。わからない問題がある
ときは、解説を読んで解き方を理解し
よう。一巡目は、焦らずに、問題がき
ちんと解けるようになることを目指そう

 4 二巡目以降：繰り返し取り組み、速さと正確さを高める

問題ごとに制限時間があるテストセン
ターでは、手早く、正確に解くことが
欠かせない。二巡目からは、より速く、
より正確に解くことを心がけよう。解
説中にある「別解」「速解」も役立つ

5 性格検査対策も忘れずに!

SPI3 の診断項目に目を通しておこう

本 書 の 見 方

ここがポイント!
問題を解くうえでのコツや要領など、実践的なポイントを紹介。問題に取り組む前に必ず確認を。

カンタン解法
ポイントに基づいた解き方を解説。図中心・1ページ完結の解説で、短時間で解法がマスターできます。

別解
「カンタン解法」とは別の解き方を紹介。自分に合う方法を見つけましょう。

練習問題
実際の出題範囲、内容を再現した練習問題。同じ設定で問題が続く「組問題」を1ページに配置。一目で全容が把握できます。

解説
見開きごとに正解と解法を掲載。解いたらすぐに正解を確認できます。

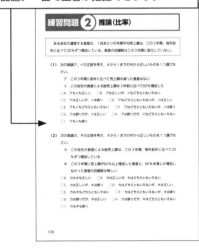

速解
より短時間で正解にたどりつくための解法を豊富に紹介。実力アップに役立ちます。

1章
テストセンターとは？ —————————— 1

2章
テストセンター・非言語 ————— 35

3章

テストセンター・言語 239

4章

テストセンター・英語 325

5章

テストセンター・構造的把握力 —— 383

6章

テストセンター・性格 —— 405

COLUMN

2～5章は、出題頻度順（出る順）・学習効率の高い順に構成しています。

1章

テストセンターとは？

テストセンターとは？

専用会場のパソコンで受けるSPI

　SPIのテストセンターは、日本で最も多く使われている採用テスト「SPI」のパソコン受検版です。全国の主要都市に設けられている専用の会場に出向き、備え付けのパソコンを使って受けます。

　テストセンターは、以下の検査で構成されます。

【テストセンターの基本構成】

●性格検査（所要時間：約30分）

　テストセンターの受検予約をするときに、自宅のパソコンなどで受検します。

●基礎能力検査（所要時間：約35分）

　テストセンターの会場に出向いて、会場のパソコンで受けます。基礎能力検査は、同じ時間内に言語と非言語の検査が実施されます。

【テストセンターのオプション検査】

●英語検査（ENG）（所要時間：約20分）

●構造的把握力検査（所要時間：約20分） ※SPI3で登場

　英語検査、構造的把握力検査のどちらも、テストセンターの会場に出向いて、会場のパソコンで受けます。実施の有無は企業により異なります。

最新のバージョンは「SPI3」

　SPIには「SPI2」や「SPI3」といったバージョンがあります。現在、実施されているのは、2013年1月に登場した最新バージョンの「SPI3」です。

テストセンターの画面

テスト全体の制限時間
時間の経過にしたがって、時計回りに色が変わる

必要な設問数に対する回答数
回答すると時計回りに色が変わる

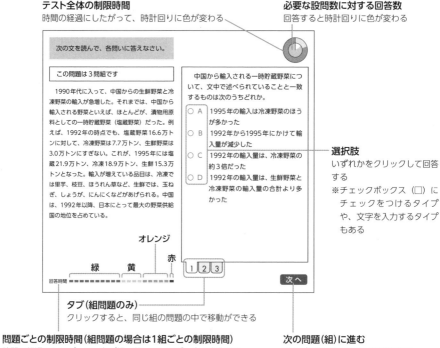

次の文を読んで、各問いに答えなさい。

この問題は3問組です

1990年代に入って、中国からの生鮮野菜と冷凍野菜の輸入が急増した。それまでは、中国から輸入される野菜といえば、ほとんどが、漬物用原料としての一時貯蔵野菜（塩蔵野菜）だった。例えば、1992年の時点でも、塩蔵野菜16.6万トンに対して、冷凍野菜は7.7万トン、生鮮野菜は3.0万トンにすぎない。これが、1995年には塩蔵21.9万トン、冷凍18.9万トン、生鮮15.3万トンとなった。輸入が増えている品目は、冷凍では里芋、枝豆、ほうれん草など、生鮮では、玉ねぎ、しょうが、にんにくなどがあげられる。中国は、1992年以降、日本にとって最大の野菜供給国の地位を占めている。

中国から輸入される一時貯蔵野菜について、文中で述べられていることと一致するものは次のうちどれか。

○ A　1995年の輸入は冷凍野菜のほうが多かった

○ B　1992年から1995年にかけて輸入量が減少した

○ C　1992年の輸入量は、冷凍野菜の約3倍だった

○ D　1992年の輸入量は、生鮮野菜と冷凍野菜の輸入量の合計より多かった

選択肢
いずれかをクリックして回答する
※チェックボックス（□）にチェックをつけるタイプや、文字を入力するタイプもある

オレンジ
赤
緑　　黄

回答時間　　　　　　　　　　　1 2 3　　　　　　次へ

タブ（組問題のみ）
クリックすると、同じ組の問題の中で移動ができる

問題ごとの制限時間（組問題の場合は1組ごとの制限時間）
時間の経過にしたがって、色が緑→黄→オレンジ→赤と変化する
緑：標準的な回答時間
黄：やや遅れ気味の回答時間
オレンジ：遅れ気味の回答時間。まもなく制限時間
赤：制限時間終了。赤の表示になると、未回答でも自動的に次の問題へ進む

次の問題（組）に進む
進んだ後は、前の問題へは戻れない

オンライン監視による自宅受検が選択できる

　テストセンターの受検会場として、専用の会場のほかに、自宅も選べます（2022年10月開始）。自宅受検では、オンラインによる監視のもと、基礎能力検査やオプション検査を自宅のパソコンで受けます。

※本書で解説するテストセンターの特徴や出題内容、受検のながれなどの基本的な仕組みは、専用会場で受けるときも自宅受検も同じです。ただし、自宅受検では、用意するものなど、一部に違いがあります（33ページ参照）。

テストセンターの特徴

1問1画面、問題はとばせない

SPIのテストセンターの問題は、1問または1組（2問1組などの「組問題」のとき）ずつ表示されます。

※性格検査では、1画面に8問程度の質問文が一度に表示されます。

「次へ」ボタンのクリックで、次の1問または1組の問題に進み、前の問題には後戻りできません。ペーパーテストのように、苦手な問題を後回しにすることはできないので、気をつけてください。

※同じ「組問題」の中に限り、「タブ」のクリックで自由に行き来できます。

制限時間は問題ごと

テストセンターでは、検査全体の制限時間のほかに、問題ごとの制限時間があります。問題ごとの制限時間を過ぎると、未回答でも自動的に次の問題に進んでしまいます。未回答は誤答として扱われますから、失点を防ぐため、常に制限時間を意識しながら解きましょう。

受検者ひとりずつ出題内容が異なる

テストセンターでは、受検者ごとに異なる問題が出題されます。また、回答の状況に応じて、難易度や出題数が変化します。テスト開始時点で全部の出題内容と出題数がわかるペーパーテストとは、まったく違います。

こうした仕組みに不安を感じるかもしれませんが、落ち着いて1問ずつ取り組みましょう。大切なのは、正確で素早い回答を常に心がけることです。

他の方式とは出題範囲が違う

SPIには「テストセンター（会場でパソコン受検）」「ペーパーテスト（会場でマークシート受検）」「WEBテスティング（WEBテスティングサービス：自宅でパソコン受検）」などの方式があります。

どの方式を受検しても、基礎能力検査の測定結果には大きな差異が出ないように作られています。

ただし、**実際の出題範囲や問題には違いがあります**。これは、パソコンや紙といったメディアの違い、また会場受検や自宅受検といった環境の違いなどを反映しているためです。**この実態を理解したうえで、方式ごとに出題範囲を把握して対策を進めましょう。**

テストセンターの出題範囲は、非言語36ページ、言語240ページ、英語326ページ、構造的把握力384ページで紹介しています。

自分に都合のよい日時で受検できる!

テストセンターでは、受検者本人が専用の予約サイトから受検の予約をする仕組みになっています。企業からは、ある程度の幅を持った期間が示され、その期間内にテストセンターを受検するよう指示があります。**指定された期間内であれば、好きな日時、会場を選んで受検をすることができます。**

※予約から受検までの具体的なながれは8ページを参照

【予約の時点でテストセンターとわかる】

テストセンターは、その仕組み上、自分がこれから受検するのがテストセンターだということが予約時にわかります。性格検査は予約時に受検しなければなりませんが、基礎能力検査については、予約完了後、受検当日までの時間を使って対策をすることができます。

受検結果を他の企業に使い回せる

テストセンターは一度受検してしまえば、次に他の企業から受検を求められたときに、前回の受検結果を使い回すことができます。使い回せる期間は1年間です。

【使い回しの仕組み】

例えば、A社の採用選考でテストセンターを受検したとします。次にB社の採用選考でテストセンターの受検指示があったとき、もう一度テストセンターを受検しなくても、A社で受けたときの結果をそのままB社に送信することができます。

もしA社でテストセンターを受検したときの手応えが悪く、そのままB社に結果を送信するのが不安であれば、B社の採用選考で改めてテストセンターを受検し直すこともできます。

※使い回しは検査ごとにできます。例えば、性格のみ使い回し、基礎能力はもう一度受けることができます。

オプション検査の有無も予約時にわかる

オプション検査は基礎能力検査に追加して実施される検査で、英語検査と構造的把握力検査の2つがあります。オプション検査を実施するかどうか、また、どのオプション検査を実施するかは企業によって異なります。

テストセンターの予約画面では、これから受ける検査が全部わかります。オプション検査の有無もここでわかります。受検当日までの時間を使って、対策を取りましょう。

オプション検査①英語検査（ENG）

　英語検査（ENG）は、同意語、反意語などの語彙力を問う問題、文法や用法の問題、長文読解などが出題されるテストです。今のところ実施する企業はそれほど多くありませんが、今後は実施企業が今よりも増える可能性はあるでしょう。

　英語検査にはペーパーテスト版もありますが、テストセンターの英語検査とまったく同じわけではありません。テストセンターの英語検査も、言語や非言語と同じく専用の対策が必要です。

オプション検査②構造的把握力検査

　構造的把握力検査は、4〜5程度の箇条書きになった文章や問題群を、その構造に応じて分類するテストです。言語や非言語とは性質の違う問題が出題されるので、対策が必要です。

　構造的把握力検査も、英語検査と同様に、実施する企業はそれほど多くありません。しかし、今後は実施企業が今よりも増える可能性があるでしょう。

一度受検すれば、結果を使い回せる！

私はもう1度受けなおすわ！

テストセンター受検のながれ

受検予約はパソコンかスマートフォンで

SPIのテストセンターの受検予約は、受検者自身が行います。

志望企業からの受検案内のメールが届く。テストセンターの予約サイトのURL（リンク）が記されている。

受検者は、パソコン、またはスマートフォンを使って予約サイトにアクセスする。都合の良い日時と会場を選んで予約する。

※専用会場で受検するときは「リアル会場」、自宅受検は「オンライン会場」を選ぶ
※前回の受検結果の使い回しも、このサイトから行える
※オプション検査がある場合、ここでわかる

続いて、性格検査を受検する。

※性格検査は後から受けることもできる。ただし予約操作した日の27時（翌日の午前3時）
　までに受検を済ませることが必要
※前回の性格検査の結果を使い回すときは、受検しない

性格検査の受検が終わると、受検予約が完了する。

受検予約の完了確認画面か、受検予約完了のメールを印刷したものが、「受検票」となる。

※何らかの事情で印刷できないときは、受検予約完了の画面、またはメールをメモ書きし
　たものでも可。詳しくは画面またはメールをよく読むこと
※自宅受検では、受検票は不要

性格検査の受検が終わった時点で予約が完了する

　テストセンターを受検するときは、会場と日時の予約に続いて、性格検査の受検をします。受検が終了すると、予約が完了します。

　2回目以降にテストセンターを受検する場合で、性格検査の結果を使い回すときは、予約時の性格検査の受検はありません。

※受検予約のときに性格検査の受検をせず、後から受検することもできます。ただし、予約操作した日の27時（翌日の午前3時）までに受検を済ませないと、テストセンターの予約は無効になります。

予約変更したいとき

　受検の日時や会場は、テストセンターの予約サイトから変更や取り消しができます。予約を取り消して、前回の受検結果を使い回すように変更するといったことも可能です。

　ただし、変更や取り消しができるのは、当日の受検開始時間の1時間前までです。それ以降は、予約の変更や取り消しができません。

　安全策をとって、予約の変更や取り消しは、できれば前日までに済ませておくと安心でしょう。

※予約を取り消して前回の受検結果を使い回す場合、性格検査は予約時に受検した結果が送られます。また、同じ企業で改めて予約し直した場合、性格検査を再度受検する必要はありません。

受検当日に用意するもの

●身分証明書

　顔写真付きの学生証や運転免許証、パスポートなどです。テストセンターの受付で行われる本人確認で使用します。身分証明書を忘れ、本人確認ができない場合は、原則として受検できません。必ず用意しましょう。

●受検票

受検予約完了の画面か確認のメールをそのまま印刷したものです（メモ書きでも可。メモする内容は予約完了画面やメールに書かれています）。

※自宅受検では、受検票は不要です。

服装は自由、持ち込みには制限がある

テストセンター受検時の服装は自由です。スーツでも私服でもかまいません。テストセンターを運営しているのはテスト会社であり、応募企業の担当者は、会場にはいません。

専用会場では、持参した筆記用具などは使えません。代わりに、**会場でメモ用紙と筆記用具が貸し出されます**。

※自宅受検では、パソコンやWebカメラなどの準備が必要です。メモ用紙と筆記用具も自分で用意します。電卓は使用できません（詳しくは33ページ参照）。

トラブルで受検できないときは

万一、当日にトラブルなどが発生して受検できなくなったときは、テストセンターの予約サイトで、予約の変更や取り消しをしましょう。専用会場で受検する場合、受検開始時間の1時間前を過ぎてから受検できなくなったときは、会場に直接連絡します。連絡先は、受検予約完了の画面か、確認のメールに記載されています。

受検した後は、合否連絡を待つだけ

受検が終了すると、採点された結果が、応募企業に送られます。あとは、企業からの合否連絡を待つだけです。

なお、得点結果などの情報は、受検者には知らされません。

使い回すときは「でき具合」で判断

　一度受検した結果を使い回すときには、いくつかの注意が必要です。

　まず、得点は受検者には通知されません。また、出題される問題の難易度も出題数も受検者ごとに異なるため、何割くらいの得点がとれたかという感覚がつかみにくくなっています。

　つまり、おおよその「でき具合」を推測して、「よくできた」と感じたら使い回すという主観的な判断しかできないのです。対策としては、出題された問題を、覚えているうちに記録しておきましょう。自己採点することで、でき具合を推測しやすくなります。また、記録した問題は、次回までに解けるようにしておきましょう。こうすることで、次回の受検では、より高得点を狙うことができます。

合格ラインは一律でないことにも注意する

　結果を使い回すときには「合格ラインは企業によって異なる」ことにも注意しましょう。同じ結果を送信しても、ある企業では通過することもあれば、別の企業で落ちることもあります。受検結果を使い回すかどうかは慎重に判断しましょう。

テストセンターの効果的な対策は？

高得点のコツは「手早く」「正確に」解くこと

　テストセンターは、企業ごとに合格ラインが異なるため、何割を正解すれば通過するとは一概に言えません。確実に言えるのは、基礎能力検査の点数は高いに越したことはないということです。できるだけ高得点がとれるように対策をしましょう。

　高得点をとるためのコツは、「手早く」「正確」に解いて、なるべく多くの問題に正解すること。そのためには、本書に繰り返し取り組み、確実に正解できるようにしておくことが大事です。

各科目はまんべんなく得点するのが理想

　基礎能力検査の各科目は、まんべんなく得点するのが理想です。言語・非言語のどちらかが極端に苦手な人は、苦手なほうを優先して対策しましょう。

「手早く正確に解く」ための6箇条

1. メモ用紙を活用する

　画面上の問題から、ポイントとなるキーワードや数値をメモ用紙に書き出して整理すると、解きやすくなります。

2. 筆算のスピードを上げる

　電卓は使用できません。非言語では筆算のスピードが重要です。筆算に慣れるため、本書の問題は、電卓を使わず筆算で解いてください。

3．選択肢のいずれかをクリックしてから考える

未回答のまま制限時間を過ぎてしまうと、自動的に次に進んでしまいます。選択肢のいずれかをクリックしてから、問題を解き始めましょう。

※性格検査では、なるべく素早く質問文を読み、1問ずつ適切な回答をするよう心がけましょう。

4．わからない問題でも、未回答にはしない

テストセンターでは、「誤謬率」（回答のうち、どれだけ間違ったかという割合）は測定されません。問題には必ず回答しておきましょう。

5．制限時間を意識しながら解く

回答時間の表示を見ながら、上手に時間配分して問題を解きましょう。

6．わからない問題に時間を使い過ぎない

テストセンターでは回答速度が重要です。わからない問題に時間を使い過ぎることは避け、あたりをつけて答えを選び、次に進みましょう。

【テストセンターの予約サイトを活用しよう！】

テストセンターの予約サイトでは、テストセンターの仕組みや受検の流れなどが詳しく説明されています。予約サイトにアクセスしたときは、これらの説明に目を通しておきましょう。

「組問題」「回答形式」が攻略のカギ!

対策の要は「組問題」

　組問題とは、同じ設定で2〜4問程度が続く問題です。特に、非言語はほとんどが組問題です。組問題には、「設定を理解するのに時間がかかる」「1問あたりにかけられる時間が短い」という特徴があります。

●組問題の画面例（3問組の場合）

問題の設定（画面の左側に表示される内容）
は、3問とも同じ。

ここが変わる。

タブを切り替えて、3問解く。

この3問の制限時間。※組問題では、1問ずつではなく、1組ごとの制限時間となる。

●組問題対策のコツ

1. 同じ組の中の設定や、計算に使った数値を、上手に使い回す

　配布されるメモ用紙を活用して、設定や数値を上手に使い回しましょう。

2．1問目（1つめのタブ）の問題から取りかかる

同じ組の中では1問目のほうが易しいことが多いためです。また、1問目の答えを2問目に利用できるタイプの問題が出題されることもあります。

3．本書を使って、テストセンターの組問題に慣れておく

組問題に慣れておきましょう。数をこなすと、1.で紹介した「使い回し」の勘どころもわかるようになってきます。

回答形式によって解き方が違う!

テストセンターでは、問題に応じて複数の回答形式があります。あらかじめ覚えておきましょう。

●ラジオボタン（1つだけ選ぶ）

- ● A　18通り
- ○ B　24通り
- ○ C　32通り

1つだけクリックして回答を選ぶタイプ。複数選ぶことはできない。テストセンターの全科目で出題される。

●チェックボックス（当てはまるものをすべて選ぶ）

- ☑ A　情報技術革命に代表される変革は現代固有の現象である
- ☑ B　オイルショックは大打撃を与えた
- ☐ C　どの世代の人も何らかの変革の影響を受けている

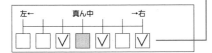

当てはまる選択肢をすべてクリックしてチェックをつけるタイプ。言語、非言語で出題される。2014年度から登場。
この形式の問題は、正解の可能性がある選択肢の組み合わせが多いので、検証に時間がかかる。本書に繰り返し取り組み、慣れておこう。

●入力

文中の空欄に入る語句を、文中から3文字以内で抜き出しなさい。

住環境

文字を入力するタイプ。言語だけで出題される。2014年度から登場。
設問文の「○文字以内」をヒントに、当てはまる語句を探そう。

テストセンターの報告書とは?

受検結果は「報告書」として企業に届く

テストセンターを受検した結果は、「報告書」として応募企業に届きます。

テストセンターの報告書(例)

氏名・年齢	**「応答態度」欄**
基礎能力検査などの得点欄	**「性格特徴」欄** ※受検者の性格特徴を、「行動的側面」「意欲的側面」「情緒的側面」「社会関係的側面」に分けて表示
「職務適応性」欄(新) **「組織適応性」欄** ※14の職務に関する適応性と、企業や配属部署の風土に関する適応性を表示	
	「人物イメージ」欄
コミュニケーション上の注意点 (新) ※受検者をタイプごとに分け、面接や選考でのコミュニケーション上の注意点を表示	**「チェックポイントと質問例」欄** (新) ※面接での確認ポイントと質問例を表示

性格検査の診断結果 　　(SPIノートの会調べ)

※(新)とある項目は、2018年1月のリニューアルで変更があった項目です。
※このほか、「ストレス分析報告書」などもあります。

●基礎能力検査などの得点欄

言語、非言語の基礎能力検査と、オプション検査の得点が表示されます。

●性格検査の診断結果

性格検査の結果から、受検者の職務や組織への適応性、どのような性格特徴が

16

あるかなどが表示されます。また、この結果をもとに人事担当が面接するとき
に確認すべきポイントや質問例、受検者とのコミュニケーション上の注意点な
どが表示されます。

※「応答態度」は、性格検査で矛盾する回答が多かった場合に、その旨が表示される欄です（詳
　しくは415ページを参照）。

能力と性格の両方で総合的に評価される

　報告書には言語や非言語の得点が表示されますが、この得点の高低だけで合否
が決まるわけではありません。テストセンターでは性格検査によって、職務や組
織への適応性、人物イメージなどさまざまな切り口による診断が行われます。こ
の結果は、その後の面接などの選考過程に大きく影響します。

　企業にとってテストセンターは、**その後の選考過程で、より詳しく受検者の人
物面を確認するための資料づくり**という側面があります。言語や非言語の対策は
もちろん大事ですが、応募企業に自分を正しく伝えるためにも、性格検査を理解
しておくことが大切です。本書の性格検査の解説（405ページ）には必ず目を通
しておきましょう。

【報告書はSPIの各方式で共通】

　SPIの実施方式には、「テストセンター」以外に「WEBテスティング」「ペ
ーパーテスト」などがあります（次ページ参照）。報告書は、これらの方式す
べてで共通です。

【報告書のリニューアルについて】

　報告書は、2018年1月にリニューアルされました。リニューアル内容は主
にレイアウトや項目名、面接の質問例などに関するものです。なお、今回の
リニューアルで、能力検査や性格検査の出題内容に変更はありません。

SPIの全体像を知って実力アップ!

SPIの全体像を知るメリット

　ここで、テストセンターを含むSPIの全体像を大まかに理解しておきましょう。SPIの全体像を知ることは、テストセンター対策に役立つことはもちろん、ペーパーテストなど、他のSPI対策にも役立ちます。

SPIの実施方式

　SPIの実施方式には「テストセンター」「WEBテスティング」「ペーパーテスト」のほか、「インハウスCBT」があります。

●SPIの実施方式と受検者数の割合

実施方式		方式の説明	受検者数の割合
パソコン	テストセンター	専用会場のパソコンで受ける	65%
	WEBテスティング	自宅のパソコンで受ける	20%
	インハウスCBT	企業内のパソコンで受ける ※WEBテスティングとほぼ同じテストが実施される	1%
紙	ペーパーテスト	マークシートを企業内などで受ける	14%

※受検者数の割合は「リクナビ2015」内の「SPI3公式ガイド」に公表されていたデータを元に作成

　テストセンターの受検者数はその他の方式の受検者数を圧倒しています。SPIの主流はテストセンターといえます。

SPIの種類

● SPIの総合的なテスト

種類 (基礎能力検査のみの名称)	対象	備考	実施方式					
			テストセンター		ペーパーテスト		WEBテスティング/インハウスCBT	
			基礎能力	性格	基礎能力	性格	基礎能力	性格
SPI-U (GAT-U)	大学生	大学生の採用で使われる	約35分 言語と非言語	共通 約30分	70分 言語30分 非言語40分	共通 約40分	約35分 言語と非言語	共通 約30分
SPI-G (GAT-G)	一般企業人	中途採用で使われる	約35分 言語と非言語		70分 言語30分 非言語40分		約35分 言語と非言語	
SPI-H (GAT-H)	高校生	高校生の採用で使われる	約35分 言語と非言語		70分 言語30分 非言語40分		約35分 言語と非言語	
SPI-P		性格検査のみ ※テストセンターでは、性格検査のみの受検は不可						

※本表は、リクルートマネジメントソリューションズが公表している情報を参考に作成しました。
※このほか、テストセンターとペーパーテストでは以下のオプション検査があります。
　英語検査（ENG）　テストセンター約20分（SPI-U、SPI-Gでだけ実施されます）、ペーパーテスト30分
　構造的把握力検査　テストセンター約20分（SPI-Uでだけ実施されます）
※基礎能力検査のみのテスト（GAT）は、ペーパーテストとインハウスCBTでだけ実施されます。

● SPIの短縮版・専門テスト

種類 (基礎能力検査のみの名称)	対象	備考	実施方式	
			ペーパーテスト	
			基礎能力	性格
SPI-A (GAT-A)	大学生	SPI-Uの短縮版	50分 言語と非言語が交互に出題	共通 約40分
SPI-B (GAT-B)	大学生	研究開発職・SE採用で使われる	90分 言語30分、論理的思考30分、数量的処理30分 ※「論理…」「数量…」は非言語に相当	
SPI-R (RCA)	大学生 短大生	一般職採用で使われる	57分 分類7分、概算5分、文章照合5分、言語と非言語40分	
SPI-N (NCA)	短大生 高校生	一般職・事務職・技能職採用で使われる	31分 照合5分、表の読み取り5分、置換5分、計算8分、漢字8分	

※本表は、リクルートマネジメントソリューションズが公表している情報を参考に作成しました。

テストセンターの次はこの方式を対策

　テストセンターの実施企業は急増していますが、新卒採用で実施されるテストがすべてテストセンターになったわけではありません。本書でテストセンター対策を終えた後は、大学生対象のSPI-Uの他の方式も対策しておくとよいでしょう。

●WEBテスティング

　SPIの自宅受検版です。非言語で電卓の使用を前提とした問題が出題されるなどの特徴があります。また、テストセンターとは出題範囲が違います。

※インハウスCBTは、WEBテスティングとほぼ同じ内容です。WEBテスティングの対策は、インハウスCBTの対策にもなります。

●ペーパーテスト

　テストセンターとペーパーテストでは出題範囲が違います。ペーパーテスト固有の分野については、優先的に対策をしましょう。

実力アップに効果的な対策本は？

●WEBテスティング対策のために

『これが本当のWebテストだ！③』（講談社）

大学生対象の「U」を中心とした、WEBテスティングの再現問題と解説を掲載しています。

WEBテスティングで出題される問題の体裁や印象は、テストセンターとは違います。あらかじめ対策しておきましょう。

※インハウスCBTの対策にもおすすめします。

●ペーパーテスト対策のために

『これが本当のSPI3だ！』（講談社）

テストセンター・ペーパーテスト・WEBテスティングの主要
3方式の総合対策書です。ペーパーテスト固有の分野を掲載し
ています。ペーパーテスト固有の出題範囲について対策すると
ともに、テストセンターと共通の出題範囲についても多くの問
題に触れておきましょう。

●転職志望者のSPI対策のために

『これが本当の転職者用SPI3だ！』（講談社）

一般企業人対象のSPI-Gの対策問題集です。ペーパーテストと
テストセンターの両方に対応しています。

※WEB テスティングの SPI-G の対策は、『これが本当の Web テストだ！③』
をご参照ください。

なお、企業によっては、転職者にも大学生対象のSPI-Uを実施
することがあります。特に、「第2新卒」と呼ばれる社会人経験の浅い人材を対象
とした選考で、その傾向があるようです。万全を期すならば、SPI-Gの対策をし
たうえで、さらに、SPI-Uの対策本をご活用ください。

WEBテスティングとは?

自宅で受検するSPI

　WEBテスティングは、**自宅のパソコンで受ける**SPIです。テストセンターがテスト会社の用意した会場に出向いて受けるのに対して、WEBテスティングは、自分の都合のよい場所で受検ができます。

WEBテスティングの画面

「非言語」の例題

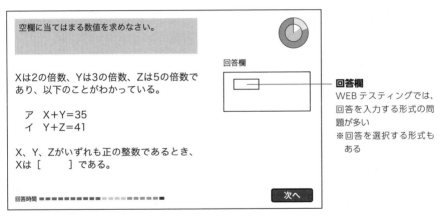

　WEBテスティングの画面は、テストセンターによく似ています。検査全体の制限時間のほかに、問題ごとに制限時間があり、時間を過ぎると未回答でも次に進んでしまう仕組みも、テストセンターと同じです。

テストセンターとの違い

・**電卓の使用が前提**

テストセンターは筆算前提ですが、WEBテスティングでは電卓の使用が前提です。電卓を使いこなすことが求められます。

・**出題範囲**

テストセンターとWEBテスティングは出題範囲に違いがあります。本書の非言語・言語の分野ごとの頻出度の表には、WEBテスティングの出題範囲を、あわせて掲載しています。

※WEBテスティングの対策と再現問題は→『これが本当のWebテストだ！③』（講談社）

・**入力形式の問題が多い**

WEBテスティングでは入力形式の問題が出題されます。特に非言語ではほとんどの問題がこの形式です。テストセンターでも入力形式の問題が出題されますが、WEBテスティングほど多くはありません。

インハウスCBTは、WEBテスティングとほぼ同じ

インハウスCBTでは、WEBテスティングとほぼ同じ問題が出題されることが報告されています。WEBテスティングの対策は、インハウスCBTの対策にもなります。

【インターンシップではWEBテスティングの実施が多い】

SPIの各方式のうち、本選考で最も多く実施されるのはテストセンターですが、インターンシップではWEBテスティングが最も多く実施されます。大学3年生の多くが参加する夏のインターンシップは、4～6月頃には募集が始まります。早いうちから対策を始めましょう。

SPI以外の採用テストにも テストセンターがある!

有力テストが次々とテストセンターを開始

かつては、「テストセンターといえば、必ずSPI」でした。しかし、2013年以降、SPI以外の採用テストが次々とテストセンター方式を開始しています。SPI以外のテストセンターについても正しい情報を知っておくことが大事です。

SPI以外の代表的なテストセンター

● C-GAB （玉手箱のテストセンター）

「玉手箱」は、自宅受検型のWebテストでシェアNo.1の採用テストです。C-GAB（シーギャブ）は、その玉手箱の一部の科目をテストセンターに出向いて受けるテストです。2013年8月に登場しました。

※対策は→『これが本当のWebテストだ！①』（講談社）

● ヒューマネージ社のテストセンター （TG-WEBのテストセンター）

「TG-WEB（ティージーウェブ）」は、有名・人気企業などで実施急増中の自宅受検型のWebテストです。そのTG-WEBをテストセンターで受けるテストが、ヒューマネージ社のテストセンターです。2013年7月に登場しました。

※対策は→『これが本当のWebテストだ！②』（講談社）

● SCOAのテストセンター

「SCOA（スコア）」は、ペーパーで30年以上の実績のある有力テストです。テストセンターでは、国数理社英の5教科から出題される「SCOA-A」が主に実施されます。2015年1月から本格稼働しています。

※対策は→『これが本当のSCOAだ！』（講談社）

SPI以外のテストセンターの画面例：C-GAB

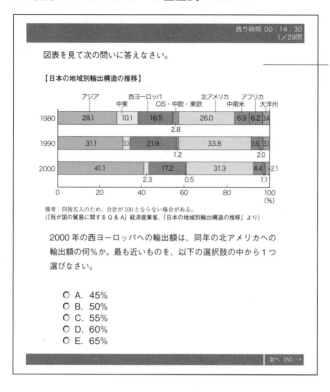

C-GABの計数画面

玉手箱の「図表の読み取り」と同じ。図表の数値を読み取って問題に答える。1つの科目では、同じ形式の問題が、初めから終わりまで連続して出題される。

※例えば計数では、「図表の読み取り」の問題だけが出る。

別の種類のテストセンターの結果は使い回せない

　SPI以外のテストセンターで、SPIと同様に結果の使い回しができるものもあります。ただし、**あるテストセンターの結果を、別の種類のテストセンターに使い回すことはできません。**

　例えば、SPIのテストセンターを受けた後、別の企業でC-GABの受検を求められたとします。そのとき、受検済みのSPIの結果をC-GABに使い回すことはできません。逆も同じです。

テストセンターの見分け方は?

自分が受けるテストセンターの種類は?

　SPIのテストセンターを実施する企業の多くは、選考過程や応募者への受検指示に、「テストセンター（SPI）」や「SPIのテストセンター」などと明記します。

　しかし、中にはSPIのテストセンターであることを明記しない企業もあります。また、企業によっては、テスト名を明記せずにSPI以外のテストセンターを実施する場合もあります。

　ここでは、テストセンターの予約サイトから、テストを見分けるための手がかりを紹介します。

●SPIのテストセンターの予約サイト

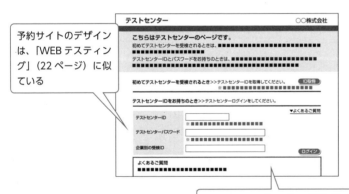

予約サイトのデザインは、「WEB テスティング」（22 ページ）に似ている

このほか、ログイン後の受検予約画面の「検査内容」に、テストの構成が「性格検査と基礎能力検査の 2 部構成」のように表記される

●C-GABの予約サイト

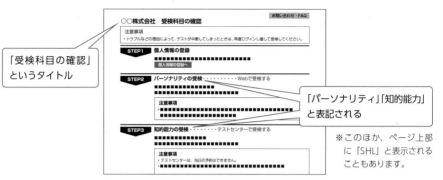

「受検科目の確認」
というタイトル

「パーソナリティ」「知的能力」
と表記される

※このほか、ページ上部
に「SHL」と表示される
こともあります。

●ヒューマネージ社のテストセンターの予約サイト

「ヒューマネージテストセン
ター」と表記される

●SCOAのテストセンターの予約サイト

テスト名と時間が「テストセンター
試験（90分※）」と表記される

ページ下部に、テストセンター
会場の運営会社であるシー・
ビー・ティ・ソリューションズ
社（CBT-Solutions）のコピー
ライト表記がある

※実施されるテストの組
み合わせによって、表
示される時間は変わり
ます。

※ SCOAには、上記の会場受検のみのテストセンターのほ
か、自宅受検が選べるテストセンター方式のテスト
「SCOA cross」があります。SCOA crossの予約サイト
は上記とは異なります。

ここが知りたい！ テストセンターQ&A

SPIノートの会に寄せられた多くの質問を紹介

SPIノートの会に寄せられた質問のうち、代表的なものをご紹介します。

テストセンター対策はいつから始める？

Q：テストセンター対策は、いつごろするのがよいのでしょうか？

A：**テストセンターはインターンシップで実施されることがあります。また、ペーパーテストよりも先に始まります。早めの対策が必須です**

インターンシップの参加選考でよく実施されるのは、WEBテスティングなどのWebテストですが、企業によってはテストセンターを実施するところもあります。

本選考に向けた対策でも、テストセンター対策は早い時期から始める必要があります。本選考には「広報活動」「選考活動」があり、開始日（解禁日）が決まっています。Webテストとテストセンターは、3月1日の「広報活動」開始日以降に始まります。6月1日開始の「選考活動」のペーパーテストより先です。

活動名	説明	開始時期	開始する内容
広報活動	採用活動のうち、学生にとって場所や時間の拘束が少ない活動。	卒業・修了年度に入る直前の3月1日以降 ※4年制大学の場合、3年生の3月1日	・企業サイトや就職情報サイトでのプレエントリー ・会社説明会 ・エントリーシート ・Webテスト ・テストセンター
選考活動	採用活動のうち、学生にとって場所や時間の拘束を伴う活動。	卒業・修了年度の6月1日以降 ※4年制大学の場合、4年生の6月1日	・ペーパーテスト ・面接

※政府が年度ごとに出している「卒業・修了予定者等の就職・採用活動に関する要請事項」を参考に作成

※2026年度から、2週間以上の専門活用型インターンシップの参加者には、6月1日の選考活動開始を待たず、3月1日以降に内々定を出すことができるようになります。

手応えが悪かったので、もう1回受け直したい

Q：初めてテストセンターを受けたのですが、実力を発揮できませんでした。もう1回受け直すことはできますか？

A：1企業につき、受検は1回きりです

テストセンターでは、同じ企業に対して受検できる回数は1回だけです。たとえ指定された期間内であっても、同じ企業に対して複数回受検することはできません。

別の企業で新しくテストセンターの受検指示があったときだけ、改めてテストセンターを受検することができます。

別の企業で受け直した結果を、前の企業に送りたい

Q：A社でテストセンターを受検し、合否連絡を待っています。その間にB社からテストセンターの受検指示があり、受け直してみたら、できばえがよかったのです。B社の結果を、A社に送り直せませんか？

A：1回送信した結果を取り消すことはできません

企業に対して1回送信した結果を更新したり、取り消すことはできません。このケースでは、A社では送信された時点の結果をもとに、合否判定をしています。受検し直した結果は、B社、またはB社以降にテストセンター受検指示があった企業にだけ、送信できます。

2回受けて、できばえのよかったほうを送りたい

Q：すでに１回、テストセンターを受けています。別の企業の採用選考でテストセンターの受検指示がありました。もう１回受検してから、１回目と２回目のどちらの結果を送るのか、選びたいのですが。

A：２回目の受検をすると、１回目の結果は消えます

テストセンターでは、最新の受検結果だけを使い回すことができます。つまり、２回受検すると、１回目の結果は消え、２回目の結果だけが残ります。１回目を受検したときの手応えから、受け直すか結果を使い回すかを慎重に判断してください。

一部の検査だけを受け直したい

Q：別の企業への応募にあたり、基礎能力検査だけを受け直すことはできますか？すでに１回、テストセンターを受けており、性格検査は前回の結果を使い回したいのです。

A：検査ごとに、前回の結果を使い回すか受け直すかを選べます

テストセンターの予約サイトでは、検査ごとに前回の結果を使い回すか、受け直すかを選べます。ご質問のように基礎能力検査だけを受け直すこともできますし、逆に性格検査だけを受け直すこともできます。

ただし、基礎能力検査は言語・非言語を合わせて１つの検査ですから、言語は使い回して非言語は受け直す、といったことはできません。

オプション検査を初めて受けるときは?

Q：応募企業から、基礎能力検査のほかに英語検査を受けるよう指示がありました。別の企業で性格と基礎能力を受けたことがあるのですが、英語は初めてです。このように、オプション検査だけを受けたことがない場合、全部の検査を改めて受けなければならないのでしょうか?

A：**オプション検査だけを新しく受検し、ほかは使い回すことができます**

別の企業で性格・基礎能力を受けたことがある場合、その結果を使い回し、オプション検査 (この場合は英語検査) だけを新しく受けることができます。もちろん、全部の検査を改めて受けることも可能です。

予定が変わるかもしれないときの予約は?

Q：志望企業からテストセンターの受検指示がきましたが、その期間内に別の企業の面接予定が入るかもしれません。一度予約したら、絶対にその日時で受検しないといけませんか?

A：**当日の1時間前までなら、予約変更できます**

テストセンターでは、応募者の都合に合わせて自由に予約の変更や取り消しができます。予約の変更や取り消しをしたからといって、選考に不利になることもありません。予約の変更は、受検開始1時間前までに「テストセンター予約サイト」で行います。

※予約変更は慎重に行いましょう。すでに予約がいっぱいになっているときは、希望通りの会場、日時で受検できないこともあります。

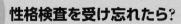

性格検査を受け忘れたら?

Q：テストセンターの予約サイトで、受検会場と日時を指定して仮予約をしました。その後、性格検査の受検を忘れて数日がたってしまったのですが、今からでも性格検査を受検すれば予約は成立しますか?

A：**期限内に性格検査の受検を済ませないと、仮予約は取り消されます**

受検予約の操作をした日の27時（翌日午前3時）までに性格検査の受検を終えていない場合、仮予約は取り消されます。もう一度会場と日時を指定するところから操作してください。

テストセンター以外のSPIの各方式の対策は?

Q：テストセンター以外のSPIの方式の対策は、どのように考えればよいでしょうか?

A：**SPIは、主要3方式すべてに対策しておくと万全です**

学生の利便性などを考慮して、SPIの実施方式を使い分ける企業も多く存在します。例えば、東京本社での筆記試験に参加できる学生にはSPIのペーパーテスト、それ以外の学生にはテストセンターやWEBテスティングを実施するといった具合です。自分が受ける方式がわかっている場合でも、SPIの主要3方式はできればすべて対策しておくと万全です。

【オンライン監視による自宅受検では、以下のことに注意しよう】

●受検予約に関すること

・予約サイトで受検予約するとき、会場は「オンライン会場」を選びます。

・自宅受検では、受検票は使用しません。受検予約の完了画面や、予約完了のメールを印刷する必要はありません。

・予約変更や取り消しは、当日の受検開始の1時間前まで可能です。

●受検にあたって用意するもの

・オンライン受検のためのインターネット環境やパソコン、Webカメラなど

　自宅受検に必要な機器や通信環境などについて、事前に予約サイトの説明を読んで用意しましょう。なお、自宅受検ではスマートフォンは使用できません。

・身分証明書（顔写真付きの学生証や運転免許証、パスポートなど）

　本人確認ができない場合は、原則として受検はできません。必ず用意しましょう。

・筆記用具とメモ用紙

　筆記用具は鉛筆またはシャープペンシルのみ、メモ用紙はA4サイズの白紙を2枚まで使用可能です。電卓は使用できません。

※身分証明書、筆記用具、メモ用紙は、受検前に監督者がWebカメラを通じてチェックします。

●その他

・テストセンター受検時の服装は自由です。スーツでも私服でもかまいません。

・受検中は、監督者がWebカメラを通じて受検状況を監視します。

・自宅受検の結果は、専用会場で受検したときと同等に扱われます。結果の使い回しもできます。

テストセンターを
実施している企業は？

過去5年間にSPIのテストセンターを実施した企業の一部をご紹介します。

あ アークレイ
IHI
IHI検査計測
アストラゼネカ
アビームコンサルティング
アルファシステムズ
いすゞ自動車
市川市役所
岩城造船
AGC
SBI新生銀行
NTTドコモ
江別市役所
大分キヤノンマテリアル
大垣共立銀行
大阪府庁
岡山市役所
オリエンタルランド
か 鹿児島銀行
カネカ
兼松
関電工
キーエンス
キヤノン【技術系】
キヤノンマーケティングジャパン
公文教育研究会
群馬県庁
高圧ガス工業
郡山市役所
ゴールドマン・サックス証券
小松製作所
さ ザイマックス
GSユアサ
JERA
商工組合中央金庫
住友ゴム工業

住友電気工業
綜研化学
損害保険ジャパン
た 第一三共
ダイキン工業
大正製薬
大成建設
大成有楽不動産販売
大同生命保険
ダイハツ工業
武田薬品工業
田中貴金属グループ
千葉銀行
中部電力
常石造船
デンソーテクノ
東邦チタニウム
凸版印刷
トッパン・フォームズ
巴川製紙所
豊川市役所
な 中日本ハイウェイ・メンテナンス名古屋
鍋林
奈良市役所
西日本鉄道
日新火災海上保険
ニッセイ情報テクノロジー
日東工業
ニッパ
日本光電工業
日本総合住生活
日本年金機構
日本放送協会
日本郵政グループ
農林中央金庫
野村総合研究所

野村不動産
は 長谷工リアルエステート
パナソニック
阪急阪神ホールディングス
ハンズ
東日本旅客鉄道
日野自動車
百十四銀行
フォーカスシステムズ
福岡銀行
福津市役所
富国生命保険
富士フイルム
不動テトラ
ブリヂストン
豊和銀行
本田技研工業
ま マツダ
みずほリサーチ＆テクノロジーズ
三井住友海上あいおい生命保険
三井住友海上火災保険
三井不動産
三菱重工業
三菱総合研究所
箕面市役所
宮崎県庁
ミルボン
名鉄EIエンジニア
や ヤマエ久野
山善
ヤマト運輸
横浜市役所
吉野石膏
ら LIXIL
リコー
リンナイ

※社名・地方公共団体名は調査当時のものです。
※テストセンターに加えて、他のWebテストやペーパーテストを実施している企業もあります。
※職種によって違うテストを実施している企業もあります。

テストセンター
非言語

2章からの「例題」「練習問題」について

・例題では、その分野の基本的な組問題を、1問だけ再現します。

・練習問題では、例題とは別の組問題を、複数問再現します。

　※例題の組問題の続きを、練習問題として掲載しているものもあります。

テストセンター 非言語の概要

非言語の出題範囲

	テストセンター	ペーパーテスト	WEB テスティング	掲載ページ
推論	★	★	★	p.42/p.52/p.70 p.86/p.94/p.102
図表の読み取り	★	★	◎	p.110
集合	◎	○	◎	p.128/p.136
順列・組み合わせ	○	○	◎	p.144
確率	◎	◎	◎	p.158
料金の割引	○	○	○	p.172
損益算	○	○	◎	p.180
分割払い・仕事算	○	◎	○	p.188
割合・比	○	○	◎	p.196
代金の精算	○	○	○	p.206
速さ	○	◎	○	p.214
資料の読み取り	○	×	×	p.222
長文読み取り計算	○	×	×	p.230
整数の推測	×	×	◎	
グラフの領域	×	◎	×	
物の流れと比率	×	○	×	
装置と回路	×	○	×	

★：極めて高い頻度で出題される　◎：高い頻度で出題される　○：出題されることがある　×：出題されない

※上表のデータは、SPIノートの会の独自調査によるものです。無断転載を禁じます。
© SPIノートの会

前ページの表は、SPIの主要な方式（テストセンター、ペーパーテスト、WEBテスティング）の出題範囲です。表からもわかるように、SPIでは方式によって出題範囲に大きな違いがあります。**テストセンターの出題範囲をきちんと把握して対策をすることが重要**です。

本書の「非言語」は、頻出度の高さと、学習効率とを考えた順番で掲載しています。読者のみなさんは、本書の目次順に学習を進めていけば、効率のよい対策ができます。

出題範囲、出題数は人により違う

前ページの出題範囲の表は、テストセンターで出題される可能性がある分野をすべて掲載しています。実際には、**出題範囲のどの分野から何問出題されるかは決まっていません**。これはテストセンターの性質によるものです。

タイマーに注意

テストセンターでは、タイマーがパソコン画面上に表示され、一定時間になると次の設問に移ってしまいます。計算に集中しすぎて、いつの間にか次問に進んでいたということがないように、タイマーを意識しながら答えるようにしてください。

「組問題」を意識した対策が必要

非言語では「組問題」（同じ設定で2～4問程度が続く）を意識した対策が必要です。以下のことに気をつけながら本書の問題に取り組みましょう。
①同じ組の中の設定や、計算に使った数値を、上手に使い回しましょう。
②同じ組の中では、1問目のほうが易しいことが多いので、1問目から取りかかりましょう。

これらに加えて、情報の整理や計算手順を工夫して、早く解くことを意識する

ことも大切です。本書の解説は、これらの点に留意して作成してあります。

　意外な落とし穴となるのが「筆算」です。テストセンターでは電卓が使えません。練習段階から、電卓を使わずに筆算に慣れてください。

テストセンター非言語の設問内容と対策

●推論

　与えられた条件から、順番・内訳などを推論する問題です。わかったことから書き出していくのが一番です。制限時間が短いので、簡略化して書き出すのがコツです。また、「必ず正しいといえるものはどれか」など検証をしていくタイプの問題では、全パターンを考えていたら時間が足りなくなります。問題ごとに手早く解く方法を考えることが重要です。具体的な方法は再現問題の解説をご覧ください。

　2014年度から、推論に「当てはまるものをすべて選ぶ」タイプの問題が登場しています（70ページ）。選択肢がチェックボックス（□）になっていて複数選択ができるタイプで、テストセンターでのみ出題が確認されています。本書で、「当てはまるものをすべて選ぶ」問題に慣れておきましょう。

●図表の読み取り

　図表の数値を読み取って計算する問題です。ごく簡単な問題から、難解な問題まで出題されます。

　出題される図表の種類はさまざまです。よく出るのは「売上の割合と金額」のように、内訳を割合（％）や数値で表した表です。割合の計算に慣れることが大切です。

　中には、「縦軸が１日目の数値で、横軸が２日目の数値の表」や、「乗降人数、距離、運賃の表」「指数のグラフ」など少し変わった図表も出ます。本書で、さまざまな図表の見方に慣れておきましょう。

●集合

調査の集計結果から、両方の項目に該当する人数などを答える問題です。図にするのが一番確実な方法ですが、制限時間が短いので、簡単な問題は計算だけで解けるように練習してください。

●順列・組み合わせ

組み合わせが何通りあるかを答える問題です。①組み合わせの公式を暗記すること、②組み合わせ条件が複数のときに、「かつ」なのか「または」なのかを判断できるようになることが大切です。

また、図形の色の塗り分けのような順列（並び順が関係する）問題も出題されます。順列にも公式がありますが、わざわざ暗記しなくても、組み合わせの知識を応用して答えれば大丈夫です。

●確率

確率を答える問題です。確率も、組み合わせと同様に、条件が「かつ」なのか「または」なのかを判断することが大切です。確率と組み合わせは、考え方やコツが似ているので、続けて学習することをおすすめします。

●料金の割引

料金の合計を計算する問題です。団体・期間などによる割引を適用しながら、適切に料金を計算します。割引条件を、いかに手早く整理するかがカギとなります。割引対象は、「全部」の場合と「一部」の場合があるので、間違えないよう気をつけてください。

●損益算

原価、定価、利益などを計算する問題です。まず売価を求めて、次に利益を計算するといったように、情報をいくつかに分解すると、計算しやすくなります。

●分割払い・仕事算

　全体を1としたときの割合を、分数（例えば全体の $\frac{5}{13}$ ）で考える問題です。分割払いでの支払い金額や仕事の分担量を求める問題として出題されます。支払い金額なのか分担量なのかという見かけの違いだけで、どちらも解き方は同じです。全体は「1」となることをしっかりと頭に入れておきましょう。

●割合・比

　庭園のバラのうち、白いバラは何％かというような割合を計算させる問題です。文章だけで説明されるので、状況がつかみづらいのが特徴です。どのような関係なのかを図にすると解きやすくなります。

　割合・比では、ごく簡単な問題から、難解な問題まで出題されます。本書の練習問題では、あえて難しい問題を掲載しています。最初は解けなくても、二度、三度と繰り返すうちに、確実に実力が身につきます。あきらめずに挑戦してください。

●代金の精算

　借金返済やワリカン払いの方法を考える問題です。この分野も、カギとなるのは情報の整理です。図にまとめたりポイントの抜き書きをするなど、自分なりの方法を工夫しましょう。

●速さ

　速さ、距離、時間を計算します。2人が出会うまでの時間（出会い算）や、追いつくまでの時間（追いつき算）、予定通りに進まなかったときの速さの再計算など、状況の整理がカギとなる問題が多く出ます。出会いや追いつきでは、状況を図にすると解きやすくなります。

●資料の読み取り

　資料の内容と一致する記述を選ぶ問題です。料金表と一緒に、適用条件がいく

つも列挙された資料が提示され、その内容を正確に理解した上で、正しい記述を選ぶといった問題が出題されます。**情報量が多く、読み取りに時間がかかるので、手早く解くことを常に意識してください。**

●長文読み取り計算

長文が提示され、長文中の数値の計算や、長文の内容と設問の数値が一致するかを考えさせる問題が出題されます。

長文読み取り計算は、言語の次に出題されることが多いので、言語の問題と間違えないように気をつけてください。長文や選択肢に数値が多く登場したときは、長文読み取り計算の可能性が高いです。

① 推論（並び順）

ここがポイント！

すべての場合を書き出す

◉ スピードを出すためのコツは記号化、図化

$A > B > C > D$　A、B、C、Dの順の場合

◉ すべて成り立つときだけ「必ず正しい」といえる

➡ 1つでも誤りがあれば、「必ず正しい」とはいえない

【例題】

次の説明を読んで、各問いに答えなさい。

この問題は2問組です

P、Q、R、Sの4人の家までの交通費について、次のことがわかっている。

I）P宅までの交通費とS宅までの交通費を加えると、R宅までの交通費に等しい。

II）S宅までの交通費は、Q宅までの交通費よりも高い。

ただし、4人の家までの交通費はすべて異なるものとする。

次の推論ア、イ、ウのうち、必ず正しいといえるものはどれか。AからEまでの中から1つ選びなさい。

ア　P宅までの交通費はQ宅までの交通費より高い

イ　R宅までの交通費はQ宅までの交通費より高い

ウ　S宅までの交通費はR宅までの交通費より高い

○ A　アだけ

○ B　イだけ

○ C　ウだけ

○ D　アとイの両方

○ E　イとウの両方

1 ｜ 2

回答時間 ■■■■■■■■■■■■■■■■■

次 へ

※例題では、組問題のうち1問だけを再現します。

❀ カンタン解法 ❀

「推論（並び順）」では、最初にすべての並び順を書き出して、その後で推論ア～ウが正しいかを検討すると効率的。

※組問題（同じ設定で、複数の問題が出題される）であるため。同じ組内の問題で、並び順の情報を使いまわせる。

設問からわかる順番を書き出す。

Ⅰ）PとSを足すとR　➡　3人の中ではRが一番高い

Ⅱ）SはQより高い

つまり考えられる並び順は

高い ←――――――――→ 安い

① | R | P | S | Q |
② | R | S | P | Q |
③ | R | S | Q | P | のいずれか（Pがわからないので確定できない）

本番では、3つまとめて略記すると速い

R > S > Q、P

推論ア～ウを①～③に当てはめて、正しいかどうかを考える。1つでも誤りがあれば、その推論は「必ず正しい」とはいえない。

✗　③の場合、PはQより安いので誤り　➡　必ず正しいとはいえない

（イ）いずれの場合も、RはQより高いので正しい　➡　必ず正しい

✗　いずれの場合も、SはRより安いので誤り　➡　必ず正しいとはいえない

正解　B

P、Q、R、Sの4店は東西の一直線上に位置している。この4店の位置関係について、次のことがわかっている。

Ⅰ）QはRより東にある

Ⅱ）4店のうち、最も西にあるのはRではない

(1) 次の推論ア、イ、ウのうち、<u>必ずしも誤りとはいえないもの</u>はどれか。AからHまでの中から1つ選びなさい。

　　ア　Pは東から3番目にある

　　イ　Qは西から2番目にある

　　ウ　Sは最も東にある

○A　アだけ　　　　○B　イだけ　　　　○C　ウだけ　　　　○D　アとイの両方

○E　アとウの両方　　　○F　イとウの両方　　　○G　アとイとウのすべて

○H　ア、イ、ウのいずれも誤り

(2) 最も少ない情報で4店の位置関係がすべてわかるためには、Ⅰ）とⅡ）の情報のほかに、次のカ、キ、クのうちどれが加わればよいか。AからHまでの中から1つ選びなさい。

　　カ　PはSよりも東にある

　　キ　RはPよりも西にある

　　ク　PはQよりも東にある

○A　カだけ　　　　○B　キだけ　　　　○C　クだけ　　　　○D　カとキの両方

○E　カとクの両方　　　○F　キとクの両方　　　○G　カとキとクのすべて

○H　カ、キ、クのすべてが加わってもわからない

条件 I)、II) から考えられるQとRの位置関係を書き出すと、以下の通り。

※ 「QはRより東」で、最も西は「R」以外。

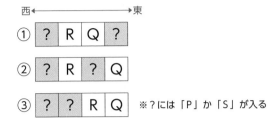

③ の ?には「P」か「S」が入る

(1) 推論を①～③に当てはめて、1つでも成り立てば「必ずしも誤りとはいえない」。

ア 例えば、③で右図の位置関係があり得る ③ | S | P | R | Q |

➡ 必ずしも誤りとはいえない

✗ あり得ない。Qは西から3番目か4番目

➡ 確実に誤り

ウ 例えば、①で右図の位置関係があり得る ① | P | R | Q | S |

➡ 必ずしも誤りとはいえない

(2) PとSの位置が判明すれば、4店の位置関係が決まる。情報を①～③に当てはめて、PとSの位置が判明するものを探す。

カ ①～③のいずれなのかわからない。

キ ①②のいずれなのかわからない。

ク 当てはまるのは①のみ。右図の位置関係 ① | S | R | Q | P |
と判明。

情報クが加わればよい。

正解 **(1) E** **(2) C**

P、Q、R、S、Tの5チームが参加して毎年行われるサッカー大会がある。今年の結果について、次のことがわかっている。

I）Pは昨年と比べて順位が3つ下がった

II）昨年Qは4位だった

III）昨年も今年もSの順位はTの順位の1つ下だった

IV）昨年と今年で順位が同じチームは1つもなかった

---

(1) 昨年Tは何位だったか。

○A　1位　　　○B　2位　　　○C　3位　　　○D　4位　　　○E　5位

○F　これだけでは決まらない

(2) 次の推論ア、イ、ウのうち、正しいものはどれか。AからHまでの中から1つ選びなさい。

ア　今年5位になったのはRだ

イ　Qは昨年も今年も3位以上になっていない

ウ　今年、SはPより上位だった

○A　アだけ　　　○B　イだけ　　　○C　ウだけ　　　○D　アとイの両方

○E　アとウの両方　　　○F　イとウの両方　　　○G　アとイとウのすべて

○H　ア、イ、ウのいずれも正しくない

（1） 順位表を作って、わかるところから埋めていく。すぐに順位がわかるのは、昨年のQで、条件Ⅱ）から4位。次に、条件Ⅰ）からPは、「昨年1位、今年4位」か「昨年2位、今年5位」。

	1位	2位	3位	4位	5位
昨年	P			Q	
今年				P	

または

	1位	2位	3位	4位	5位
昨年		P		Q	
今年					P

このうち、条件Ⅲ）の「Sの順位はTの順位の1つ下」が昨年の順位で成り立つのは、Pが1位の場合のみ。昨年、Sは3位、Tは2位。

昨年のうち、SがTの1つ下になるのはここだけ

	1位	2位	3位	4位	5位
昨年	P	T	S	Q	R
今年				P	

——昨年のうち、残った順位がR

（2） 前問で作った順位表に、今年の順位を加える。条件Ⅲ）とⅣ）から、今年のSは2位、Tは1位と決まる。Rは、条件Ⅳ）から3位。残る5位がQ。すべての順位が決まる。

	1位	2位	3位	4位	5位
昨年	P	T	S	Q	R
今年	T	S		P	

Ⅳ）昨年と違う順位で、
Ⅲ）SがTの1つ下となるのは、ここだけ

➡

	1位	2位	3位	4位	5位
昨年	P	T	S	Q	R
今年	T	S	R	P	Q

Ⅳ）昨年と違う順位
今年のうち、残った順位がQ

推論を上記に当てはめて、正しいものを選ぶ。

✗ 今年の5位はQ（Rは昨年5位なので、今年は5位以外）　➡　誤り

（イ）Qは昨年4位、今年が5位。どちらも3位以上ではない　➡　正しい

（ウ）今年のSは2位、Pは4位なので、Sが上位　➡　正しい

正解　**（1）B　（2）F**

　　午後6時にL、M、N、O、P、Qの6人が待ち合わせをした。待ち合わせ場所に来たときの状況を一人ひとりに聞いた。

　　L　私は遅刻していない

　　M　20分遅刻した

　　N　私が来たときには1人いた

　　O　Pさんより早く来たが、Lさんよりは遅かった

　　P　私は6時ちょうどに来たので遅刻はしていない

　　Q　まだ来ていない人が1人いた

　ただし、同時に来た人はいないものとする。

（1） もし、Mさんのいうことだけが偽りで、Mさんは5分遅刻したとすると、遅刻した人は何人か。

○A　1人　　○B　2人　　○C　3人　　○D　4人　　○E　1人か2人

○F　2人か3人　　○G　3人か4人　　○H　2人か3人か4人

○I　3人か4人か5人　　○J　AからIのいずれでもない

（2） もし、Pさんのいうことだけが偽りで、Pさんは10分遅刻したとすると、遅刻した人は何人か。

○A　1人　　○B　2人　　○C　3人　　○D　4人　　○E　1人か2人

○F　2人か3人　　○G　3人か4人　　○H　2人か3人か4人

○I　3人か4人か5人　　○J　AからIのいずれでもない

※ 解 説 ※

まず、「全員の発言が正しい」場合の到着順と遅刻の有無は以下の通り。

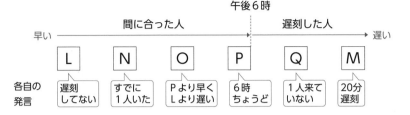

【補足：到着順の決め方】

① 遅刻の有無からL、P、Mを並べる　　　　　　　　　早い　L＞P＞M　遅い

② 「O」は「Pより早くLより遅い」ので、LとPの間に足す

　　　　　　　　　　　　　　　　　　　　　　　　　早い　L＞O＞P＞M　遅い

③ 「N」は「すでに1人いた」なので「L」の次。「Q」は「1人来ていない」なので「M」の前　　　　　　　　　　　　　　　　　早い　L＞N＞O＞P＞Q＞M　遅い

(1) 　上記で遅刻したのはQ、Mの2人。Mさんの発言が偽りで、「20分遅刻」ではなく「5分遅刻」だとしても、遅刻した人は変わらず2人のまま。

(2) 　Pさんの発言が偽りで「10分遅刻」していた場合は以下の通り。NとOが遅刻かどうかわからなくなる。

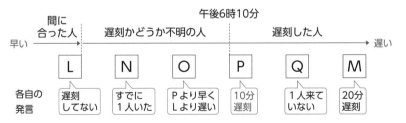

確実に遅刻したのは、P、Q、Mの3人。遅刻の可能性があるのは、N、Oの2人。よって、遅刻をした人は、3人か4人か5人。

正解　**(1) B** 　**(2) I**

　P、Q、R、S、Tの5人がマラソンをしたところ、SとTの差は6分、QとTの差は6分、PとQの差は9分、PとRの差は12分だった。一番速かったのはRで、またRと一番遅かった人との差は21分だった。

(1) 次の推論ア、イの正誤を考え、AからIまでの中から正しいものを1つ選びなさい。

　　ア　SとQは同着だった

　　イ　Tは2位だった

　○A　アもイも正しい　　○B　アは正しいが、イはどちらともいえない

　○C　アは正しいが、イは誤り　　○D　アはどちらともいえないが、イは正しい

　○E　アもイもどちらともいえない　　○F　アはどちらともいえないが、イは誤り

　○G　アは誤りだが、イは正しい　　○H　アは誤りだが、イはどちらともいえない

　○I　アもイも誤り

(2) 次の推論カ、キの正誤を考え、AからIまでの中から正しいものを1つ選びなさい。

　　カ　PとTの差は3分だった

　　キ　RとSの差は9分だった

　○A　カもキも正しい　　○B　カは正しいが、キはどちらともいえない

　○C　カは正しいが、キは誤り　　○D　カはどちらともいえないが、キは正しい

　○E　カもキもどちらともいえない　　○F　カはどちらともいえないが、キは誤り

　○G　カは誤りだが、キは正しい　　○H　カは誤りだが、キはどちらともいえない

　○I　カもキも誤り

5人の順番と時間差は以下の通り（Sのみ2通り考えられる）。

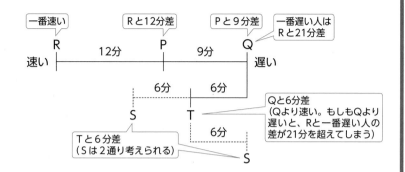

- 一番速い　R
- Rと12分差　P
- Pと9分差　Q
- 一番遅い人はRと21分差

速い ├──12分──┼──9分──┤ 遅い

- 6分　6分
- Qと6分差（Qより速い。もしもQより遅いと、Rと一番遅い人の差が21分を超えてしまう）
- Tと6分差（Sは2通り考えられる）
- 6分　S

※ 「QがPより速い」場合は、Rと一番遅い人の差が21分にならないので、成り立たない。

【補足：到着順の決め方】

① 「一番速いのはR」なので、まずRが決まる。

②Rとの差がわかるP （12分）を、右に書き足す。

③同様に、Pとの差がわかるQ、Qとの差がわかるT…と時間を書き出す。

(1) 推論の正誤を考える。正誤両方あり得る場合は、「どちらともいえない」。

ア　SがTよりも速ければ、Qと同着ではないので誤り。SがTよりも遅ければ、Qと同着なので正しい　➡　どちらともいえない

イ　Tは3位か4位。2位にはならない　➡　誤り

(2) 推論の正誤を考える。正誤両方あり得る場合は、「どちらともいえない」。

カ　Qと比べると、Pは9分速く、Tは6分速い。よって、PとTの差は 9－6＝3分　➡　正しい

キ　SがTよりも速ければ、RとSは9分差なので正しい。SがTよりも遅ければ、21分差なので誤り　➡　どちらともいえない

正解 (1) F (2) B

②　推論 (内訳)

最小限の手間で検証する

- 全パターンを考えていたら時間が足りない
- 問題ごとに、手早く解く方法を考えること
- あとは多くの問題パターンに慣れること

【例題】

次の説明を読んで、各問いに答えなさい。

この問題は2問組です

1組のトランプから5と7の数字のカードだけすべて取り出した。これら8枚のカードをよく切ってから、4枚ずつ2つの箱L、Mに分けて入れた。

このときのL、Mのカードの内訳について、以下の3つの推論があるが、いずれも正しいとは限らない。

推論ア　Lの4枚のカードの数字の合計が28ならば、ダイヤのカードが1枚は入っている

推論イ　Lに5のカードが2枚入っているならば、Lのカードは2種類のマークである

推論ウ　Lのカードが2種類のマークならば、7のカードが2枚入っている

左の推論ア、イ、ウのうち、必ず正しいといえるものはどれか。AからHまでの中から1つ選びなさい。

- ○ A　アだけ
- ○ B　イだけ
- ○ C　ウだけ
- ○ D　アとイの両方
- ○ E　アとウの両方
- ○ F　イとウの両方
- ○ G　アとイとウのすべて
- ○ H　ア、イ、ウのいずれも必ず正しいとはいえない

1　2

回答時間 ■■■■■■■■■■■■■■■■■■■

次へ

❈ カンタン解法 ❈

推論ア～ウが正しいかどうかを考える。1つでも誤りがあれば、その推論は「必ず正しい」とはいえない。

※1組のトランプの中に、同じ数字のカードは、ハート、ダイヤ、クラブ、スペードの4種類。

㋐ 「Lの4枚のカードの数字の合計が28」ならば、Lのカードの数字はすべて7（7×4枚＝28）。4枚とも7なので、種類はハート、ダイヤ、クラブ、スペードが1枚ずつ。ダイヤのカードは1枚入っている ➡ 必ず正しい

╳ 「Lに5のカードが2枚入って」いても、例えば、「5はハートとダイヤ、7はクラブとスペード」（4種類）のように、2種類以外のケースがあり得る

➡ 必ず正しいとはいえない

㋒ 「Lのカードが2種類のマーク」ならば、数字は必ず1種類目が5と7で、2種類目も5と7。7のカードは2枚入っている ➡ 必ず正しい

など、さまざま考えられるがいずれの場合も、7は2枚

正解 **E**

赤、緑、銀の３種類のリボンを使って部屋を飾りたい。リボンは１m単位で売っていて、１mあたりの価格は赤が800円、緑が1300円、銀が2400円である。

(1) 8500円の予算内で最も多くリボンを買おうとすると、赤のリボンは何m買うことができるか。ただし、３種類のリボンとも少なくとも１mずつは買うものとする。

○A　4m　　　○B　5m　　　○C　6m　　　○D　8m

○E　AからDのいずれでもない

(2) 銀のリボンを緑のリボンの３倍の長さ買いたい。11000円の予算内で緑のリボンは何m買えるか。ただし、３種類のリボンとも少なくとも１mずつは買うものとする。

○A　1m　　　○B　2m　　　○C　3m　　　○D　4m

○E　AからDのいずれでもない

(1) 「最も多く」リボンを買うには、安いリボンをできるだけ多く買えばよい。予算から必ず買う「3種類のリボンとも少なくとも1mずつ」の金額を引く。残りの金額で、一番安い赤をできるだけ多く買う。

予算　　　　　赤1m　　　　緑1m　　　　銀1m　　　　残りの金額
8500円 －（800円 ＋ 1300円 ＋ 2400円）＝ 4000円

残りの金額　　　赤1mあたり　　　赤を何m買えるか
4000円 ÷ 800円 ＝ 5m

残りの金額で買える赤は5m。これに、必ず買う分に含まれている赤1mを足すと6m。

(2) 予算から、必ず買うリボンの金額を引いて、その上で、さらに緑のリボンが買えるか考える。

リボンを買う条件2つから、必ず買う分を考える。

①3種類のリボンとも少なくとも1mずつは買う

➡ 赤1m、緑1m、銀1mは買う

②銀は緑の3倍買う

➡ ①より緑は少なくとも1m。このとき銀は3倍なので3m買う

必ず買うのは「赤1m、緑1m、銀3m」

予算の11000円から、必ず買う分を引く。

予算　　　　　赤1m　　　緑1m　　　銀1mあたり　　　　　残りの金額
11000円 －（800円 ＋ 1300円 ＋（2400円 × 3m））＝ 1700円

残りは1700円なので、銀（1mあたり2400円）はこれ以上買えない。ということは緑もこれ以上は買えない。予算内で買える緑のリボンは1m。

正解 **(1) C** **(2) A**

K、L、M、Nの4人で、将棋のトーナメント戦を行った。その結果について、次のことがわかっている。

Ⅰ）LとNの対戦ではLが勝った

Ⅱ）KとNの対戦ではKが負けた

ただし、トーナメントの対戦方法は図に示す2通りが考えられ、どちらの方法がとられたのかはわからない。

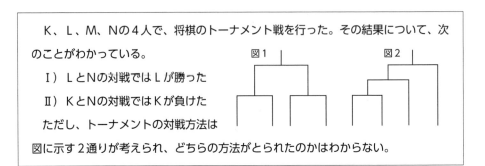

図1　図2

(1) 次の推論ア、イの正誤を考え、AからIまでの中から正しいものを1つ選びなさい。

　　ア　LはMと対戦した

　　イ　KはLと対戦した

○A　アもイも正しい　　　○B　アは正しいが、イはどちらともいえない

○C　アは正しいが、イは誤り　　　○D　アはどちらともいえないが、イは正しい

○E　アもイもどちらともいえない　　　○F　アはどちらともいえないが、イは誤り

○G　アは誤りだが、イは正しい　　　○H　アは誤りだが、イはどちらともいえない

○I　アもイも誤り

(2) 次の推論カ、キの正誤を考え、AからIまでの中から正しいものを1つ選びなさい。

　　カ　Mは1回しか対戦をしなかった

　　キ　Mが優勝した

○A　カもキも正しい　　　○B　カは正しいが、キはどちらともいえない

○C　カは正しいが、キは誤り　　　○D　カはどちらともいえないが、キは正しい

○E　カもキもどちらともいえない　　　○F　カはどちらともいえないが、キは誤り

○G　カは誤りだが、キは正しい　　　○H　カは誤りだが、キはどちらともいえない

○I　カもキも誤り

トーナメント戦では負けたら敗退。Nは条件Ⅱ）で勝ち、条件Ⅰ）で負け。つまり、条件Ⅱ）の対戦が先で、条件Ⅰ）の対戦が後。対戦は合計3回だが、残り1回は対戦者も勝者も不明。2つのトーナメント図に当てはめると、図1は全対戦が判明。図2は情報不足で複数の場合が考えられる。

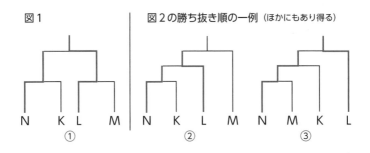

図1　　　　　　　　図2の勝ち抜き順の一例（ほかにもあり得る）

①　　　　　　　②　　　　　　　③

(1) 推論の正誤を考える。正誤両方あり得る場合は、「どちらともいえない」。

ア　LとMは、例えば上図①では対戦するので正しいが、③では対戦しないので誤り　➡　どちらともいえない

イ　条件Ⅰ）、Ⅱ）より、KとNの対戦に勝ったNが、Lと対戦する。つまり、KはLと対戦する前に敗退している　➡　誤り

(2) 推論の正誤を考える。正誤両方あり得る場合は、「どちらともいえない」。

カ　対戦は合計3回。そのうち2回は、条件Ⅰ）、Ⅱ）により「L対N」と「K対N」。Mが対戦できるのは、残りの1回だけ　➡　正しい

キ　例えば、上図②でMがLに勝てば優勝するので正しい。しかし、MがLに負ければ誤り　➡　どちらともいえない

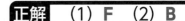
正解　(1) F　(2) B

P、Q、R、Sの4チームで野球の総あたり戦を行った。試合の結果について、次のことがわかっている。

Ⅰ）QはSにだけ勝った

Ⅱ）PはRに負けた

Ⅲ）引き分けはない

（1） 次の推論ア、イ、ウのうち、<u>必ずしも誤りとはいえないもの</u>はどれか。AからHまでの中から1つ選びなさい。

ア　Pは1勝2敗だった

イ　Rは1勝2敗だった

ウ　Sは1勝2敗だった

○A　アだけ　　　○B　イだけ　　　○C　ウだけ　　　○D　アとイの両方

○E　アとウの両方　　　○F　イとウの両方　　　○G　アとイとウのすべて

○H　ア、イ、ウのいずれも誤り

（2） 最も少ない情報で試合の勝敗がすべてわかるためには、Ⅰ）からⅢ）の情報のほかに、次のカ、キ、クのうちどれが加わればよいか。AからHまでの中から1つ選びなさい。

カ　Pは1勝2敗だった

キ　Rは2勝1敗だった

ク　Sは2勝1敗だった

○A　カだけ　　　○B　キだけ　　　○C　クだけ　　　○D　カとキの両方

○E　カとクの両方　　　○F　キとクの両方　　　○G　カとキとクのすべて

○H　カ、キ、クのすべてが加わってもわからない

※ 解 説 ※

条件Ⅰ）～Ⅲ）からわかる勝ち負けは以下の通り。

勝ち負けが不明なのは「PとS」の対戦と、「RとS」の対戦。

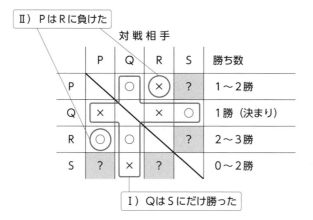

Ⅱ）PはRに負けた

Ⅰ）QはSにだけ勝った

（1） 推論を上記に当てはめて、1つでも成り立てば「必ずしも誤りとはいえない」。

⑦ 例えば、PはSに負けると1勝2敗 ➡ 必ずしも誤りとはいえない

✗ Rは2～3勝なので、1勝2敗はあり得ない ➡ 確実に誤り

⑨ 例えば、SはPだけ（またはRだけ）に勝つと1勝2敗

➡ 必ずしも誤りとはいえない

（2） 勝ち負けが不明なのは「Pと S」の対戦と、「RとS」の対戦。どちらもSとの対戦。
情報クの「Sは2勝1敗だった」が加われば、SはPにもRにも勝ったことがわかる。すべての試合結果は右表の通り。

対戦相手

	P	Q	R	S	勝ち数
P		○	×	×	1勝
Q	×		×	○	1勝
R	○	○		×	2勝
S	○	×	○		2勝

正解 **(1) E** **(2) C**

　　S、T、Uの3人が一緒にジャンケンをしたところ、1回目は勝負がつかず、2回目を行った。Sは2回とも「パー」を出し、Tは1回だけ「グー」を出した。なお、勝負がつかないというのは、3人が同じものを出したか、「グー」「チョキ」「パー」と出したときである。

　　このジャンケンについて、さらに以下の2つの報告があるが、どちらも正しいとは限らない。

　　Ⅰ）1回目にUは「チョキ」を出した

　　Ⅱ）2回目にUが「パー」を出して2人が勝った

(1) 　少なくともⅠ）は正しいとすると、2回目のジャンケンについて、次の推論ア、イ、ウのうち、<u>必ずしも誤りといえないもの</u>はどれか。AからHまでの中から1つ選びなさい。

　　　ア　TとUが勝った

　　　イ　Sだけが勝った

　　　ウ　勝負がつかなかった

　○A　アだけ　　　○B　イだけ　　　○C　ウだけ　　　○D　アとイの両方

　○E　アとウの両方　　　○F　イとウの両方　　　○G　アとイとウのすべて

　○H　ア、イ、ウのいずれも誤り

(2) 　少なくともⅡ）は正しいとすると、1回目のジャンケンについて、次の推論カ、キ、クのうち、<u>必ずしも誤りといえないもの</u>はどれか。AからHまでの中から1つ選びなさい。

　　　カ　Uは「チョキ」を出した

　　　キ　Tは「チョキ」を出した

　　　ク　3人とも「パー」を出した

　○A　カだけ　　　○B　キだけ　　　○C　クだけ　　　○D　カとキの両方

○E　カとクの両方　　○F　キとクの両方　　○G　カとキとクのすべて

○H　カ、キ、クのいずれも誤り

※※ 解 説 ※※

1つでも成り立てば、その推論は「必ずしも誤りとはいえない」。

(1)　設問から「1回目は勝負つかず」「Sは2回ともパー」「Tは1回だけグー」。

条件Ⅰ）から「1回目のUはチョキ」。内訳は以下の通り。

①勝負がつかないのは、グーのとき

	S	T	U
1回目	パー	グー	チョキ
2回目	パー	チョキかパー	不明（グーかチョキかパー）

③2回目の結果は不明なので、Uは決まらない

②グーは1回だけ。1回目がグーなので、2回目はチョキかパー

(ア)　TとUが「チョキ」なら勝つ　➡　必ずしも誤りとはいえない

(イ)　SはTに勝つことができない（あいこか負け）　➡　確実に誤り

(ウ)　例えば、3人ともパーなら勝負つかず　➡　必ずしも誤りとはいえない

(2)　設問から「1回目は勝負つかず」「Sは2回ともパー」「Tは1回だけグー」。

条件Ⅱ）から「2回目のUはパーで2人勝ち」。内訳は以下の通り。

②グーは1回だけ。2回目がグーなので、1回目はチョキかパー

	S	T	U
1回目	パー	チョキかパー	Tがチョキならグー、Tがパーならパー
2回目	パー	グー	パー

③勝負がつかないのは、いずれかのとき

①2人勝ちとなるのは、グーのとき

(カ)　Uは「グー」か「パー」　➡　確実に誤り

(キ)　Tは「チョキ」か「パー」　➡　必ずしも誤りとはいえない

(ク)　Tが「パー」なら、3人とも「パー」　➡　必ずしも誤りとはいえない

正解　**(1) E**　**(2) F**

---

　　1 2 3 4 5 の5枚のカードがある。PとQの2人がこれらのカードのうち2枚ずつを使って、2けたの数を作る。ただし、同じカードを2度使うことはできないものとする。

（1） 次の推論ア、イの正誤を考え、AからIまでの中から正しいものを1つ選びなさい。

　　ア　Pが 2 と 4 を使ったとき、Qが作る数は奇数である

　　イ　Pが 3 と 5 を使ったとき、Qが作る数は偶数である

　○A　アもイも正しい　　　○B　アは正しいが、イはどちらともいえない

　○C　アは正しいが、イは誤り　　　○D　アはどちらともいえないが、イは正しい

　○E　アもイもどちらともいえない　　　○F　アはどちらともいえないが、イは誤り

　○G　アは誤りだが、イは正しい　　　○H　アは誤りだが、イはどちらともいえない

　○I　アもイも誤り

（2） 次の推論カ、キの正誤を考え、AからIまでの中から正しいものを1つ選びなさい。

　　カ　Pが 1 と 3 を使ったとき、Qが作る数はPの倍数である

　　キ　Pが 1 と 4 を使ったとき、Qが作る数はPの倍数である

　○A　カもキも正しい　　　○B　カは正しいが、キはどちらともいえない

　○C　カは正しいが、キは誤り　　　○D　カはどちらともいえないが、キは正しい

　○E　カもキもどちらともいえない　　　○F　カはどちらともいえないが、キは誤り

　○G　カは誤りだが、キは正しい　　　○H　カは誤りだが、キはどちらともいえない

　○I　カもキも誤り

※※ 解 説 ※※

推論の正誤を考える。正誤両方あり得る場合は、「どちらともいえない」。

（1） 使えるカードが「奇数だけ」なら必ず奇数、「偶数だけ」なら必ず偶数となる。

※「1」と「2」のように、奇数と偶数のカードだと、「21」は奇数、「12」は偶数というように、奇数も偶数も作れる。

　　ア　Pが「2」と「4」を使ったので、Qが使えるカードは「1」「3」「5」。
　　　　奇数だけなので、Qが作る数は必ず奇数　➡　正しい

　　イ　Pが「3」と「5」を使ったので、Qが使えるカードは「1」「2」「4」。
　　　　奇数の「1」があるので、Qが作る数は偶数とは限らない（例えば「12」なら偶数、「21」なら奇数）　➡　どちらともいえない

> **【復習しておこう：奇数と偶数】** 奇数か偶数かは、「1の位」で決まる。
> 「1の位」が奇数なら、その数は「奇数」。「1の位」が偶数なら、その数は「偶数」。
> 　　奇数　➡　1、3、5、7、9　　偶数　➡　2、4、6、8

（2） Pが作る数の倍数をあげて、Qのカードだけで作れるか考える。

　　カ　Pが「1」と「3」で作る数は、「13」か「31」。「13」「31」の倍数のうち、Qが使えるカード「2」「4」「5」だけで作れる数は「52」（13の倍数。13×4＝52）。Pが「13」でQが「52」なら正しいが、他の数のときは誤り　➡　どちらともいえない

　　キ　Pが「1」と「4」で作る数は、「14」か「41」。「14」「41」の倍数に、Qが使えるカード「2」「3」「5」だけで作れる数はない　➡　誤り

正解　（1）**B**　（2）**F**

図1のような4つの区画a、b、c、dがある。この4つの区画は、J、K、L、Mの4人が1つずつ所有している。

また、図2のような4つの区画e、f、g、hがある。この4つの区画は、P、Q、R、Sの4人が1つずつ所有している。

図1
a		
b	c	d

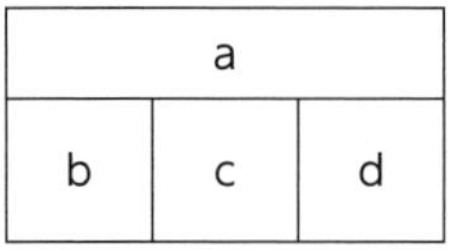

図2
e	
f	
g	h

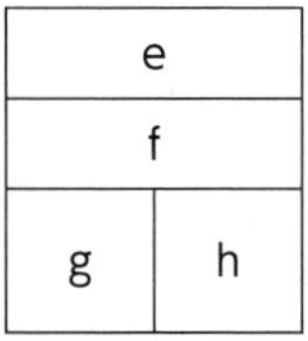

(1) Kの所有地は、Mを含め2人の所有地と接していることがわかっている。このとき、次の推論ア、イ、ウのうち、必ず正しいといえるものはどれか。AからHまでの中から1つ選びなさい。

　　ア　Jの所有地はLの所有地と接する

　　イ　Kの所有地はLの所有地と接する

　　ウ　Mの所有地はLの所有地と接する

　○A　アだけ　　　○B　イだけ　　　○C　ウだけ　　　○D　アとイの両方

　○E　アとウの両方　　○F　イとウの両方　　○G　アとイとウのすべて

　○H　ア、イ、ウのいずれも必ず正しいとはいえない

(2) Sの所有地は、Pを含め2人の所有地と接している。またQとRは接していないことがわかっている。このとき、区間hの所有者として考えられる人をすべてあげているのはどれか。

　○A　Pだけ　　　○B　Qだけ　　　○C　Rだけ　　　○D　Sだけ

　○E　PとQの両方　　○F　QとRの両方　　○G　RとSの両方

　○H　PとQとR　　○I　QとRとS　　○J　PとQとRとSのすべて

（1） Kは「Mを含め2人の所有地と接している」ので、設問からわかる所有地は、以下の通り。

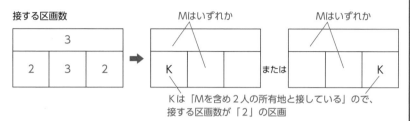

接する区画数

3		
2	3	2

Mはいずれか

K		

または

Mはいずれか

		K

Kは「Mを含め2人の所有地と接している」ので、接する区画数が「2」の区画

1つでも誤りがあれば、その推論は「必ず正しい」とはいえない。

（ア）　JとLは、残りのどの区画の場合も所有地が接する

➡　必ず正しい

✕　例えば、右図の場合、KとLの所有地は接しない

➡　必ず正しいとはいえない

M		
K	J	L

（ウ）　Mは必ず、他の3区画と接するので、Lとも接する

➡　必ず正しい

（2） 設問からわかる所有地は、以下の通り。

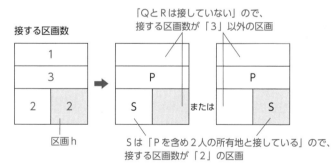

接する区画数

1	
3	
2	2

区画 h

「QとRは接していない」ので、接する区画数が「3」以外の区画

	1	
	P	
S		

または

	P	
		S

Sは「Pを含め2人の所有地と接している」ので、接する区画数が「2」の区画

区画h（上図で灰色の区画）の所有者として考えられるのは、QとRとS。

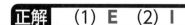

正解　（1）E　（2）I

> P、Q、R、Sの4つの町を結ぶ道路について、次のことがわかっている。
>
> Ⅰ）QとSを直接結ぶ道路がある
>
> Ⅱ）PとSを直接結ぶ道路はない
>
> Ⅲ）PとQを直接結ぶ道路がある
>
> Ⅳ）QとRを直接結ぶ道路はない

(1) 次の推論ア、イ、ウのうち、<u>必ずしも誤りとはいえないもの</u>はどれか。Aから
Hまでの中から1つ選びなさい。

　　　ア　PからQだけを経由してSへ行くことができる

　　　イ　SからRだけを経由してPへ行くことができる

　　　ウ　PからRだけを経由してQへ行くことができる

　○A　アだけ　　　○B　イだけ　　　○C　ウだけ　　　○D　アとイの両方

　○E　アとウの両方　　　○F　イとウの両方　　　○G　アとイとウのすべて

　○H　ア、イ、ウのいずれも誤り

(2) Ⅰ）からⅣ）のほかに、次のカ、キ、クのうち<u>少なくともどの情報</u>が加われば、
4つの町の間の道路の様子がすべてわかるか。AからHまでの中から1つ選び
なさい。

　　　カ　SからPを経由してQへ行くことはできない

　　　キ　PとRを直接結ぶ道路はない

　　　ク　1つの町からは、他のどこかの町へ向かって最低1本の道路がある

　○A　カだけ　　　○B　キだけ　　　○C　クだけ　　　○D　カとキの両方

　○E　カとクの両方　　　○F　キとクの両方　　　○G　カとキとクのすべて

　○H　カ、キ、クのすべてが加わってもわからない

4つの町を結ぶ道路の有無を図にすると、以下の通り。

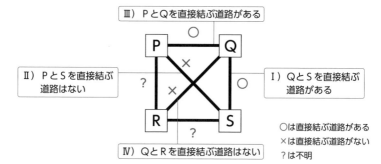

Ⅲ）PとQを直接結ぶ道路がある

Ⅱ）PとSを直接結ぶ道路はない

Ⅰ）QとSを直接結ぶ道路がある

Ⅳ）QとRを直接結ぶ道路はない

○は直接結ぶ道路がある
×は直接結ぶ道路がない
？は不明

（1） 1つでも成り立てば、その推論は「必ずしも誤りとはいえない」。

㋐ 「PとQ」「QとS」には、それぞれ直接結ぶ道路があるので可能
　➡　必ずしも誤りとはいえない

㋑ 「SとR」「RとP」は、道路の有無が不明。どちらにも、直接結ぶ道路がある場合には可能　➡　必ずしも誤りとはいえない

㋒ 「PとR」の道路は不明だが、いずれにしても、「RとQ」には直接結ぶ道路がないので不可能　➡　確実に誤り

（2） 情報カ〜クで、道路の様子がすべてわかるか考える。

カ　SからRとPを経由してもQへ行くことはできないと考えると、「SとR」「RとP」のうち、片方または両方に直接結ぶ道路がない。いずれなのかはわからない。

キ　「PとR」間は決まるが、「RとS」間は不明。

ク　Rから他の町へ最低1本道路があることになるが、「RとP」「RとS」「その両方」のいずれなのかわからない。

以上のように1つの情報だけで、道路の様子がすべてわかるものはない。キとクの両方なら、右図のように決まる。

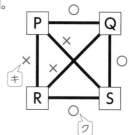

正解　(1) D　(2) F

2章　推論（内訳）

8両編成の団体専用列車があり、5組の団体P、Q、R、S、Tが車両単位で乗車している。この列車の4両目と5両目の2両は和風車両となっている。それぞれの団体が乗車している車両について、次のことがわかっている。

Ⅰ）複数の車両に乗車している団体は2組だけで、そのいずれもが和風車両を含む連続した車両に乗車している

Ⅱ）Qは8両目に乗車している

Ⅲ）Rは4両目に乗車している

Ⅳ）空いている車両はなく、また、同じ車両に複数の団体が乗車することもない

(1) 次の推論ア、イ、ウのうち、<u>必ずしも誤りとはいえないもの</u>はどれか。AからHまでの中から1つ選びなさい。

ア　Sは2両以上にわたって乗車している

イ　Qは2両以上にわたって乗車している

ウ　Tは3両目に乗車している

○A　アだけ　　○B　イだけ　　○C　ウだけ　　○D　アとイの両方

○E　アとウの両方　　○F　イとウの両方　　○G　アとイとウのすべて

○H　ア、イ、ウのいずれも誤り

(2) Ⅰ）からⅣ）のほかに、次のカ、キ、クのうち<u>少なくともどの情報</u>が加われば、すべての団体が乗車している車両がわかるか。AからHまでの中から1つ選びなさい。

カ　1両目にはTが乗車している

キ　Pは1両だけに乗車している

ク　Sは3両にわたって乗車している

○A　カだけ　　○B　キだけ　　○C　クだけ　　○D　カとキの両方

○E　カとクの両方　　○F　キとクの両方　　○G　カとキとクのすべて

○H　カ、キ、クのすべてが加わってもわからない

※※　解　　説　※※

乗車している団体が決まる車両は、下図の通り。

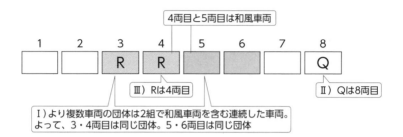

4両目と5両目は和風車両

1	2	3	4	5	6	7	8
		R	R				Q

Ⅲ）Rは4両目

Ⅱ）Qは8両目

Ⅰ）より複数車両の団体は2組で和風車両を含む連続した車両。
よって、3・4両目は同じ団体。5・6両目は同じ団体

（1） 1つでも成り立てば、その推論は「必ずしも誤りとはいえない」。

⑦ 例えば、Sが5〜7両目なら、2両以上　➡　必ずしも誤りとはいえない

✕ 条件Ⅰ）を考慮すると、8両目のQが2両以上なら、5〜8両目までがQ。
乗車できない団体が生じるのであり得ない　➡　確実に誤り

✕ 3両目はRに決まりなので、Tは3両目ではない　➡　確実に誤り

（2） 情報カ〜クで、車両がすべて決まるか考える。

カ　1両目がTでも、2・5・6・7両目は決まらない。

キ　Pは1両だけなら1・2・7両目（決まらない）。S、Tも決まらない。

ク　Sは5〜7両目（3両にわたって乗車なので）。1・2両目が決まらない。

以上のように、1つの情報だけで、車両がすべて決まるものはない。カとクの

両方なら、決まる。　　※クで不明な1・2両目が、カにより決まる。

1	2	3	4	5	6	7	8
T	P	R	R	S	S	S	Q

カ　　残る2両目がP　　　　　　　　　ク

正解　（1）　A　（2）　E

2章　推論（内訳）

③ 推論（すべて選ぶ）

複数の選択肢を選べる

◉ すべての場合を考える
◉ 漏れ落ちがないように気をつける

【例題】

次の説明を読んで、各問いに答えなさい。

この問題は2問組です

横一列に7つの箱が並んでいる。最初に、真ん中の箱を調べた。その後に調べた3つの箱の位置について、以下のことがわかっている。ただし、ア〜ウの調べた順番は不明である。

ア　次に1つ隣の箱を調べた
イ　次に4つ隣の箱を調べた
ウ　次に2つ左の箱を調べた

なお、調べた箱はすべて異なる位置のものであり、同じ位置の箱を複数回調べることはしていない。

真ん中の次に調べた可能性がある箱はどれか。当てはまるものをすべて選びなさい。

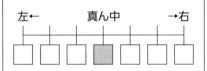

1 2

回答時間 ■■■■■■■■■■■■■■■■■■■■■

次へ

真ん中の箱の次に調べた箱が、ア〜ウそれぞれの場合に、当てはまる箱を考える。

ア　真ん中の次に、「1つ隣の箱」を調べた場合、以下のいずれか。

イ　真ん中の次に、「4つ隣の箱」を調べることはできない。つまり、当てはまる箱はない。

ウ　真ん中の次に、「2つ左の箱」を調べた場合、以下の箱。

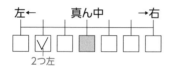

アとウに当てはまる3つの箱（上記でチェックがついた箱）が、真ん中の箱の次に調べた可能性のある箱。

【補足：選ぶのは1つとは限らない。すべて選ぶ】
2014年度に登場した「当てはまるものをすべて選ぶ」タイプの推論。答えるときは、当てはまるものすべてにクリックでチェックマークをつける。

正解

※【例題】の続き（組問題。枠内の文章は【例題】と同じ）

　横一列に７つの箱が並んでいる。最初に、真ん中の箱を調べた。その後に調べた３つの箱の位置について、以下のことがわかっている。ただし、ア〜ウの調べた順番は不明である。

　　ア　次に１つ隣の箱を調べた

　　イ　次に４つ隣の箱を調べた

　　ウ　次に２つ左の箱を調べた

　なお、調べた箱はすべて異なる位置のものであり、同じ位置の箱を複数回調べることはしていない。

(問) 最後に調べた可能性がある箱はどれか。当てはまるものをすべて選びなさい。

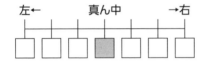

前問から、真ん中の次はアかウとわかっている。可能性がある順番をすべて考える。

アの「1つ隣」は、右隣と左隣の場合がある。両方とも考えよう。

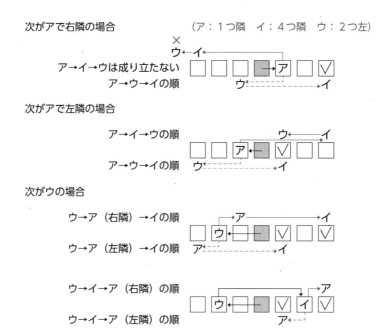

次がアで右隣の場合　　　　　（ア：1つ隣　イ：4つ隣　ウ：2つ左）

ア→イ→ウは成り立たない

ア→ウ→イの順

次がアで左隣の場合

ア→イ→ウの順

ア→ウ→イの順

次がウの場合

ウ→ア（右隣）→イの順

ウ→ア（左隣）→イの順

ウ→イ→ア（右隣）の順

ウ→イ→ア（左隣）の順

最後に調べた可能性があるのは、上記でチェックがついた2つの箱。

【速解】箱の位置を数値に置き換えて考える。真ん中を0とすると、箱の位置は−3から3。右への移動はプラス、左への移動はマイナスと考えると、ア
は＋1か−1、イは＋4か−4、ウは−2。アイウの和が最後の位置。和が−3から3におさまるのは「＋1＋4−2＝3」と「−1＋4−2＝1」のみ。最後の位置は1か3。

正解　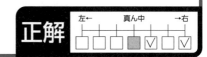

　P、Q、R、Sの4人が、週に一度ずつ、夜勤をする。夜勤をする曜日について、以下のことがわかっている。

　Ⅰ）Pの4日後にQが夜勤をする

　Ⅱ）Sは火曜日に夜勤をする

　Ⅲ）同じ曜日に夜勤をした人はいない

---

(1)　Pの翌日にRが夜勤をした場合、Pの曜日として可能性があるのはどれか。当てはまるものをすべて選びなさい。

□A　月曜日　　　□B　火曜日　　　□C　水曜日　　　□D　木曜日

□E　金曜日　　　□F　土曜日　　　□G　日曜日

(2)　Qの2日後にRが夜勤をする場合、Rの曜日として可能性があるのはどれか。当てはまるものをすべて選びなさい。

□A　月曜日　　　□B　火曜日　　　□C　水曜日　　　□D　木曜日

□E　金曜日　　　□F　土曜日　　　□G　日曜日

(1) 1週間を7マスで表して、Pを基準としてわかるところを埋める。

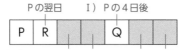

条件Ⅱ）より、Sは火曜日なので、赤色の4マスがそれぞれ火曜日の場合のPの曜日を考えればよい。

	P	R	①	②	Q	③	④
①の場合	日	月	火	水	木	金	土
②の場合	土	日	月	火	水	木	金
③の場合	木	金	土	日	月	火	水
④の場合	水	木	金	土	日	月	火

Pの曜日として可能性があるのは、日曜日、土曜日、木曜日、水曜日。

(2) 1週間を7マスで表して、Pを基準としてわかるところを埋める。

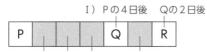

赤色の4マスがそれぞれ火曜日の場合のRの曜日を考える。

	P	①	②	③	Q	④	R
①の場合	月	火	水	木	金	土	日
②の場合	日	月	火	水	木	金	土
③の場合	土	日	月	火	水	木	金
④の場合	木	金	土	日	月	火	水

Rの曜日として可能性があるのは、日曜日、土曜日、金曜日、水曜日。

正解 **(1) C、D、F、G (2) C、E、F、G**

1組のトランプからハートの1から9の札を取り出して、P、Q、Rの3人に3枚ずつ配った。配られた札について、以下のことがわかっている。

Ⅰ）7の札はPに配られた

Ⅱ）Qに配られた札の数字を足すと20になる

Ⅲ）Rに配られた札の数字をかけ算すると24になる

（1） 確実にQに配られたといえる札はどれか。当てはまるものをすべて選びなさい。

☐A　1　　　　☐B　2　　　　☐C　3　　　　☐D　4　　　　☐E　5

☐F　6　　　　☐G　7　　　　☐H　8　　　　☐I　9

（2） 7のほかに、Pに配られた可能性がある札はどれか。当てはまるものをすべて選びなさい。

☐A　1　　　　☐B　2　　　　☐C　3　　　　☐D　4　　　　☐E　5

☐F　6　　　　☐G　8　　　　☐H　9

（1） Qに配られた3枚の札は、条件Ⅱ）から「数字を足すと20」。条件Ⅰ）からP

と決まる7を除くと、足して20になる札の組み合わせは、以下のいずれか。

※3枚で20なので、平均は6以上。大きい数から考えるほうが効率がよい。

足すと20　　　　かけると24

P ⎣7⎦⎣　⎦⎣　⎦　　Q ⎣　⎦⎣　⎦⎣　⎦　　R ⎣　⎦⎣　⎦⎣　⎦

9、8、3 …①
9、6、5 …②

①と②のうち、Rの札が「数字をかけ算すると24」（条件Ⅲ）になるものだけ

があり得る。

　　①の場合、まだ決まっていない札は、6、5、4、2、1

　　➡　Rが「6、4、1」なら、かけ算して24

　　②の場合、まだ決まっていない札は、8、4、3、2、1

　　➡　Rが「8、3、1」か「4、3、2」なら、かけ算して24

①も②もあり得る。よって、Qに配られた札は「9、8、3」または「9、6、

5」。確実に配られたといえる札は、どちらにも入っている「9」のみ。

（2） QとRに配られた可能性がある札は、前問で判明済み。残りがPの札。

　　Q「9、8、3」　R「6、4、1」　➡　P「7、5、2」

　　Q「9、6、5」　R「8、3、1」　➡　P「7、4、2」

　　Q「9、6、5」　R「4、3、2」　➡　P「8、7、1」

　　Pに配られた可能性があるのは、「1、2、4、5、7、8」。7を除くと「1、

2、4、5、8」。

正解　（1）Ⅰ　（2）A、B、D、E、G

練習問題 **④** 推論（すべて選ぶ）

1から7までの数字が書かれたカードが1枚ずつある。このカードを横一列に並べた。並べたカードについて、以下のことがわかっている。

　Ⅰ）左端から3枚分のカードの数字を足すと10になる

　Ⅱ）右端から3枚分のカードの数字を足すと14になる

（1） 左端のカードの数字が5のとき、2のカードが置かれた可能性がある位置はどれか。当てはまるものをすべて選びなさい。

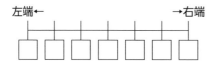

（2） 左端のカードの数字が、右端のカードの数字より1大きいとき、7のカードが置かれた可能性がある位置はどれか。当てはまるものをすべて選びなさい。

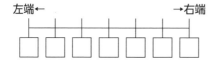

※ 解 説 ※

1から7までの数字を足すと28。ここから、条件Ⅰ）の「左端から3枚分の和10」と、条件Ⅱ）の「右端から3枚分の和14」を引くと4。「4」が真ん中のカードと決まる。

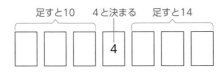

2章 推論（すべて選ぶ）

（1） 左端から3枚分の和は10。ここから、左端の「5」を引くと、残り2枚の和は5。2枚で5となるのは「1と4」または「2と3」。このうち、「4」はすでに真ん中のカードと決まっているので「2と3」。よって、「2」のカードが置かれた可能性があるのは、左端から2番目か3番目。

（2） 真ん中と決まった「4」を除いて、左端から3枚（和は10）、右端から3枚（和は14）として考えられる数字をすべてあげると、以下の通り。

※まずは、候補の数字を考える。それぞれの中での並び順は、最後に考える。

　左端から3枚　「1、2、7」「1、3、6」「2、3、5」

　右端から3枚　「1、6、7」「2、5、7」「3、5、6」

左端から3枚と、右端から3枚とを、同じ数が入らないよう組み合わせる。

　　左端から3枚　　　右端から3枚
　「1、2、7」と「3、5、6」 … ①
　「1、3、6」と「2、5、7」 … ②
　「2、3、5」と「1、6、7」 … ③

①〜③に真ん中のカード「4」を足したうえで、左端が右端よりも1大きくなるようにして7枚を並べる。　※（ ）の中の順番は逆でもよい

　① 「7、（1、2）、4、（3、5）、6」
　② 「3、（1、6）、4、（5、7）、2」と「6、（1、3）、4、（2、7）、5」
　③ 「2、（3、5）、4、（7、6）、1」

7のカードが置かれる可能性があるのは、左端から1、5、6番目の位置。

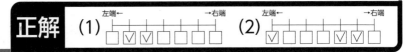

正解 (1)　(2)

消しゴム60個を、P、Q、R、S、Tの5人で分けた。分け方について、以下のことがわかっている。

　I）PとSがもらった消しゴムの差は5個、SとTの差も5個だった

　II）QとRがもらった消しゴムの差は9個だった

　III）Q、R、Sがもらった消しゴムの数の平均は14個だった

　IV）同じ数の消しゴムをもらった人はいない

（1） 消しゴムを14個もらった可能性がある人はだれか。当てはまるものをすべて選びなさい。

　　□A　P　　　□B　Q　　　□C　R　　　□D　S　　　□E　T

（2） もらった消しゴムの多い順に、5人の順位を決めたときに、Qの順位としてあり得るものはどれか。当てはまるものをすべて選びなさい。

　　□A　1位　　□B　2位　　□C　3位　　□D　4位　　□E　5位

※ 解 説 ※

平均と差から、もらった消しゴムの個数を考える。まず、Q、R、Sは、条件Ⅲ）から「平均14個」なので、3人の合計は14×3＝42個。5人分の60個から引くと、残りの18個がPとTの分。条件Ⅰ）からPとTは、どちらもSと5個差。

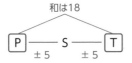

条件Ⅳ）から「同じ数の消しゴムをもらった人はいない」ので、PとTは、片方が「Sより5個少ない」、もう片方が「Sより5個多い」。ここから、Sは、PとTの平均の値とわかる。

　　S：18÷2＝9個　　　PとT：片方が9－5＝4個、もう片方が9＋5＝14個

（1）　上記から14個もらった可能性があるのは、PとT。

　　　　※上記では、QとRのことを考えていないが、同じ数の消しゴムをもらった人はいないので、
　　　　　PかTが14個である限り、QとRは14個の可能性はない。

（2）　上記でQ、R、Sの合計は42個と判明済み。うちSは9個。引き算すると、QとRは33個。条件Ⅱ）から「QとRの差は9個」。

Qの数として考えられるのは

　　Qのほうが少ない場合：（33－9）÷2＝12個

　　Qのほうが多い場合　：（33＋9）÷2＝21個

すでに、Sは9個、PとTは片方が4個、もう片方が14個とわかっている。個数の多い順に並べると、「21個、14個、12個、9個、4個」だから、Qの順位としてあり得るのは、1位か3位。

正解　**(1) A、E (2) A、C**

黒のクレヨンが4本、赤と白のクレヨンが3本ずつある。この10本のクレヨンを、P、Q、R、S、Tの5人が、2本ずつもらった。もらったクレヨンの色について、以下のことがわかっている。

I）Pがもらったクレヨンの色の組み合わせは、Qと同じだった

II）Rがもらったクレヨンは、2本とも同じ色だった

（問） 同じ色のクレヨンをもらった人が1人だけのとき、Sがもらったクレヨンの色の組み合わせとしてあり得るのはどれか。当てはまるものをすべて選びなさい。

□A 黒が2本　　　　　□B 赤が2本　　　　　□C 白が2本

□D 黒と赤が1本ずつ　□E 黒と白が1本ずつ

□F 赤と白が1本ずつ

※ 解 説 ※

クレヨンは黒、赤、白があるが、同じ色を2本もらったのはRだけ。他の人は、違う色を1本ずつもらっている。つまり「黒と赤が1本ずつ」「黒と白が1本ずつ」「赤と白が1本ずつ」の3通りのいずれか。

同じ組み合わせでもらったPとQの色が、3通りそれぞれの場合について、他の人がもらうクレヨンを考える。すると、以下のようになる。

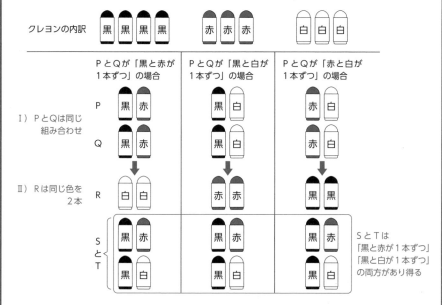

※考えるときのポイントは、P・Qがもらった色を、Rはもらえないこと。赤、白はP・Qがもらうと残り1本で、Rはもらえない。黒はP・Qがもらっても残り2本だが、Rが黒を2本もらうと、SかTが同じ色2本になってしまう。

上記のいずれの場合もSとTは、「黒と赤が1本ずつ」または「黒と白が1本ずつ」。Sがどちらなのかは不明なので、「黒と赤が1本ずつ」または「黒と白が1本ずつ」の両方があり得る。

正解　D、E

※【練習問題6】の続き（組問題。枠内の文章は【練習問題6】と同じ）

　黒のクレヨンが4本、赤と白のクレヨンが3本ずつある。この10本のクレヨンを、P、Q、R、S、Tの5人が、2本ずつもらった。もらったクレヨンの色について、以下のことがわかっている。

　　Ⅰ）Pがもらったクレヨンの色の組み合わせは、Qと同じだった

　　Ⅱ）Rがもらったクレヨンは、2本とも同じ色だった

(問)　同じ色のクレヨンをもらった人が2人いるとき、Sがもらったクレヨンの色の組み合わせとしてあり得るのはどれか。当てはまるものをすべて選びなさい。

　　□A　黒が2本　　　　　　□B　赤が2本　　　　　　□C　白が2本

　　□D　黒と赤が1本ずつ　　□E　黒と白が1本ずつ

　　□F　赤と白が1本ずつ

今度は同じ色をもらった人が2人。1人はRなので、もう1人はSかT。

※PとQは同じ組み合わせなので、片方だけが同じ色2本というのはあり得ない。

同じ組み合わせでもらったPとQの色が、「黒と赤が1本ずつ」「黒と白が1本ずつ」「赤と白が1本ずつ」それぞれの場合について、他の人がもらうクレヨンを考える。すると、以下のようになる。

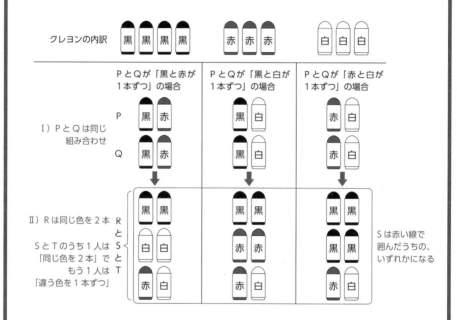

Sは、赤い線で囲んだうちのいずれか。よって、「黒が2本」「白が2本」「赤が2本」「赤と白が1本ずつ」があり得る。

| 正解 | A、B、C、F |

2章 推論（すべて選ぶ）

④ 推論（〜が正しければ）

ここがポイント!

当てはまる事柄を具体的に考えてみよう

- ◎ 2つの情報を比べて「〜が正しければ〜も必ず正しい」という関係が成り立つか考える
- ◎ Pに当てはまる事柄が、必ずQにも当てはまるとき「Pが正しければ、Qも必ず正しい」が成り立つ

【例題】

次の説明を読んで、各問いに答えなさい。

この問題は2問組です

ある国際会議の出席メンバーについて、次のような3通りの情報があった。

- P　ヨーロッパから少なくとも2か国が出席する
- Q　イギリス代表とフランス代表がそれぞれ3人出席する
- R　ヨーロッパから少なくとも5人出席する

以上の情報は、必ずしもすべてが信頼できるとは限らない。そこで、種々の場合を想定して推論がなされた。

次の推論ア、イ、ウのうち、正しいものはどれか。AからHまでの中から1つ選びなさい。

- ア　Pが正しければRも必ず正しい
- イ　Qが正しければPも必ず正しい
- ウ　Rが正しければQも必ず正しい

- ○ A　アだけ
- ○ B　イだけ
- ○ C　ウだけ
- ○ D　アとイの両方
- ○ E　アとウの両方
- ○ F　イとウの両方
- ○ G　アとイとウのすべて
- ○ H　正しい推論はない

1 2

回答時間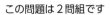

次へ

※ カンタン解法 ※

「推論（〜が正しければ）」は、通常2問組でP、Q、Rすべての関係（計6つ）が問われる。効率よく解くために、最初にP、Q、Rすべての関係を明らかにしよう。

P、Q、Rの関係は以下の通り。

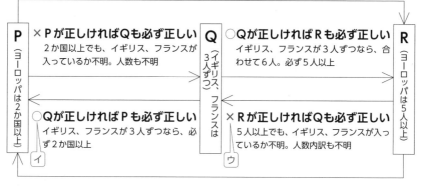

ア ×Pが正しければRも必ず正しい
2か国以上でも、人数は不明（例えば、2か国から1人ずつなら2人）

P（ヨーロッパは2か国以上）

×Pが正しければQも必ず正しい
2か国以上でも、イギリス、フランスが入っているか不明。人数も不明

Q（イギリス、フランスは3人ずつ）

○Qが正しければRも必ず正しい
イギリス、フランスが3人ずつなら、合わせて6人。必ず5人以上

R（ヨーロッパは5人以上）

○Qが正しければPも必ず正しい
イギリス、フランスが3人ずつなら、必ず2か国以上 イ

×Rが正しければQも必ず正しい
5人以上でも、イギリス、フランスが入っているか不明。人数内訳も不明 ウ

×Rが正しければPも必ず正しい
ヨーロッパが5人以上でも、国の数は不明（例えば、1か国だけで5人かもしれない）

正しいのはイ。

正解 **B**

ある10階建て駅ビル（地下はない）の休憩所について、次のような3通りの情報があった。

P　4階と8階には休憩所がある

Q　1階と5階以外にはすべて休憩所がある

R　偶数階にはすべて休憩所がある

以上の情報は、必ずしもすべてが信頼できるとは限らない。そこで、種々の場合を想定して推論がなされた。

（1） 次の推論ア、イ、ウのうち、正しいものはどれか。AからHまでの中から1つ選びなさい。

　　ア　Pが正しければQも必ず正しい

　　イ　Qが正しければRも必ず正しい

　　ウ　Rが正しければPも必ず正しい

○A　アだけ　　　　　　○B　イだけ　　　　　　○C　ウだけ

○D　アとイの両方　　　○E　アとウの両方　　　○F　イとウの両方

○G　アとイとウのすべて　　　○H　正しい推論はない

（2） 次の推論カ、キ、クのうち、正しいものはどれか。AからHまでの中から1つ選びなさい。

　　カ　Pが正しければRも必ず正しい

　　キ　Qが正しければPも必ず正しい

　　ク　Rが正しければQも必ず正しい

○A　カだけ　　　　　　○B　キだけ　　　　　　○C　クだけ

○D　カとキの両方　　　○E　カとクの両方　　　○F　キとクの両方

○G　カとキとクのすべて　　　○H　正しい推論はない

解 説

P、Q、Rが正しいとき、休憩所のある階は、右図の通り。
これを前提に、P、Q、Rの関係を考える。

	P	Q	R
10階		Q	R
9階		Q	
8階	P	Q	R
7階		Q	
6階		Q	R
5階			
4階	P	Q	R
3階		Q	
2階		Q	R
1階			

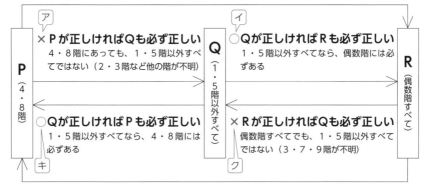

カ ×Pが正しければRも必ず正しい
4・8階にあっても、偶数階すべてではない(2・6・10階が不明)

ア ×Pが正しければQも必ず正しい
4・8階にあっても、1・5階以外すべてではない(2・3階など他の階が不明)

イ ○Qが正しければRも必ず正しい
1・5階以外すべてなら、偶数階には必ずある

ウ ○Rが正しければPも必ず正しい
偶数階すべてなら、4・8階には必ずある

エ ○Qが正しければPも必ず正しい
1・5階以外すべてなら、4・8階には必ずある

ク ×Rが正しければQも必ず正しい
偶数階すべてでも、1・5階以外すべてではない(3・7・9階が不明)

P(4・8階) Q(1・5階以外すべて) R(偶数階すべて)

(1) 正しいのはイとウ。

(2) 正しいのはキ。

正解 (1) F (2) B

練習問題 ② 推論（〜が正しければ）

ある駅でP、Q、Rの3人が待ち合わせをした。駅への到着順について3人は次のように語った。

P 私が一番先に駅に着いた

Q 私が駅に着いたとき、Pはまだ駅に着いていなかった

R 私が駅に着いたとき、Pはもう駅に着いていた

3人が語った状況は、必ずしもすべてが信頼できるとは限らない。そこで、種々の場合を想定して推論がなされた。

(1) 次の推論ア、イ、ウのうち、正しいものはどれか。AからHまでの中から1つ選びなさい。

ア　Pが正しければQも必ず正しい

イ　Qが正しければRも必ず正しい

ウ　Rが正しければPも必ず正しい

○A　アだけ　　　　　　○B　イだけ　　　　　　○C　ウだけ

○D　アとイの両方　　　○E　アとウの両方　　　○F　イとウの両方

○G　アとイとウのすべて　　　○H　正しい推論はない

(2) 次の推論カ、キ、クのうち、正しいものはどれか。AからHまでの中から1つ選びなさい。

カ　Pが正しければRも必ず正しい

キ　Qが正しければPも必ず正しい

ク　Rが正しければQも必ず正しい

○A　カだけ　　　　　　○B　キだけ　　　　　　○C　クだけ

○D　カとキの両方　　　○E　カとクの両方　　　○F　キとクの両方

○G　カとキとクのすべて　　　○H　正しい推論はない

P、Q、Rの関係は以下の通り。

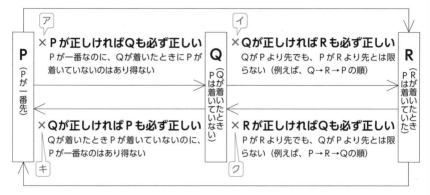

(1) 正しい推論はない。

(2) 正しいのはカ。

正解　(1) **H**　(2) **A**

ある地区の駅から図書館までは直線距離で2km、また駅から市役所までは直線距離で5km離れていることがわかっている。P、Q、Rから次の報告がなされた。

P　駅と図書館と市役所は一直線上にある

Q　図書館と市役所は直線距離で7km離れている

R　図書館は駅の真北にあり、市役所は駅の真南にある

以上の情報は、必ずしもすべてが信頼できるとは限らない。そこで、種々の場合を想定して推論がなされた。

(1) 次の推論ア、イ、ウのうち、正しいものはどれか。AからHまでの中から1つ選びなさい。

ア　Pが正しければRも必ず正しい

イ　Qが正しければPも必ず正しい

ウ　Rが正しければQも必ず正しい

○A　アだけ　　　　　　○B　イだけ　　　　　　○C　ウだけ

○D　アとイの両方　　　○E　アとウの両方　　　○F　イとウの両方

○G　アとイとウのすべて　　　○H　正しい推論はない

(2) 次の推論カ、キ、クのうち、正しいものはどれか。AからHまでの中から1つ選びなさい。

カ　Pが正しければQも必ず正しい

キ　Qが正しければRも必ず正しい

ク　Rが正しければPも必ず正しい

○A　カだけ　　　　　　○B　キだけ　　　　　　○C　クだけ

○D　カとキの両方　　　○E　カとクの両方　　　○F　キとクの両方

○G　カとキとクのすべて　　　○H　正しい推論はない

解　説

設問でわかっているのは「駅から図書館まで直線距離で2km」「駅から市役所まで直線距離で5km」。位置関係は、例えば以下のように何通りも考えられる。

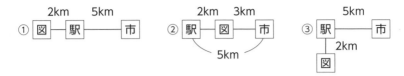

これを前提に、P、Q、Rの関係を考える。

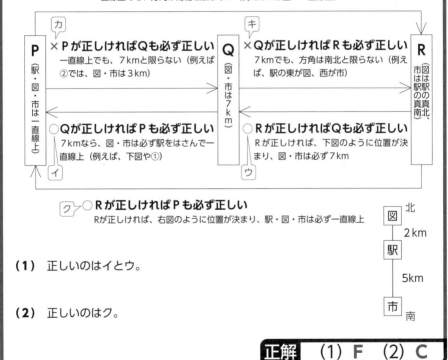

(1)　正しいのはイとウ。

(2)　正しいのはク。

正解　(1) **F**　(2) **C**

⑤ 推論（平均）

平均から合計を考えよう

◎ 2人の平均が5点 ➡ 合計は10点

◎ 正誤両方あり得る場合は、「どちらともいえない」

【例題】

次の説明を読んで、各問いに答えなさい。

この問題は2問組です

P、Q、Rの3人の体力テスト（100点満点）について、次のことがわかっている。

Ⅰ）PとQの2人の平均点は76.0点である

Ⅱ）P、Q、Rの3人の平均点は81.0点である

次の推論ア、イ、ウのうち、<u>必ず正しいといえるもの</u>はどれか。AからHまでの中から1つ選びなさい。

ア　Rは3人の中で最高点だった

イ　3人の中の最低点はPかQのいずれか、または両方である

ウ　PとQの得点の差は5点より小さい

○ A　アだけ

○ B　イだけ

○ C　ウだけ

○ D　アとイの両方

○ E　アとウの両方

○ F　イとウの両方

○ G　アとイとウのすべて

○ H　ア、イ、ウのいずれも必ず正しいとはいえない

1 2

回答時間 ■■■■■■■■■■■■■■■■■■■■■■■■

次 へ

設問からわかることを書き出す。

Ⅰ）PとQの平均は76.0点　➡　PとQの合計は76.0×2＝152点…①

Ⅱ）P、Q、Rの平均は81.0点　➡　P、Q、Rの合計は81.0×3＝243点…②

①と②の違いはRの得点が入っているかどうか。②から①を引くと、Rの得点がわかる　➡　243－152＝91点。Rは91点…③

①～③を使って、推論ア～ウが正しいかどうかを考える。1つでも誤りがあれば、その推論は「必ず正しい」とはいえない。

✗　3人の得点はPとQが合計152点（平均76.0点）、Rは91点。例えば、「Pが100点、Qが52点、Rが91点」なら、Pが最高点なので誤り
　➡　必ず正しいとはいえない

イ　PとQの平均点76.0点は、Rの91点より低いので、少なくともPとQのいずれかはRより低い（両方がRより高いなら、PとQの平均点は91点を超える。あり得ない）。Rが最低点となる場合はあり得ず、最低点はPかQのいずれか、または両方（両方が76.0点の場合）　➡　必ず正しい

✗　PとQの合計は152点。例えば、「Pが100点、Qが52点」なら、得点差は5点より大きいので誤り　➡　必ず正しいとはいえない

正解　B

　PとQは、サッカーボールを20球ずつ
けってゴールに入った数（ゴール数）を競
うゲームを、3回行った。右表は、各対戦
でゴールに入った数を示したものである。

	1回戦	2回戦	3回戦
P	9		14
Q	12	15	

（1） 次の推論ア、イの正誤を考え、AからIまでの中から正しいものを1つ選びな
さい。

　　ア　Pのゴール数の3回の平均は15である

　　イ　Qのゴール数の3回の平均は15である

○A　アもイも正しい　　　○B　アは正しいが、イはどちらともいえない

○C　アは正しいが、イは誤り　　　○D　アはどちらともいえないが、イは正しい

○E　アもイもどちらともいえない　　　○F　アはどちらともいえないが、イは誤り

○G　アは誤りだが、イは正しい　　　○H　アは誤りだが、イはどちらともいえない

○I　アもイも誤り

（2） 次の推論カ、キの正誤を考え、AからIまでの中から正しいものを1つ選びな
さい。

　　カ　Pが2回戦目に17球入れたとすると、PはQに3回のゴール数の合計
で勝つ

　　キ　Qが3回戦目に17球入れたとすると、QはPに3回のゴール数の合計
で勝つ

○A　カもキも正しい　　　○B　カは正しいが、キはどちらともいえない

○C　カは正しいが、キは誤り　　　○D　カはどちらともいえないが、キは正しい

○E　カもキもどちらともいえない　　　○F　カはどちらともいえないが、キは誤り

○G　カは誤りだが、キは正しい　　　○H　カは誤りだが、キはどちらともいえない

○I　カもキも誤り

P、Qのゴール数のうち、わかっている2回分を足す。

P 9＋14＝23 …① Q 12＋15＝27 …②

これを使って、推論の正誤を考える。正誤両方あり得る場合は、「どちらともいえない」。1回にけるのは20球だということに気をつけよう。

(1) ア 平均15なので、Pの3回の合計は15×3＝45。①を引くと、2回戦目のゴール数は22のはず。1回にけるのは20球なので、全球ゴールしても22は不可能 ➡ 誤り

　　 イ 平均15なので、Qの3回合計は15×3＝45。②を引くと、3回戦目のゴール数は18のはず。Qのゴール数が18なら正しいが、それ以外なら誤り。どちらの可能性もある ➡ どちらともいえない

(2) カ Pが2回戦目に17球入れたときのPとQの合計は以下の通り。

　　　　 Pの3回合計 23＋17＝40 ⎫
　　　　 Qの2回合計 27 ⎭ 差は13

　　 Qの3回戦目のゴール数が12以下ならPの勝ち。13以上ならPは勝たない。どちらの可能性もある ➡ どちらともいえない

　　 キ Qが3回戦目に17球入れたときのPとQの合計は以下の通り。

　　　　 Pの2回合計 23 ⎫
　　　　 Qの3回合計 27＋17＝44 ⎭ 差は21

　　 Pの2回戦目のゴール数が20以下ならQの勝ち。1回にけるのは20球なので、全球ゴールしてもPは負け。Qが必ず勝つ ➡ 正しい

正解 **(1) H (2) D**

練習問題 ② 推論（平均）

J、K、L、Mの4人が50点満点の漢字テストを受けた。その結果について、次のことがわかっている。
  Ⅰ） JとLの得点の平均は30点である
  Ⅱ） 4人の得点の平均は35点である

(1) 次の推論ア、イ、ウのうち、<u>必ずしも誤りとはいえないもの</u>はどれか。AからHまでの中から1つ選びなさい。

　　ア　4人のうち満点をとったのは2人だった

　　イ　KとMの得点差は20点よりも大きい

　　ウ　LとMの得点の平均は20点よりも低い

○A　アだけ　　　　○B　イだけ　　　　○C　ウだけ　　　　○D　アとイの両方

○E　アとウの両方　　　○F　イとウの両方　　　○G　アとイとウのすべて

○H　ア、イ、ウのいずれも誤り

(2) 最も少ない情報でJ、K、L、Mの得点がすべてわかるためには、Ⅰ）とⅡ）の情報のほかに、次のカ、キ、クのうちどれが加わればよいか。AからHまでの中から1つ選びなさい。

　　カ　JとMの得点差は10点である

　　キ　JとKの得点差は10点である

　　ク　J、K、Lの得点の平均は30点である

○A　カだけ　　　　○B　キだけ　　　　○C　クだけ　　　　○D　カとキの両方

○E　カとクの両方　　　○F　キとクの両方　　　○G　カとキとクのすべて

○H　カ、キ、クのすべてが加わってもわからない

設問からわかることを書き出す。

Ⅰ）　JとLの平均は30点　　➡　　JとLの合計は30×2＝60点…①

Ⅱ）　4人の平均は35点　　➡　　4人の合計は35×4＝140点…②

②から①を引くとKとMの合計　➡　　KとMの合計は140－60＝80点…③

（1） 推論を上記に当てはめて、1つでも成り立てば「必ずしも誤りとはいえない」。

50点　　①からJの50点を引く　　③からKの50点を引く

㋐　例えば、「JとKが満点、Lが10点、Mが30点」なら満点が2人

　　➡　　必ずしも誤りとはいえない

㋑　KとMの合計は80点。片方が満点のとき得点差は最大。例えば、「Kが50点なら、Mは30点」。最大でも20点差　➡　　確実に誤り

㋒　JとKが満点のとき、LもMも最低点（平均も最低）。「JとKが50点なら、Lは10点、Mは30点」。最低でも平均20点　➡　　確実に誤り

（2） 「JかLの得点」と「KかMの得点」がわかれば、4人の得点がわかる。

　　カ　例えば、「Jが20点、Mが30点」「Jが50点、Mが40点」など複数の場合が考えられ、得点はわからない。

　　キ　例えば、「Jが20点、Kが30点」「Jが50点、Kが40点」など複数の場合が考えられ、得点はわからない。

　　ク　平均30点から、3人の合計は30×3＝90点。ここからJとLの合計60点を引くと、Kは30点。Mは80－30＝50点。JとLは不明。

　　1つの情報だけで、得点がすべてわかるものはない。カとクの両方なら、Mと10点差のJが40点と決まり（60点は満点を超えるのであり得ない）、Lも決まる。

　　「Jは40点、Lは20点、Kは30点、Mは50点」。

　　※キとクでは、Kと10点差のJが、20点なのか40点なのか不明（Lも不明）。

正解　**（1）A　（2）E**

練習問題 ③ 推論（平均）

P、Q、R、Sの4人が100点満点のテストを受けた。その結果、PとRの得点は同じであり、またRとSの得点の平均は、PとQの得点の平均よりも5点だけ高かった。

(1) 次の推論ア、イの正誤を考え、AからIまでの中から正しいものを1つ選びなさい。

 ア　RとQの得点は等しい

 イ　SとQの得点の差は5点である

 ○A　アもイも正しい　　　○B　アは正しいが、イはどちらともいえない

 ○C　アは正しいが、イは誤り　　　○D　アはどちらともいえないが、イは正しい

 ○E　アもイもどちらともいえない　　　○F　アはどちらともいえないが、イは誤り

 ○G　アは誤りだが、イは正しい　　　○H　アは誤りだが、イはどちらともいえない

 ○I　アもイも誤り

(2) 次の推論カ、キの正誤を考え、AからIまでの中から正しいものを1つ選びなさい。

 カ　RとSの得点の差は10点である

 キ　RとQの得点の平均はPと等しい

 ○A　カもキも正しい　　　○B　カは正しいが、キはどちらともいえない

 ○C　カは正しいが、キは誤り　　　○D　カはどちらともいえないが、キは正しい

 ○E　カもキもどちらともいえない　　　○F　カはどちらともいえないが、キは誤り

 ○G　カは誤りだが、キは正しい　　　○H　カは誤りだが、キはどちらともいえない

 ○I　カもキも誤り

解 説

設問からわかることを書き出す。

PとRの得点は同じ　➡　P＝R　…①

RとSの平均は、PとQの平均より5点高い

➡　RとSの合計は、PとQの合計より10点高い

＞＞同点のPとRを除いても式は成り立つ

$$R + S = P + Q + 10 \;\Rightarrow\; S = Q + 10 \quad …②$$

平均の式 $\dfrac{R+S}{2} = \dfrac{P+Q}{2} + 5$ を作り、式の左右を2倍したものと同じ

SはQより10点高い

これを使って、推論の正誤を考える。正誤両方あり得る場合は、「どちらともいえない」。

(1) ア　①②からはRとQの得点差は不明。よってアの正誤はわからない

➡　どちらともいえない

※例えば、「R　50点、Q　50点」（①よりP　50点、②よりS　60点）なら正しいが、「R　50点、Q　60点」（①よりP　50点、②よりS　70点）なら誤り。

イ　②の「S＝Q＋10」により、SはQより10点高いことがわかる。得点の差は10点であり5点ではない　➡　誤り

(2) カ　①②からはRとSの得点差は不明。よってカの正誤はわからない

➡　どちらともいえない

キ　PとRは同じ得点のため、Qも同じ得点なら正しいが、Qの得点は不明。よってキの正誤はわからない　➡　どちらともいえない

※例えば、「P、R、Q　50点」（②よりS　60点）なら、RとQの平均も50点で正しいが、「P、R　50点、Q　10点」（②よりS　20点）なら、RとQの平均は30点でPの50点とは等しくないので誤り。

正解　(1) F　(2) E

仮の数値を当てはめよう

◉出題されるのは濃度、売上などの増減率、人口密度 など

◉具体的な食塩水の重さ、売上、人口などは不明。仮 の数値を当てはめて考えよう

【例題】

次の説明を読んで、各問いに答えなさ い。

この問題は2問組です

下表は、甲、乙、丙3つのカップに入れた 食塩水の濃度を示したものである。甲と丙の 食塩水の重さは等しく、いずれも乙の2倍の 重さである。

カップ	食塩水の濃度
甲	20.0%
乙	30.0%
丙	10.0%

次の推論ア、イの正誤を考え、Aから Iまでの中から正しいものを1つ選び なさい。

ア 甲に含まれる食塩の量は、乙に含ま れる食塩の量より多い

イ 甲と乙の食塩水を混ぜると、濃度は 25.0％になる

○ A アもイも正しい
○ B アは正しいが、イはどちらともいえない
○ C アは正しいが、イは誤り
○ D アはどちらともいえないが、イは正しい
○ E アもイもどちらともいえない
○ F アはどちらともいえないが、イは誤り
○ G アは誤りだが、イは正しい
○ H アは誤りだが、イはどちらともいえない
○ I アもイも誤り

1 2

回答時間 ■■■■■■■■■■■■■■■■■■■■■■■■

次 へ

※※ カンタン解法 ※※

設問より、食塩水の重さは「甲と丙は等しく、いずれも乙の2倍」。

仮に乙の食塩水の重さを100gとすると、甲と丙は2倍なので200g。これを使って
食塩の量を計算しよう。使う式は「食塩水の重さ×食塩水の濃度＝食塩の量」。

カップ	食塩水の濃度	食塩水の仮の重さ	食塩の仮の量 （食塩水の重さ×食塩水の濃度＝食塩の量）
甲	20.0%	200g	40g（200g × 0.2 ＝ 40g）
乙	30.0%	100g	30g（100g × 0.3 ＝ 30g）
丙	10.0%	200g	20g（200g × 0.1 ＝ 20g）

上表を使って、推論ア、イの正誤を考える。正誤両方あり得る場合は、「どちらとも
いえない」。

ア　上表より甲に含まれる食塩の量は40g、乙は30g。甲のほうが多い

　　➡　正しい

イ　甲と乙を混ぜたときの濃度を、「食塩の量÷食塩水の重さ＝濃度」で計算。

　甲と乙の食塩合計　甲と乙の食塩水合計　　　　　　　甲と乙を混ぜたときの濃度
　（40g＋30g）÷（200g＋100g）＝ 70g ÷ 300g ＝ 0.2333…

　甲と乙を混ぜると約23.3%であり、25.0%ではない　➡　誤り

【イの速解】
　　　　　　　　　　甲　　乙　　　　　平均値
　　　　　（20.0%＋30.0%）÷ 2 ＝ 25.0%

イの25.0%が、甲と乙の濃度の平均値であることに注目してもよい。濃度が平均
値になるのは、2つの食塩水が同じ重さのとき。つまり、甲と乙が同じ重さなら
ば25.0%だが、異なる重さであれば25.0%にはならない。設問より、甲と乙の重
さが異なることがわかるので、計算するまでもなく、イは誤り。

正解　C

※【例題】の続き（組問題。枠内の文章は【例題】と同じ）

　下表は、甲、乙、丙３つのカップに入れた食塩水の濃度を示したものである。甲と丙の食塩水の重さは等しく、いずれも乙の２倍の重さである。

カップ	食塩水の濃度
甲	20.0%
乙	30.0%
丙	10.0%

(問)　次の推論カ、キの正誤を考え、Ａからｌまでの中から正しいものを１つ選びなさい。

　　　カ　甲と丙の食塩水を混ぜると、乙と同じ濃度になる

　　　キ　丙の食塩水を水だけ蒸発させて半分の重さにすると、甲と同じ濃度になる

　○Ａ　カもキも正しい　　　○Ｂ　カは正しいが、キはどちらともいえない

　○Ｃ　カは正しいが、キは誤り　　　○Ｄ　カはどちらともいえないが、キは正しい

　○Ｅ　カもキもどちらともいえない　　　○Ｆ　カはどちらともいえないが、キは誤り

　○Ｇ　カは誤りだが、キは正しい　　　○Ｈ　カは誤りだが、キはどちらともいえない

　○ｌ　カもキも誤り

前問で仮に決めた重さをそのまま使い、推論の正誤を考える。正誤両方あり得る場合は、「どちらともいえない」。

カップ	食塩水の濃度	食塩水の仮の重さ	食塩の仮の量 (食塩水の重さ×食塩水の濃度＝食塩の量)
甲	20.0%	200g	40g (200g × 0.2 = 40g)
乙	30.0%	100g	30g (100g × 0.3 = 30g)
丙	10.0%	200g	20g (200g × 0.1 = 20g)

カ　混ぜる食塩水どうしの重さが同じときには、濃度の公式を使うまでもない。混ぜたあとの濃度は、もとの濃度の平均値になる。

　　　甲　　　丙　　　　　混ぜたときの濃度
(20.0% ＋ 10.0%) ÷ 2 ＝ 15.0%

甲と丙を混ぜると15.0%であり、乙の30.0%とは異なる　➡　誤り

キ　食塩水の重さが半分になると、濃度は2倍になる。

　　　丙　　2倍　　半分になったときの濃度
10.0% × 2 ＝ 20.0%

丙を蒸発させて半分にすると20.0%。甲の20.0%と等しい　➡　正しい

> 【別解：濃度の公式で解く】濃度の公式は「食塩の量÷食塩水の重さ＝濃度」。
> 　カ　甲と丙を混ぜたときの濃度　(40＋20)÷(200＋200)＝0.15 ➡ 15.0%
> 　キ　丙を蒸発させて半分にしたときの濃度　20÷100＝0.2 ➡ 20.0%

正解　G

2章

推論（比率）

> ある会社の運営する食堂の、1店あたりの年間平均売上額は、この3年間、毎年前年に比べて20％ずつ増加している。食堂の店舗数はこの3年間に変化していない。

(1) 次の推論ア、イの正誤を考え、AからIまでの中から正しいものを1つ選びなさい。

　　ア　この3年間に前年に比べて売上額の減った食堂はない

　　イ　この会社の食堂による総売上額は3年前に比べて60％増加した

○A　アもイも正しい　　　○B　アは正しいが、イはどちらともいえない

○C　アは正しいが、イは誤り　　　○D　アはどちらともいえないが、イは正しい

○E　アもイもどちらともいえない　　　○F　アはどちらともいえないが、イは誤り

○G　アは誤りだが、イは正しい　　　○H　アは誤りだが、イはどちらともいえない

○I　アもイも誤り

(2) 次の推論カ、キの正誤を考え、AからIまでの中から正しいものを1つ選びなさい。

　　カ　この会社の食堂による総売上額は、この3年間、毎年前年に比べて20％ずつ増加している

　　キ　この3年間に売上額が60％以上増加した食堂と、60％未満しか増加しなかった食堂の店舗数は等しい

○A　カもキも正しい　　　○B　カは正しいが、キはどちらともいえない

○C　カは正しいが、キは誤り　　　○D　カはどちらともいえないが、キは正しい

○E　カもキもどちらともいえない　　　○F　カはどちらともいえないが、キは誤り

○G　カは誤りだが、キは正しい　　　○H　カは誤りだが、キはどちらともいえない

○I　カもキも誤り

仮に3年前の売上額を100とすると、現在までの平均売上額は以下の通り。

3年前　100

2年前　100×1.2＝120　┤20%増なので、1.2をかけ算

1年前　120×1.2＝144　┤前年に比べて20%増なので、120に対して1.2をかけ算

現　在　144×1.2＝172.8

これを使って、推論の正誤を考える。正誤両方あり得る場合は、「どちらともいえない」。

（1） ア　平均売上額は毎年増えているが、個々の食堂の売上推移は不明。正誤どちらもあり得る　➡　どちらともいえない

イ　3年前の100に対して現在の売上は172.8なので、72.8％の増加。60％の増加ではない　➡　誤り

> 【イの速解】毎年、増えた額に対してさらに何%増と増えるので、金額が雪だるま式に大きくなる。つまり20%×3年間＝60%を超えることは確実なので、イは誤り。こう考えれば、仮の売上額を計算しなくても答えにたどり着ける。
>
> ※前年や前月に対して何%増という問題では「複利計算」や「ねずみ算」を思い浮かべよう。

（2） カ　平均売上額の増加率と、総売上額の増加率は一致する。平均売上額が毎年20％ずつ増加ということは、総売上額も毎年20％ずつ増加している　➡　正しい

キ　3年間の平均売上額は72.8％増加しているが、個々の食堂の売上推移は不明。正誤どちらもあり得る　➡　どちらともいえない

正解　（1）**F**　（2）**B**

下表は、甲、乙、丙3つの市の人口密度（1km²あたりの人口）を示したものである。甲と丙の面積は等しく、それぞれ乙の面積の半分である。

市	人口密度
甲	330
乙	190
丙	280

（1） 次の推論ア、イの正誤を考え、AからIまでの中から正しいものを1つ選びなさい。

　　ア　甲の人口は乙の人口より多い

　　イ　甲と乙を合わせた地域の人口密度は200である

○A　アもイも正しい　　○B　アは正しいが、イはどちらともいえない

○C　アは正しいが、イは誤り　　○D　アはどちらともいえないが、イは正しい

○E　アもイもどちらともいえない　　○F　アはどちらともいえないが、イは誤り

○G　アは誤りだが、イは正しい　　○H　アは誤りだが、イはどちらともいえない

○I　アもイも誤り

（2） 次の推論カ、キの正誤を考え、AからIまでの中から正しいものを1つ選びなさい。

　　カ　乙の人口と丙の人口の和は、甲の人口の2倍である

　　キ　乙と丙を合わせた地域の人口密度は、甲の人口密度に等しい

○A　カもキも正しい　　○B　カは正しいが、キはどちらともいえない

○C　カは正しいが、キは誤り　　○D　カはどちらともいえないが、キは正しい

○E　カもキもどちらともいえない　　○F　カはどちらともいえないが、キは誤り

○G　カは誤りだが、キは正しい　　○H　カは誤りだが、キはどちらともいえない

○I　カもキも誤り

※ 解 説 ※

設問より、市の面積は「甲と丙の面積は等しく、それぞれ乙の半分」。仮に甲と丙の面積を1とすると、乙は2。「人口密度×面積＝人口」。

市	人口密度	仮の面積	仮の人口（人口密度×面積＝人口）
甲	330	1	330人（330 × 1 ＝ 330人）
乙	190	2	380人（190 × 2 ＝ 380人）
丙	280	1	280人（280 × 1 ＝ 280人）

これを使って、推論の正誤を考える。正誤両方あり得る場合は、「どちらともいえない」。

（1） ア　上表より甲は330人、乙は380人。乙のほうが多い　➡　誤り

イ　甲と乙を合わせた地域の人口密度を計算する。人口密度の計算式は「人口÷面積＝人口密度」。この式に、甲と乙の合計をそれぞれ当てはめる。

甲と乙の人口合計　甲と乙の面積合計　　　甲と乙を合わせた地域の人口密度
（330人＋380人）÷（1 ＋ 2）＝710÷3＝236.66…　➡　誤り

（2） カ　乙と丙の人口を足して、甲の人口を2倍したものと比べる。

乙　　　丙　　　　　　　　甲　　2倍
380人＋280人＝660人　　　330人×2＝660人　➡　正しい

キ　乙と丙を合わせた地域の人口密度（人口÷面積＝人口密度）を計算。

乙と丙の人口合計　乙と丙の面積合計　　　乙と丙を合わせた地域の人口密度
（380人＋280人）÷（2 ＋ 1）＝660÷3＝220

甲は330なので等しくない　➡　誤り

【キの速解】乙も丙も人口密度は甲より小さい。従って、乙と丙を合わせた人口密度は甲よりも小さくなる。よってキは誤り。

正解 **（1）Ｉ　（2）Ｃ**

7 図表の読み取り

ここがポイント！

筆算の「勘(かん)」を取り戻しておくこと

◎短時間で、図表を読み取って計算する

◎情報を整理するスピードと、計算速度が決め手

◎本番では電卓は使えない。練習も筆算で！

【例題】

次に示した表や資料を使って、各問い
に答えなさい。

この問題は4問組です

下表は、遊園地T、U、V、Wにおける入場者層別の売上の割合と総売上額を示したものである。

遊園地		T	U	V	W
大人	男	19.2%	21.3%	22.1%	13.6%
	女	23.5	26.4	19.8	20.7
学生	男	17.8	14.2	23.0	11.6
	女	21.4	19.2	10.3	34.4
子ども	男		10.7	20.7	7.2
	女	12.3	8.2	4.1	12.5
計（%）		100.0	100.0	100.0	100.0
総売上額（万円）		4026	2160	3284	1819

遊園地Uにおいて「大人・男女」を除いてあらためて売上の割合を求めたとき、「学生・男」による売上の割合はいくらか（必要なときは、最後に小数点以下第2位を四捨五入すること）。

- ○ A　6.4%
- ○ B　9.2%
- ○ C　13.5%
- ○ D　21.4%
- ○ E　25.8%
- ○ F　27.2%
- ○ G　29.6%
- ○ H　31.0%
- ○ I　42.4%
- ○ J　AからIのいずれでもない

1 2 3 4

回答時間 ■■■■■■■■■■■■■■■■■■■■■

次 へ

110

※※ カンタン解法 ※※

遊園地Uから、「大人・男女」を除くと残りは、以下の赤色の4項目（「学生・男女」と「子ども・男女」）。

「Uの学生・男」÷「Uの学生・男女と、子ども・男女の合計」で割合を求める。

	遊園地	T	U	V	W
大人	男	19.2%	21.3%	22.1%	13.6%
	女	23.5	26.4	19.8	20.7
学生	男	17.8	14.2	23.0	11.6
	女	21.4	19.2	10.3	34.4
子ども	男		10.7	20.7	7.2
	女	12.3	8.2	4.1	12.5
計（%）		100.0	100.0	100.0	100.0
総売上額（万円）		4026	2160	3284	1819

U学生・男　　　　U学生・男女と子ども・男女　　　　　　　　　　U学生・男は大人以外に対して何%

$$14.2 \div (14.2 + 19.2 + 10.7 + 8.2) = 0.2715\cdots \fallingdotseq 27.2\%$$

【補足：同じ遊園地のときは、割合のまま比較】

いずれも「遊園地Uの総売上」に対する割合なので、実際の売上額を求めずに、割合のまま計算してかまわない。

※異なる遊園地に対する割合どうしのときは、実際の売上額を求めてから、比較する。

正解 **F**

※【例題】の続き（組問題。枠内の文章は【例題】と同じ）

　下表は、遊園地Ｔ、Ｕ、Ｖ、Ｗにおける入場者層別の売上の割合と総売上額を示したものである。

	遊園地	Ｔ	Ｕ	Ｖ	Ｗ
大人	男	19.2%	21.3%	22.1%	13.6%
	女	23.5	26.4	19.8	20.7
学生	男	17.8	14.2	23.0	11.6
	女	21.4	19.2	10.3	34.4
子ども	男		10.7	20.7	7.2
	女	12.3	8.2	4.1	12.5
計（％）		100.0	100.0	100.0	100.0
総売上額（万円）		4026	2160	3284	1819

（1） 遊園地Ｔにおける「子ども・男」の総売上額に占める割合はいくらか（必要なときは、最後に小数点以下第2位を四捨五入すること）。

　　○A　5.4%　　　　○B　5.6%　　　　○C　5.8%　　　　○D　6.0%

　　○E　6.2%　　　　○F　6.4%　　　　○G　6.6%　　　　○H　6.8%

　　○I　7.0%　　　　　○J　AからIのいずれでもない

（2） 遊園地Ｗにおける「学生・女」の売上のうち37.0％は高校生の利用分である。遊園地Ｗにおける「高校生・女」の売上の割合はいくらか（必要なときは、最後に小数点以下第2位を四捨五入すること）。

　　○A　9.3%　　　　○B　10.7%　　　　○C　11.3%　　　　○D　12.7%

　　○E　14.5%　　　○F　23.7%　　　　○G　32.3%　　　　○H　35.7%

　　○I　37.0%　　　　○J　AからIのいずれでもない

（3） 遊園地Ｖの「子ども・男」の売上額は、遊園地Ｗの「子ども・男」の売上額の

何倍か（必要なときは、最後に小数点以下第２位を四捨五入すること）。

- ○Ａ　2.9倍　　　　　○Ｂ　3.3倍　　　　　○Ｃ　3.7倍　　　　　○Ｄ　4.1倍
- ○Ｅ　4.5倍　　　　　○Ｆ　4.8倍　　　　　○Ｇ　5.2倍　　　　　○Ｈ　5.5倍
- ○Ｉ　5.9倍　　　　　○Ｊ　ＡからＩのいずれでもない

※※※ 解　説 ※※※

（1） 遊園地Ｔの計（100%）から、「子ども・男」以外の割合（%）を引く。

　　　Ｔの計　　　Ｔ大人・男　Ｔ大人・女　Ｔ学生・男　Ｔ学生・女　Ｔ子ども・女　　Ｔ子ども・男
　　100% － （19.2% ＋ 23.5% ＋ 17.8% ＋ 21.4% ＋ 12.3%） ＝ 5.8%

（2） 表から、遊園地Ｗの「学生・女」は34.4%。このうち37.0%が高校生なので、

両方の割合をかけ算する。

　　Ｗ学生・女　　うち高校生　　　　　　　Ｗ高校生・女
　　0.344　 × 　0.37　 = 0.12728　 ÷ 　12.7%

（3） 遊園地Ｖ、Ｗそれぞれの「子ども・男の売上額」を求めてから、「Ｖの子ども・

男の売上額÷Ｗの子ども・男の売上額」で何倍かを求める。

　※「子ども・男の売上額」の求め方は、「その遊園地の総売上額×子ども・男の割合」。

　　　　　　　　総売上額　　　子ども・男割合　　子ども・男売上額
　遊園地Ｖ　3284万円　 × 　0.207　 = 　679.788万円
　遊園地Ｗ　1819万円　 × 　0.072　 = 　130.968万円

　　　Ｖ子ども・男　　　　Ｗ子ども・男　　　　　　　　　　何倍か
　　679.788万円　 ÷ 　130.968万円　 = 　5.19…　 ÷ 　5.2倍

正解　（1）Ｃ　（2）Ｄ　（3）Ｇ

ある会社で、2日間にわたって社員研修を行うことにした。研修所の昼食メニューには、和定食、洋定食、うどん、丼物の4種類がある。各社員は、1日目と2日目の昼食として1種類ずつ選択することになっている。

表は、社員300人の選択状況を示したものである。例えば、網がけの部分は1日目に和定食、2日目に洋定食を選択した社員が14人いることを表している。

2日目 ＼ 1日目	和定食	洋定食	うどん	丼物	計
和定食	26	ア		26	95
洋定食	14	17	21	15	67
うどん	4	14	23	21	62
丼物	37	18	9	12	76
計	81			74	300

(1) 和定食と丼物の2種類を選択した社員は、洋定食とうどんの2種類を選択した社員の何倍か（必要なときは、最後に小数点以下第2位を四捨五入すること）。

  ○A　1.2倍　　　　○B　1.4倍　　　　○C　1.5倍　　　　○D　1.7倍

  ○E　1.8倍　　　　○F　1.9倍　　　　○G　2.1倍　　　　○H　2.3倍

  ○I　2.6倍　　　　○J　AからIのいずれでもない

(2) 1日目か2日目に少なくとも一度は丼物を選択した社員は全体の何%か（必要なときは、最後に小数点以下第1位を四捨五入すること）。

  ○A　4%　　　　　○B　25%　　　　○C　32%　　　　○D　44%

  ○E　46%　　　　○F　49%　　　　○G　50%　　　　○H　52%

  ○I　56%　　　　○J　AからIのいずれでもない

114

（3） 1日目に洋定食を選択した社員のうち30％が2日目に和定食を選択した。表中の空欄（ア）はいくつか。

○A　15　　○B　16　　○C　17　　○D　18　　○E　19　　○F　20

○G　21　　○H　22　　○I　23　　○J　AからIのいずれでもない

※※※ **解　説** ※※※

（1） 和定食と丼物

①和②丼　　①丼②和
37人　＋　26人　＝　63人

①洋②う　　①う②洋
洋定食とうどん　14人　＋　21人　＝　35人

63人 ÷35人＝1.8倍

どちらを1日目に選択したかで2通りずつ

（2） 丼物を選択した社員は、「1日目の丼物の計」と「2日目の丼物の計」を足して、2日とも丼物（ダブって数えられている分）の人数を引く。これを全体の300人で割り算して割合を求める。

※丼物は、計を使わずに「37＋18＋9＋26＋15＋21＋12」で求めてもよい。

1日目の丼物計　　2日目の丼物計　2日とも丼物（ダブリ）　少なくとも一度は丼物
74人　＋　76人　－　12人　＝　138人

丼物　　　全体　　　　　何％か
138人　÷　300人　＝　0.46　＝　46％

（3）　（ア）は1日目に洋定食を選択し、2日目に和定食を選択した人。1日目に洋定食を選択した人をx人とする。そのうち、2日目の和定食は30％で、残りの70％は和定食以外の「17＋14＋18＝49人」。

1日目に洋定食のうち70％　　　1日目に洋定食で2日目に和定食以外（洋定食・うどん・丼物）
$$0.7x　＝　49$$
$$x　＝　70$$

1日目に洋定食　　うち2日目に和定食以外　　1日目に洋定食で2日目に和定食
70　－　49　＝　21人

【**別解：求める（ア）をxとする**】「1日目の洋定食の計」は「x＋17＋14＋18」人。30％が（ア）なので「$(x＋17＋14＋18)×0.3＝x$」。方程式を解くと$x＝21$。

正解　**（1）E　（2）E　（3）G**

列車Pは始発のK駅を出発した後、途中L駅、M駅、N駅の3駅に停車し、終点O駅に到着する。表1にはK駅からL駅、M駅、N駅、O駅までの距離と、乗車駅別に調べた各駅での下車人数が示されている。また、表2は乗車駅からの距離別運賃表である。

表1〈各駅での下車人数〉 (単位：人)

K駅からの距離	下車駅＼乗車駅	K	L	M	N
32km	L	34	—	—	—
78km	M	69	26	—	—
106km	N	28	35	21	—
124km	O	37	43	38	32

表2〈距離別運賃表〉 (単位：円)

距離	10kmまで	20kmまで	40kmまで	60kmまで	80kmまで	100kmまで	130kmまで
運賃	300	500	650	800	950	1050	1250

（1） 列車PにK駅から乗車した人は何人か。

- ○A　21人
- ○B　26人
- ○C　32人
- ○D　34人
- ○E　103人
- ○F　113人
- ○G　129人
- ○H　168人
- ○I　363人
- ○J　AからIのいずれでもない

（2） M駅からN駅の区間で、列車Pに乗っていた人は何人か。

- ○A　59人
- ○B　84人
- ○C　91人
- ○D　95人
- ○E　150人
- ○F　202人
- ○G　213人
- ○H　234人
- ○I　337人
- ○J　AからIのいずれでもない

（3） M駅で列車Pに乗車した人が、すべて下車駅までの切符を購入したとすると、M駅で購入された切符の代金は合計でいくらか。

○A　17700円　　○B　35200円　　○C　38350円　　○D　42750円

○E　44050円　　○F　47200円　　○G　52900円　　○H　56050円

○I　73750円　　○J　AからIのいずれでもない

※※ 解 説 ※※

（1）　K駅から乗車したのは、表1で乗車駅がK駅で、下車駅がL駅、M駅、N駅、O駅の人たち。足し算する。

KからL　KからM　KからN　KからO　　Kから乗車
34人 ＋ 69人 ＋ 28人 ＋ 37人 ＝ 168人

（2）　M駅からN駅の区間に乗っていたのは、以下の赤色の6項目の人たち。足し算する。

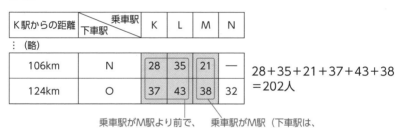

K駅からの距離 乗車駅／下車駅	K	L	M	N
：（略）				
106km　N	28	35	21	―
124km　O	37	43	38	32

28＋35＋21＋37＋43＋38
＝202人

乗車駅がM駅より前で、　　乗車駅がM駅（下車駅は、
下車駅がN駅以降　　　　　N駅以降になる）

（3）　M駅で乗車した人には、N駅で下車した人とO駅で下車した人がいる。まず、それぞれの距離から運賃を求める。そのあとで運賃と人数から、切符の代金の合計を求める。

M駅からN駅　距離：106km－78km＝28km　➡　表2から運賃は650円

M駅からO駅　距離：124km－78km＝46km　➡　表2から運賃は800円

MからN運賃　人数　　MからO運賃　人数　　　Mで購入された切符の代金の合計
（650円 × 21人）＋（800円 × 38人）＝ 44050円

正解　（1）H　（2）F　（3）E

4か所の産地から採取された天然ガスの化学成分の体積百分率は、次の通りである。なお、各成分の [　] 内の数字は、メタンの重さを1.00としたときの同体積のその成分ガスの比重を表す。

成分	産地P	産地Q	産地R	産地S
メタン　　[1.00]	92.4%	70.0%	86.0%	80.0%
エタン　　[1.87]	3.2	10.0	5.4	12.8
プロパン [2.75]		6.7	4.9	4.0
ブタン　　[3.62]	1.6	5.3	2.0	2.1
ペンタン [4.50]	0.3	2.9	1.2	0.4
その他　[約3.00]	0.2	5.1	0.5	0.7
合計	100.0	100.0	100.0	100.0

(1) 産地Qのガスから、メタンとエタンだけを取り出したとき、そのメタンとエタンだけの混合ガスの重さはいくらか。ただし、その混合ガスと同体積のメタンの重さを1.00として表しなさい（必要なときは、最後に小数点以下第2位を四捨五入すること）。

○A　0.7　　○B　0.8　　○C　0.9　　○D　1.0　　○E　1.1　　○F　1.2

○G　1.3　　○H　1.4　　○I　1.5　　○J　AからIのいずれでもない

(2) 産地Sから採取されたある量のガスからメタンを取り出したとき、その重さは75kgであった。このときプロパンの重さはいくらか（必要なときは、最後に小数点以下第1位を四捨五入すること）。

○A　6kg　　　　○B　8kg　　　　○C　10kg　　　○D　12kg

○E　14kg　　　○F　16kg　　　○G　18kg　　　○H　20kg

○I　24kg　　　○J　AからIのいずれでもない

(1) 産地Qのメタンとエタンの体積の割合（体積百分率）に、比重をかけて足し算すると、混合ガスの重さ。これを混合ガスと同体積のメタンの重さで割り算する。

	体積割合		比重		重さ	
①産地Qのメタン	0.7	×	1.00	=	0.7	⎫ 足し算すると0.887
産地Qのエタン	0.1	×	1.87	=	0.187	⎭
②同体積のメタン	(0.7＋0.1)	×	1.00	=	0.8	

    ①   ②   メタンを1.00としたときの混合ガスの重さ
③0.887　÷　0.8　＝　1.108…　≒　1.1

> **【別解：体積や重さを仮定してもよい】** メタンの比重は1.0、エタンは1.87。仮にメタン1㎥＝1kgとするとエタンは1㎥＝1.87kg。産地Qのガスを仮に100㎥とすると、メタン、エタン、混合ガスの体積と重さは以下の通り（混合ガスの体積と重さは、メタンとエタンを足し算）。
>
> | | 体積 | 重さ |
> |---|---|---|
> | メタン | （70%なので）70㎥ | 70㎥×1kg＝70kg |
> | エタン | （10%なので）10㎥ | 10㎥×1.87kg＝18.7kg |
> | 混合 | 70＋10＝80㎥ | 70kg＋18.7kg＝88.7kg |
>
> 混合ガスは88.7kg。同体積のメタンは80㎥で80kg。88.7÷80＝1.108…≒1.1

(2) メタン1kgあたりの体積を1とする。これを使って、①メタンの重さと体積の割合から、全体の体積を求め、②「①」にプロパンの体積割合と比重をかけ算する。

  メタン体積　メタン体積割合　全体の体積
①   75　　÷　　0.8　　＝　　93.75
    └ メタン75kgの体積は75 ┘

  全体の体積　プロパン体積割合　プロパン比重　　　　　　　　　　プロパン重さ
②93.75　×　　0.04　　×　　2.75　　＝　10.3125　≒　10kg

正解　**(1) E**　**(2) C**

蛋（タン）白質P、Q、Rは、水素、炭素、酸素、窒素、その他の各元素で構成されている。下表は、P、Q、Rの1分子中の各元素の原子個数比である。

なお、各元素の重量比は、水素を1としたとき炭素は12、酸素は16、窒素は14であるとする。

蛋白質＼元素	水素	炭素	酸素	窒素	その他	合計
蛋白質P	63.9%	20.1%	10.4%	3.2%	2.4%	100%
蛋白質Q	56.2	23.1		1.2	0.3	100%
蛋白質R	50.7	28.4	11.3	6.4	3.2	100%

(1) 蛋白質Pの1分子中に占める水素、炭素、酸素、窒素の各元素のうち、重量が最大のものは、次のうちどれか。

○A 水素 　　　　○B 炭素 　　　　○C 酸素 　　　　○D 窒素

○E 上表からは決まらない

(2) 蛋白質Rの1分子中の窒素の原子の個数は、蛋白質Pのそれの1/2倍であるとすると、蛋白質Rの1分子中の炭素の原子の個数は、蛋白質Pのそれの何倍か（必要なときは、最後に小数点以下第3位を四捨五入すること）。

○A 0.16倍 　　　　○B 0.32倍 　　　　○C 0.35倍 　　　　○D 0.42倍

○E 0.50倍 　　　　○F 0.55倍 　　　　○G 0.64倍

○H 上表からは決まらない

(1) 蛋白質Pの1分子中に占める、ある元素の重量は「原子個数比×重量比」。

	原子個数比	重量比	Pに占める重量
水素 ➡	63.9% ×	1 =	63.9
炭素 ➡	20.1% ×	12 =	241.2 ─一番大きい
酸素 ➡	10.4% ×	16 =	166.4
窒素 ➡	3.2% ×	14 =	44.8

> 本番では、時間短縮のため、大まかな数値で概算してもよい。
> 水素：64%弱 × 1 = 64弱
> 炭素：20%強 × 12＝240強
> 酸素：10%強 × 16＝160強
> 窒素：計算するまでもなく小さい

2章 図表の読み取り

(2) 蛋白質Pの窒素を32個と仮定すると、Rの窒素は$\frac{1}{2}$なので16個。これを使って、①蛋白質PとRの仮の全体個数を求める。②「①」に炭素の原子個数比をかけ算して、仮の炭素の原子個数を求めてから、③比較する。

元素\蛋白質	炭素	窒素
蛋白質P	20.1%	3.2%
蛋白質R	28.4	6.4

── 原子の個数を32個と仮定する
── 原子の個数はPの窒素の$\frac{1}{2}$なので、32個÷2＝16個

	窒素個数	窒素割合	全体個数
①Pの全体 ➡	32個 ÷	0.032 =	1000個
Rの全体 ➡	16個 ÷	0.064 =	250個

	全体個数	炭素原子個数比	炭素個数
②Pの炭素 ➡	1000個 ×	0.201 =	201個
Rの炭素 ➡	250個 ×	0.284 =	71個

R炭素 P炭素
③71個 ÷ 201個 ＝ 0.353…≒0.35倍

> 250個は1000個の$\frac{1}{4}$。
> まず「1000個×0.284＝284個」を求めてから、÷4をして「284個÷4＝71個」とすると計算が速い

正解 (1) B (2) C

白い粉末状の物質P、Q、R、Sを溶かした水溶液がある。3種類の水溶液イ、ロ、ハに含まれる物質P、Q、R、Sの重量百分率は、下表の通りである。

物質 水溶液	物質P	物質Q	物質R	物質S
水溶液イ	2.5%	5.4%	1.0%	0.7%
水溶液ロ	4.5	3.6	3.0	2.3
水溶液ハ	3.2	2.7	0.8	1.2

（1） 水溶液イとロを混合して、新たに水溶液ニを作る。その際に、水溶液ニに含まれる物質Sの重量百分率を、水溶液ハのそれと等しくしたい。水溶液イとロを、どの割合で混ぜればよいか。

○A 1：3 　　　○B 2：3 　　　○C 3：1 　　　○D 5：3

○E 5：7 　　　○F 5：11 　　　○G 7：23 　　　○H 11：5

○I 12：5 　　　○J AからIのいずれでもない

（2） 水溶液イとロを混合して、新たに水溶液ホを作った。水溶液ホに含まれる各物質の重さは、物質Pが32g、物質Rが20gだった。このとき用いた水溶液イは何gか（必要なときは、最後に小数点以下第1位を四捨五入すること）。

○A 156g 　　　○B 180g 　　　○C 200g 　　　○D 240g

○E 328g 　　　○F 457g 　　　○G 500g 　　　○H 600g

○I 957g 　　　○J AからIのいずれでもない

（1） 水溶液の重さを、イ＝x、ロ＝yとする。「水溶液の重さ×物質Sの割合＝物質Sの重さ」なので、各水溶液に含まれる物質Sの重さは、イが「$0.007x$」、ロが「$0.023y$」。この２つを足して、物質Sの割合がハと等しい（1.2％＝0.012）水溶液を作るのだから、以下の式が成り立つ。

$$\underset{\text{イ}}{0.007x} + \underset{\text{ロ}}{0.023y} = \underset{\text{Sの割合がハと等しい}}{0.012\,(x+y)}$$

$$7x + 23y = 12\,(x+y)$$

> 両辺を×1000すると、整数になって計算しやすい

$$7x - 12x = 12y - 23y$$

$$5x = 11y$$

xに「11」、yに「5」が入ると式がつり合う。イ：ロは「11：5」

（2） 水溶液の重さを、イ＝x、ロ＝yとする。水溶液イとロを混合して作った水溶液ホに含まれる物質P、Rの重さは、それぞれ以下の式で表せる。

$$\begin{cases} \text{物質P} \quad \underset{\text{イのP重さ}}{0.025x} + \underset{\text{ロのP重さ}}{0.045y} = \underset{\text{ホのP重さ}}{32\,\text{g}} \quad \cdots① \\[2mm] \text{物質R} \quad \underset{\text{イのR重さ}}{0.01x} + \underset{\text{ロのR重さ}}{0.03y} = \underset{\text{ホのR重さ}}{20\,\text{g}} \quad \cdots② \end{cases}$$

求めるのは水溶液イの重さなので、連立方程式の加減法でyを消す。まず、①と②のyの値を同じにする。

$$\begin{cases} 0.025x + 0.045y = 32 \xrightarrow[\text{左右の式に2をかけ算}]{} 0.05x + 0.09y = 64 \quad \cdots①' \\[2mm] 0.01x + 0.03y = 20 \xrightarrow[\text{左右の式に3をかけ算}]{} 0.03x + 0.09y = 60 \quad \cdots②' \end{cases}$$

次に、①'から②'を引き算してyを消し、xを求める。

$$\begin{array}{r} 0.05x + 0.09y = 64 \\ -\underline{)\ 0.03x + 0.09y = 60} \\ 0.02x = 4 \end{array}$$

$$x = 200 \ \Rightarrow \ \text{水溶液イは200\,g}$$

正解　**（1） H　（2） C**

下表は、R、S、T、Uの4都市からV市に通勤している人たちの交通機関の利用状況を示したものである（各都市からV市に入る際に利用している交通機関について、2012年調べ）。ただし、最下欄の数字は、各都市の人たちが全都市（R、S、T、U市）の人数に対して占める百分率である。

	R市	S市	T市	U市	全都市
自動車	40%	20%	20%	20%	24%
電車	30	40	20	30	28
バス	10	30	40	20	（ ）
その他	20	10	20	30	（ ）
都市/全都市 (R+S+T+U)	20	10	30	40	100

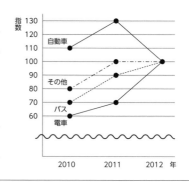

(1) バスを利用している人は全都市の人数の何％か（必要なときは、最後に小数点以下第1位を四捨五入すること）。

○A 20%   ○B 25%   ○C 30%   ○D 35%   ○E 40%

○F 45%   ○G 50%   ○H AからGのいずれでもない

(2) U市では10年前に比べて、電車利用者は半分に減り、自動車利用者は2倍に増え、他は横ばいだった。10年前において、U市の全利用者に対するバス利用者の占める比率は何％であったか（必要なときは、最後に小数点以下第2位を四捨五入すること）。

○A 10.0%   ○B 12.6%   ○C 14.2%   ○D 16.7%

○E 18.6%   ○F 20.0%   ○G 23.2%

○H AからGのいずれでもない

解　説

(1) 「都市／全都市」×「バス」で、「その都市でバスを利用している人が全都市の何%か」がわかる。都市ごとに計算して足す。

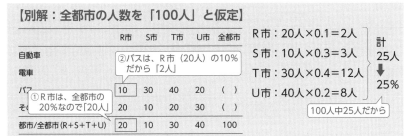

	R市	S市	T市	U市	全都市
自動車	40%	20%	20%	20%	24%
電車	30	40	20	30	28
バス	10	30	40	20	（　）
その他	20	10	20	30	（　）
都市/全都市（R+S+T+U）	20	10	30	40	100

R市：0.2×0.1=0.02
S市：0.1×0.3=0.03
T市：0.3×0.4=0.12
U市：0.4×0.2=0.08

計 0.25
↓
25%

線でつないだ数値どうしをかけ算する

【別解：全都市の人数を「100人」と仮定】

	R市	S市	T市	U市	全都市
自動車					
電車					
バス	10	30	40	20	（　）
その他	20	10	20	30	（　）
都市/全都市（R+S+T+U）	20	10	30	40	100

①R市は、全都市の20%なので「20人」

②バスは、R市（20人）の10%だから「2人」

R市：20人×0.1=2人
S市：10人×0.3=3人
T市：30人×0.4=12人
U市：40人×0.2=8人

計 25人
↓
25%

100人中25人だから

(2) 2012年現在、U市から通勤している人を「100人」と仮定して、10年前の人数を求める。　※現在の人数は、「%」をそのまま「人」に置き換える。

	現在のU市		10年前のU市
自動車	20人	← （2倍）	10人
電車	30人	← （半分）	60人
バス	20人		20人
その他	30人		30人
合計（U市の全利用者）	100人		120人

10年前バス　10年前U市人数　　10年前において、U市の全利用者に対するバス利用者の占める比率
20人　÷　120人　＝　0.1666…≒16.7%

正解　**(1) B　(2) D**

※【練習問題7】の続き（組問題。枠内の文章は【練習問題7】と同じ）

下表は、R、S、T、Uの4都市からV市に通勤している人たちの交通機関の利用
状況を示したものである（各都市からV市に入る際に利用している交通機関につい
て、2012年調べ）。ただし、最下欄の数字は、各都市の人たちが全都市（R、S、T、
U市）の人数に対して占める百分率である。

	R市	S市	T市	U市	全都市
自動車	40%	20%	20%	20%	24%
電車	30	40	20	30	28
バス	10	30	40	20	（　）
その他	20	10	20	30	（　）
都市/全都市 (R+S+T+U)	20	10	30	40	100

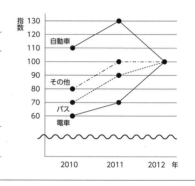

(問) 右上の図は2010年以降のS市の各交通機関利用者数の変動を示したものである。ただし、図はそれぞれ2012年を100とした指数で示してある。2010年におけるS市の各交通機関の利用者数を多い順に並べるとどうなるか。

○A 〔自動車、電車、バス、その他〕　　○B 〔自動車、電車、その他、バス〕

○C 〔自動車、バス、その他、電車〕　　○D 〔バス、その他、電車、自動車〕

○E 〔バス、その他、自動車、電車〕　　○F 〔電車、自動車、バス、その他〕

○G 〔電車、バス、自動車、その他〕　　○H AからGのいずれでもない

❋❋ 解　説 ❋❋

2012年現在、S市から通勤している人を「100人」と仮定。S市の各交通機関の利用者数に、2010年の指数をかけ算。

※「指数」は、数値の時間的な変動をとらえるために使われるもので、ある時点の数値を100として表す。この設問では交通機関ごとに、2012年の利用者を100としている。

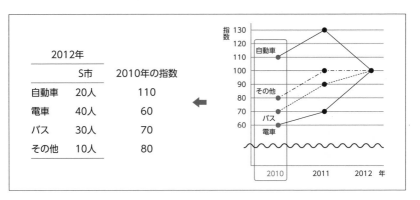

	2012年のS市		2010年指数		
自動車 ➡	20人	×	1.1	=	22人
電車 ➡	40人	×	0.6	=	24人
バス ➡	30人	×	0.7	=	21人
その他 ➡	10人	×	0.8	=	8人

> 指数は、100で割ってからかけ算（「100」が「1倍」に相当する）。例えば「110」のときは「1.1」をかけ算

多い順に並べると、「電車、自動車、バス、その他」。

正解　F

8 集合(表)

ベン図をかいて状況をつかもう

◉問われているのは何かを、しっかり考える

◉計算は足し算、引き算が中心

【例題】

次の説明を読んで、各問いに答えなさい。

この問題は2問組です

大学生500人を対象に、スポーツについて調査を行った。下表は、調査項目と集計結果の一部である。

調査項目	回答	
野球をしたことがあるか	ある	340人
	ない	160人
野球が好きか	好き	390人
	きらい	110人
バレーをしたことがあるか	ある	280人
	ない	220人
バレーが好きか	好き	330人
	きらい	170人

野球をしたことがあり、かつ好きだと答えた人が320人いた。野球をしたことがなくて、かつきらいだと答えた人は何人いるか。

○ A　　20人
○ B　　50人
○ C　　70人
○ D　　90人
○ E　　110人
○ F　　160人
○ G　　180人
○ H　　200人
○ I　　220人
○ J　　AからIのいずれでもない

1 | 2

回答時間 ■■■■■■■■■■■■■■■■■■■■■■

次へ

128

※※ カンタン解法 ※※

求めるのは「野球をしたことがなくて、かつきらいな人」。この人たちは、「野球をしたことがある」「野球が好き」のどちらにも入らない人たち。ベン図（集合の図）をかくと、このような状況が一目でわかり、解き方の見通しをたてやすい。

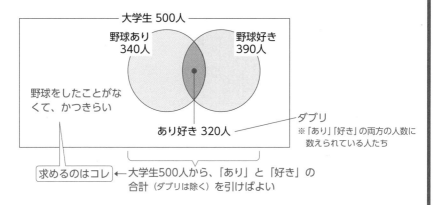

まず、「あり」「好き」の合計からダブリを取り除いた人数を計算する。その上で、大学生500人からこの人数を引けばよい。

野球あり　　好き　　あり好き(ダブリ)　少なくともありか好き
340人 + 390人 － 320人 ＝ <u>410人</u>

大学生　　　↓　　　野球をしたことがなくて、かつきらい
500人 － 410人 ＝ 90人

正解 **D**

※【例題】の続き（組問題。枠内の文章は【例題】と同じ）

　大学生500人を対象に、スポーツについて調査を行った。下表は、調査項目と集計結果の一部である。

調査項目	回答	
野球をしたことがあるか	ある	340人
	ない	160人
野球が好きか	好き	390人
	きらい	110人
バレーをしたことがあるか	ある	280人
	ない	220人
バレーが好きか	好き	330人
	きらい	170人

(問) 野球もバレーもきらいだと答えた人が50人いた。野球とバレーのうちいずれか一方だけを好きだと答えた人は、何人いるか。

○A　50人　　　　○B　60人　　　　○C　80人　　　　○D　110人

○E　120人　　　○F　170人　　　○G　180人　　　○H　200人

○I　230人　　　○J　AからIのいずれでもない

※ 解　説 ※

求めるのは、「野球はきらいだがバレーは好きな人」と、「野球は好きだがバレーはきらいな人」の合計。設問に両方きらいな人数が登場するので、「きらい」な人数を中心にしたベン図にすると、解き方の見通しをたてやすい。

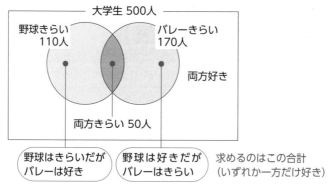

「野球はきらいだがバレーは好きな人」は、「野球がきらい」から「両方きらい」を引けばよい。同様に、「野球は好きだがバレーはきらいな人」は、「バレーがきらい」から「両方きらい」を引けばよい。

野球はきらいだが　　野球きらい　　両方きらい　　バレーだけ好き
バレーは好き　➡　　110人　−　50人　＝　60人
　　　　　　　　　　　　　　　　　　　　　　　　　　　　　　　　　　計180人
野球は好きだが　　　バレーきらい　　両方きらい　　野球だけ好き
バレーはきらい　➡　　170人　−　50人　＝　120人

【別解：手間はかかるが「好き」のベン図でも解ける】まず、「野球好き」「バレー好き」「両方きらい」の３つを足し、500人を超えた分が「両方好き」。

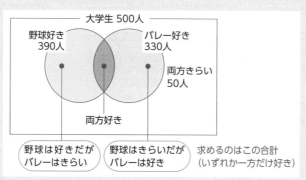

野球好き　　バレー好き　両方きらい　　大学生　　両方好き
（390人　＋　330人　＋　50人）−　500人　＝　270人

「野球好き」「バレー好き」から、それぞれ「両方好き」を引く。

野球好き　両方好き　野球だけ好き　　バレー好き　両方好き　バレーだけ好き
390人 − 270人 ＝120人　　　330人 − 270人 ＝60人　➡　足すと180人

正解　G

週末の過ごし方について、350人を対象に調査を行った。右表は、調査項目と集計結果の一部である。

	は　い	いいえ
買い物をした	220人	130人
外食をした	140人	210人
映画を見た	90人	260人

(1) 外食をした人のうち、1/4が映画も見た。映画を見たが外食をしなかった人は何人か。

○A　　0人　　　　○B　15人　　　　○C　25人　　　　○D　35人

○E　45人　　　　○F　55人　　　　○G　65人　　　　○H　75人

○I　85人　　　　○J　AからIのいずれでもない

(2) 買い物をしたが映画を見なかった人は、映画を見たが買い物をしなかった人のちょうど3倍だった。映画を見たが買い物をしなかった人は何人か。

○A　25人　　　　○B　30人　　　　○C　35人　　　　○D　40人

○E　45人　　　　○F　50人　　　　○G　55人　　　　○H　60人

○I　65人　　　　○J　AからIのいずれでもない

※※　解　説　※※

(1) 「外食と映画の両方」した人数を求め、「映画を見た人」から引くと、「映画を見たが外食をしなかった人」。

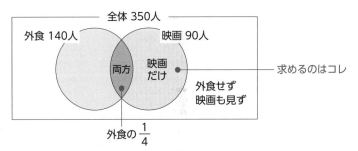

両方 　➡　 $140人 \times \dfrac{1}{4} = \dfrac{\overset{35}{\cancel{140}} \times 1}{\underset{1}{\cancel{4}}} = 35人$

外食

両方

映画だけ 　➡　 $90人 - 35人 = 55人$

映画　　両方　　映画だけ

(2) 「買い物と映画の両方」した人数を求め、「映画を見た人」から引く。

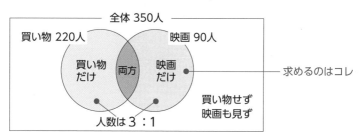

「両方」を「x人」とすると、「買い物だけ」は「$220人 - x$人」、「映画だけ」は「$90人 - x$人」。設問より「買い物をしたが映画を見なかった人は、映画を見たが買い物をしなかった人のちょうど3倍」。つまり「買い物だけ」と「映画だけ」は「3：1」なので、以下の式が成り立つ。比の計算でxを求める。

$$(220人 - x人) : (90人 - x人) = 3 : 1$$

外側どうしかけ算

内側どうしかけ算

$$(220 - x) \times 1 = (90 - x) \times 3$$

$$220 - x = 270 - 3x$$

$$2x = 50$$

$$x = 25$$

買い物と映画の両方

映画90人から、両方25人を引くと、映画だけ見た人は65人。

【別解：連立方程式を使う】 求める「映画を見たが買い物をしなかった人」をx、「両方」をyとする。①買い物をした人は「$3x + y = 220$」。②映画を見た人は「$x + y = 90$」。連立方程式の加減法で、①－②をすると「$2x = 130$」。$x = 65$人

正解 　**(1) F　(2) I**

あるペットショップで来店者180人を対象に、飼っている動物について調査した。下表は、調査項目と集計結果の一部である。

	飼っている	飼っていない
犬	80人	100人
猫	65人	115人
鳥	40人	140人

(1) 鳥は飼っているが犬は飼っていない人は30人だった。犬は飼っているが鳥は飼っていない人は何人か。

○A 35人	○B 40人	○C 45人	○D 50人
○E 55人	○F 60人	○G 65人	○H 70人
○I 75人	○J AからIのいずれでもない		

(2) 犬と猫の両方を飼っている人は25人だった。犬と猫のどちらも飼っていない人は何人か。

○A 40人	○B 45人	○C 50人	○D 55人
○E 60人	○F 65人	○G 70人	○H 75人
○I 80人	○J AからIのいずれでもない		

(3) (1)(2)に加え、猫と鳥の両方を飼っている人がいないとき、犬、猫、鳥のいずれも飼っていない人は何人か。

○A 5人	○B 10人	○C 15人	○D 20人
○E 25人	○F 30人	○G 35人	○H 40人
○I 45人	○J AからIのいずれでもない		

（1） 「鳥と犬の両方」飼っている人数を求め、「犬を飼っている人」から引く。

両方 ➡ 鳥　　鳥だけ　　両方
　　　　40人 − 30人 = 10人

犬だけ ➡ 犬　　両方　　犬だけ
　　　　80人 − 10人 = 70人

来店者 180人
鳥 40人　　犬 80人
鳥だけ 30人　両方　犬だけ
鳥も犬も飼わず

求めるのはコレ

（2） 「犬を飼っている人」と「猫を飼っている人」の合計からダブリ（両方）を取り除いた人数を計算。来店者180人から引く。

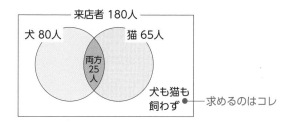

来店者 180人
犬 80人　　猫 65人
両方 25人
犬も猫も飼わず ● 求めるのはコレ

来店者　　　犬　　　猫　　　両方　　犬も猫も飼わず
180人 − （80人 + 65人 − 25人） = 60人

（3） 「犬と猫のどちらも飼っていない人」は前問で60人と判明済み。ここから、**（1）** の設問文「鳥は飼っているが犬は飼っていない人は30人」（鳥だけ飼っている30人）を引く。

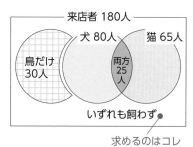

来店者 180人
犬 80人　　猫 65人
鳥だけ 30人　両方 25人
いずれも飼わず ●
求めるのはコレ

　※猫と鳥の両方を飼っている人はいない。ここから、「鳥は飼っているが犬は飼っていない人」は、猫も飼っていないことがわかる。つまり、この 30 人は「鳥だけ飼っている」。

犬も猫も飼わず　　鳥だけ飼う　　いずれも飼わず
　60人 − 　30人 = 　30人

正解 （1）**H** （2）**E** （3）**F**

2章 集合（表）

⑨ 集合（文章）

情報をうまく整理する

◎超過人数が、両方に該当する人
◎状況がつかみづらいときは、ベン図をかこう

【例題】

次の説明を読んで、各問いに答えなさい。

この問題は2問組です

S新聞、T新聞を読んでいる人それぞれ200人について調査した。

　S新聞では、政治に関する記事を読む人が140人、経済に関する記事を読む人が130人、どちらも読まない人が30人いた。S新聞の政治に関する記事と経済に関する記事を両方とも読む人は何人か。

○ A　　10人
○ B　　20人
○ C　　30人
○ D　　40人
○ E　　50人
○ F　　80人
○ G　　90人
○ H　　100人
○ I　　110人
○ J　　AからIのいずれでもない

1 2

回答時間 ■■■■■■■■■■■■■■■■■■■■■

次 へ

※ カンタン解法 ※

すべてのＳ新聞購読者が、「政治に関する記事を読む」「経済に関する記事を読む」
「どちらも読まない」のいずれかに該当する。3つを足して、200人を超えた分が、
「政治と経済の両方」を読む人数。

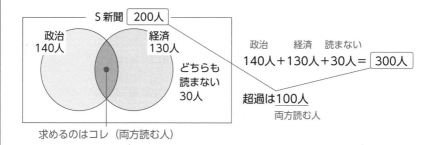

【別解：170人は「少なくともどちらか一方は読む」ことに着目】

「どちらも読まない」のが30人なので、残りの170人は「政治か経済か少なくとも
どちらか一方は読む」。「政治」を読む人と「経済」を読む人のうち、170人を超え
る分が、両方読む人。

```
     政治     経済     どちらかは読む   両方読む
   (140人＋130人) － 170人 ＝ 100人
```

正解 H

　ある会社で、社員180人に通勤に使う交通手段を聞いたところ、以下のように答えた人がいた。

電車　　80人

バス　　53人

自転車　86人

このうち、電車とバスを両方使う人は20人、自転車だけ使う人は48人だった。

---

(1) 電車、バス、自転車のいずれも使わない人は何人か。

　　○A　6人　　　　○B　13人　　　　○C　16人　　　　○D　19人

　　○E　26人　　　　○F　32人　　　　○G　39人　　　　○H　44人

　　○I　51人　　　　○J　AからIのいずれでもない

(2) バスと自転車を両方使う人は、自転車だけ使う人の1/4だった。電車、バス、自転車をすべて使う人が5人だとすると、バスと自転車は両方使うが、電車は使わない人は何人か。

　　○A　2人　　　　○B　4人　　　　○C　7人　　　　○D　13人

　　○E　19人　　　　○F　26人　　　　○G　30人　　　　○H　38人

　　○I　46人　　　　○J　AからIのいずれでもない

（1） 社員180人から「自転車だけ使う人」と
「電車かバスか少なくともどちらか一方
は使う人」を引く。残りが「電車、バス、
自転車のいずれも使わない人」。

※「電車かバスか少なくともどちらか一方は使
う」は、「電車」と「バス」を足して「電車と
バスの両方」（ダブリ）を引く。

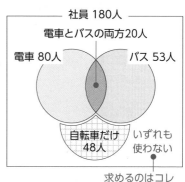

社員 180人
電車とバスの両方20人
電車 80人　　バス 53人
自転車だけ　いずれも
48人　　使わない

求めるのはコレ

電車かバスか少なく
電車　　バス　　両方　ともどちらか一方
80人＋53人－20人＝113人

社員　　自転車だけ　電車かバス　　いずれも使わない
180人 －（ 48人 ＋ 113人 ） ＝ 19人

（2） 「バスと自転車を両方使う人」から、「電車も使う人（電車、バス、自転車をすべて
使う人）」を引く。

※「バスと自転車を両方使う人」は、設問に「自転車だけ使う人（48人）の $\frac{1}{4}$ 」とあるので計算する。

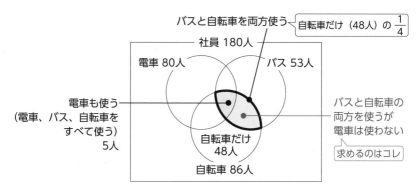

バスと自転車を両方使う　自転車だけ（48人）の $\frac{1}{4}$

社員 180人
電車 80人　　バス 53人

電車も使う
（電車、バス、自転車を
すべて使う）
5人

バスと自転車の
両方を使うが
電車は使わない

求めるのはコレ

自転車だけ
48人

自転車 86人

自転車だけ　　　　　　　　バスと自転車の両方
48人 × $\frac{1}{4}$ ＝ 12人

バスと自転車の両方　　電車も使う　　バスと自転車は両方使うが電車は使わない
12人 － 5人 ＝ 7人

正解 **(1) D　(2) C**

練習問題 **②** 集合(文章)

> ある研修会では、3つのセミナーP、Q、Rのうち1つ以上を受講することになっている。研修生は120人で、各セミナーの受講人数は以下の通りである。
>
> セミナーPを受講した人　63人
>
> セミナーQを受講した人　52人
>
> セミナーRを受講した人　41人
>
> なお、セミナーP、Q、Rのいずれも受講していない人は1人もいなかった。

(1)　セミナーPを受講した人のうち、セミナーQも受講した人は20人だった。セミナーQは受講したがセミナーPは受講しなかった人は何人か。

○A　15人　　　　○B　18人　　　　○C　21人　　　　○D　31人

○E　32人　　　　○F　35人　　　　○G　40人　　　　○H　43人

○I　48人　　　　○J　AからIのいずれでもない

(2)　**(1)**のとき、セミナーRだけを受講した人は何人か。

○A　12人　　　　○B　14人　　　　○C　16人　　　　○D　19人

○E　21人　　　　○F　25人　　　　○G　27人　　　　○H　30人

○I　32人　　　　○J　AからIのいずれでもない

(3)　3つのセミナーすべてを受講した人は6人だけだった。<u>2つ以上</u>のセミナーを受講した人は何人か。

○A　6人　　　　　○B　9人　　　　　○C　14人　　　　○D　20人

○E　24人　　　　○F　26人　　　　○G　30人　　　　○H　32人

○I　36人　　　　○J　AからIのいずれでもない

解　説

(1) 「セミナーQを受講した人」から、「Pと
Qの両方受講した人」を引く。

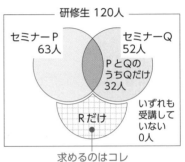

$$\underset{Q}{52人} \; - \; \underset{両方}{20人} \; = \; \underset{Qだけ}{32人}$$

(2) 前問で判明済みの「Qは受講したがPは
受講しなかった」32人に、「Pを受講し
た人」を足すと、「PかQか少なくともど
ちらか一方は受講した人」。これを研修
生120人から引くと、「Rだけ受講した人」。

$$\underset{PとQのうちQだけ}{32人} \; + \; \underset{P}{63人} \; = \; \underset{\substack{PかQか少なくとも\\どちらか一方}}{95人}$$

$$\underset{研修生}{120人} \; - \; \underset{PかQ}{95人} \; = \; \underset{Rだけ}{25人}$$

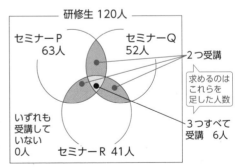

(3) 求めるのは、右下の図の赤色と灰色の部分。受講の延べ人数は

$$\underset{P}{63人} + \underset{Q}{52人} + \underset{R}{41人} = \underset{延べ人数}{156人}$$

「いずれも受講していない人」
は0人なので、156人のうち、
研修生120人を超える分の36
人が、赤色（2つ受講）か灰色
（3つ受講）。もしも、36人全員
が赤色（2つ受講）なら、そのま

ま36人が答え。しかし、灰色（3つ受講）に6人いる。灰色は、赤色よりも1
つ分重なり（人数のダブリ）が多いので6人分を引く。36人ー6人＝30人

正解　**(1) E**　**(2) F**　**(3) G**

　　ある地域の小学生80人を対象に習い事に関する調査を行ったところ、以下のような結果だった。

　　英会話を習っている人　35人

　　書道を習っている人　　15人

　　ピアノを習っている人　20人

（1） 英会話もピアノも習っている人は8人だった。英会話は習っていないがピアノは習っている人は何人いるか。

　　○A　8人　　　　　○B　12人　　　　○C　15人　　　　○D　17人

　　○E　20人　　　　○F　27人　　　　○G　33人　　　　○H　35人

　　○I　45人　　　　○J　AからIのいずれでもない

（2） （1）に加え、書道だけを習っている人は7人だった。英会話、書道、ピアノのいずれも習っていない人は何人いるか。

　　○A　7人　　　　　○B　15人　　　　○C　18人　　　　○D　24人

　　○E　26人　　　　○F　33人　　　　○G　40人　　　　○H　55人

　　○I　60人　　　　○J　AからIのいずれでもない

（3） （1）（2）に加え、書道とピアノは習っているが英会話を習っていない人は、ピアノだけを習っている人の1/3だった。ピアノだけを習っている人は何人いるか。

　　○A　3人　　　　　○B　4人　　　　　○C　6人　　　　　○D　9人

　　○E　12人　　　　○F　13人　　　　○G　15人　　　　○H　18人

　　○I　20人　　　　○J　AからIのいずれでもない

❈❈❈ 解　説 ❈❈❈

（1）　「ピアノを習っている人」から、「英会話
とピアノの両方習っている人」を引く。

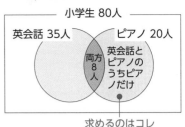

ピアノ　両方　英会話とピアノのうちピアノだけ
20人－8人＝12人

（2）　前問で判明済みの「英会話は習っていな
いがピアノは習っている」12人に、「英
会話を習っている人」と「書道だけ習っ
ている人」を足すと、「いずれか1つ以
上は習っている人」。これを小学生80人
から引くと「いずれも習っていない人」。

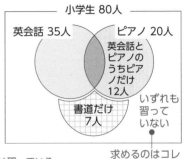

英会話とピアノの
うちピアノだけ　　　英会話　　書道だけ　　1つ以上は習っている
　12人　＋　35人　＋　7人　＝　54人

小学生　　1つ以上は習っている　　いずれも習っていない
　80人　－　　54人　　＝　　26人

（3）　「ピアノだけ習っている人」
に、「書道とピアノは習っ
ているが英会話を習って
いない人」を足すと、**（1）**
で求めた12人（右図で赤色
と灰色の部分を足した数）。

設問より、灰色の部分は、
赤色の部分の$\frac{1}{3}$なので、「灰色：赤色＝$\frac{1}{3}$：1」。
比の左右を3倍すると「1：3」なので、赤色は12人のうち$\frac{3}{4}$。
$12人 \times \frac{3}{4} = \frac{\overset{3}{\cancel{12}} \times 3}{\cancel{4}_1} = 9人$

正解	(1) **B**	(2) **E**	(3) **D**

2章　集合（文章）

⑩ 順列・組み合わせ

公式は丸暗記。「かつ」なのか「または」なのか見抜く

◉ 6個から4個を選ぶ組み合わせ： $_6C_4$

総数（6個から）
選ぶ数（4個を選ぶ）

この数から始めて、1ずつ引いて

この数だけかけていく

$$_6C_4 = \frac{6 \times 5 \times 4 \times 3}{4 \times 3 \times 2 \times 1} = 15通り$$

この数から1まで順にかけていく

◉ 組み合わせ条件が2つのときは

● AかつB   ➡ Aが何通り × Bが何通り

AもBも両方

● AまたはB ➡ Aが何通り ＋ Bが何通り

AかBか片方だけ

【例題】

次の説明を読んで、各問いに答えなさい。

この問題は2問組です

あるダンス部には部員が7人いる。

この7人の中から、大会出場者2人を選びたい。選び方は何通りあるか。

○ A   7通り

○ B   14通り

○ C   21通り

○ D   42通り

○ E   AからDのいずれでもない

1 | 2

回答時間 ■■■■■■■■■■■■ ■■■■■■■■

次へ

144

7人から2人選ぶ組み合わせを、公式に当てはめる。

7人から　2人を選ぶ

$$_7C_2 = \frac{7 \times 6^{\,3}}{{}_1 2 \times 1} = 21通り$$

【別解：実際の組み合わせを列挙】

以下のように、実際の組み合わせを列挙して「21通り」と答えを出すこともできる。
とはいえ、書き出すのは時間がかかる。公式を覚えておくのが一番だ。

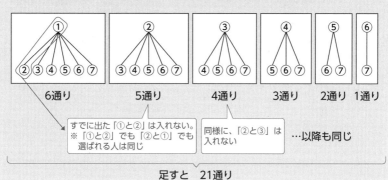

すでに出た「①と②」は入れない。
※「①と②」でも「②と①」でも
選ばれる人は同じ

同様に、「②と③」は
入れない

…以降も同じ

足すと　21通り

正解　C

【補足：異なる役割の2人を選ぶ問題も出る】

上図では「①と②」「②と①」は同じものとしてダブリを除いた。もしも、「部長」
と「会計係」を1人ずつ選ぶなど、2人に役割がある場合は、「①と②」のどちらが
部長になるかで異なる組み合わせとなる。このタイプの問題も出るので、あわせて
解き方を覚えておこう。

部長を1人選ぶ　　：7通り←7人の部員から選ぶ

会計係を1人選ぶ：6通り←部長になる人以外の6人から選ぶ

部長　かつ　会計係　　　部長と会計係の
選び方

7通り　×　6通り　＝　42通り

（1） コインを8回投げるとき、3回だけ表が出るような、表裏の出方は何通りある
か。

○A 3通り ○B 8通り ○C 24通り ○D 36通り

○E 56通り ○F 84通り ○G 109通り ○H 112通り

○I 168通り ○J AからIのいずれでもない

（2） 同様に8回投げて6回以上表が出るような、表裏の出方は何通りあるか。

○A 6通り ○B 8通り ○C 16通り ○D 28通り

○E 36通り ○F 37通り ○G 48通り ○H 56通り

○I 60通り ○J AからIのいずれでもない

（1）　「8回のうち、表が3回選ばれる」組み合わせと考え、公式に当てはめる。

| 8回から | 3回表を選ぶ |

$$_8C_3 = \frac{8 \times 7 \times 6}{3 \times 2 \times 1} = 56通り$$

【補足：「裏が5回」で計算しても、答えは同じ】 8回のうち、表が3回なので、残りの5回は裏。「裏が5回」で計算しても、答えは同じ。

※表、裏のうち計算が速いほう（「選ぶ」数が少ないもの）を選ぶとよい。この問題の場合は表がよい。

| 8回から | 5回裏を選ぶ |

$$_8C_5 = \frac{8 \times 7 \times 6 \times 5 \times 4}{5 \times 4 \times 3 \times 2 \times 1} = 56通り$$

（2）　8回投げて6回以上表となるのは、「表が6回」または「表が7回」または「表が8回」のとき。

※「表が6回」「表が7回」は、それぞれ計算が速い「裏」を使う。

| 8回から | 2回裏を選ぶ |

①表が6回 ➡ 裏は2回　$_8C_2 = \frac{8 \times 7}{2 \times 1} = 28通り$

②表が7回 ➡ 裏は1回。何回目が裏になるか考えられる組み合わせは「8通り」

③表が8回 ➡ すべて表なのは「1通り」

「①または②または③」だから、3つの組み合わせを足し算

足し算
28＋8＋1＝37通り

| 正解 | **（1）　E**　　**（2）　F** |

ある演奏会では、午前に4人、午後に6人、合計10人の演奏が予定されている。

(1) 午前に3人、午後に3人の演奏を聴くとしたら、演奏者の選び方は何通りあるか。

○A　9通り　　　○B　18通り　　　○C　30通り　　　○D　42通り

○E　60通り　　　○F　80通り　　　○G　92通り　　　○H　120通り

○I　144通り　　　○J　AからIのいずれでもない

(2) 午前に3人以上で、午前午後合わせて6人の演奏を聴くとしたら、演奏者の選び方は何通りあるか。

○A　15通り　　　○B　26通り　　　○C　30通り　　　○D　40通り

○E　60通り　　　○F　80通り　　　○G　95通り　　　○H　120通り

○I　150通り　　　○J　AからIのいずれでもない

（1） 「午前は4人から3人を選ぶ」かつ「午後は6人から3人を選ぶ」。

①午前 ➡ 「4人から3人を選ぶ」のは、「4人のうち
1人を選ばない」のと同じ。選ばない1人
は、4人のいずれかなので、4通り

②午後 ➡ $_6C_3 = \dfrac{6 \times 5 \times 4}{3 \times 2 \times 1} = 20$通り

> 「①かつ②」だから、2つの組み合わせをかけ算
> かけ算
> $4 \times 20 = 80$通り

2章

順列・組み合わせ

（2） 「午前に3人、午後に3人」聴く、または「午前に4人、午後に2人」聴く。

①午前に3人、午後に3人 ➡ 前問より、80通りと
判明済み

②午前に4人、午後に2人
午前 ➡ 4人全員なので1通り

午後 ➡ $_6C_2 = \dfrac{6 \times 5}{2 \times 1} = 15$通り

> 「午前かつ午後」だから、2つの組み合わせをかけ算
> かけ算
> $1 \times 15 = 15$通り

> 「①または②」だから、2つの組み合わせを足し算
> 足し算
> $80 + 15 = 95$通り

正解	(1) **F**	(2) **G**

以下の図形アと図形イに色を塗りたい。

図形ア

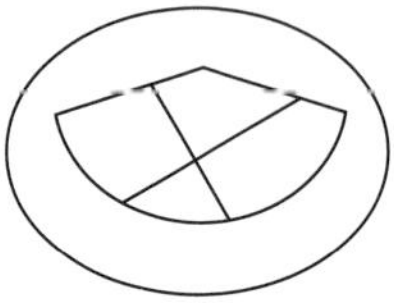

図形イ

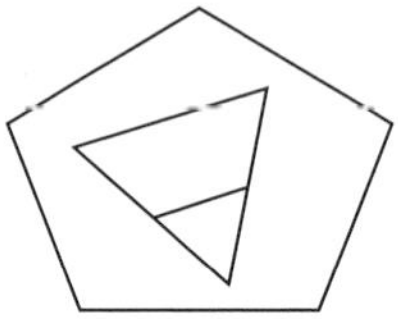

（1） 図形アに色を塗りたい。ただし、線で隣り合う領域には、同じ色を使わないものとする。赤、青、茶の３色が使えるとき、色の塗り方は何通りあるか。

○A　1通り　　　　○B　3通り　　　　○C　4通り　　　　○D　5通り

○E　6通り　　　　○F　9通り　　　　○G　12通り　　　○H　15通り

○I　27通り　　　　○J　AからIのいずれでもない

（2） 図形イに色を塗りたい。ただし、線で隣り合う領域には、同じ色を使わないものとする。黄、紫、赤、黒、灰の５色が使えるとき、色の塗り方は何通りあるか。

○A　5通り　　　　○B　12通り　　　○C　20通り　　　○D　25通り

○E　50通り　　　○F　60通り　　　○G　80通り　　　○H　100通り

○I　125通り　　　○J　AからIのいずれでもない

解　説

（1）（2）とも、①基準となる領域（色）を決めて、②隣（のどれか）の領域、③「①②」以外の領域の組み合わせを考える。

（1）　3色の塗り分け方は、以下の通り。

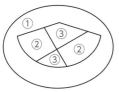

それぞれの色として考えられるのは

①：赤、青、茶の3通り

②：①以外の2色（2通り）

③：①②以外の1色（1通り）

> 「①かつ②かつ③」だから、3つの組み合わせをかけ算
>
> かけ算
> 3×2×1＝6通り

【別解：具体例で考えてもよい】 まわり（上図で①とした領域）が「赤」のとき、考えられる色の組み合わせは、以下の2通り。

同様に、まわりが「青」のときも2通り。まわりが「茶」のときも2通り。

だから、2通り×3色＝6通り

（2）　5色が使えるが、領域は3つなので、塗り分け方は以下の通り。

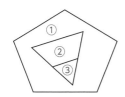

それぞれの色として考えられるのは

①：黄、紫、赤、黒、灰の5通り

②：①以外の4色（4通り）

③：①②以外の3色（3通り）

> 「①かつ②かつ③」だから、3つの組み合わせをかけ算
>
> かけ算
> 5×4×3＝60通り

正解　(1) E　(2) F

2章 順列・組み合わせ

P、Q、R、S、Tの5人が［1］から［6］の番号がついたロッカーを、1人1つずつ使うことにした。

図ア

| ［1］ | ［2］ | ［3］ | ［4］ | ［5］ | ［6］ |

図イ

| ［1］ | ［2］ | ［3］ |

通路

| ［4］ | ［5］ | ［6］ |

（1） ロッカーの配置が図アの場合、［1］のロッカーをPが使い、［6］はあけておくことにすると、残りの4人が使う［2］から［5］のロッカーの決め方は何通りあるか。

○A 4通り   ○B 13通り   ○C 20通り   ○D 24通り

○E 28通り   ○F 32通り   ○G 48通り   ○H 60通り

○I 96通り   ○J AからIのいずれでもない

（2） ロッカーの配置が図イの場合、PとQが必ず通路をはさんだ真向かいのロッカーを使うことにすると、5人が使うロッカーの決め方は何通りあるか。

○A 18通り   ○B 30通り   ○C 60通り   ○D 72通り

○E 120通り   ○F 144通り   ○G 168通り   ○H 360通り

○I 720通り   ○J AからIのいずれでもない

(1) [1] はP、[6] は未使用。残る4人のロッカー

（[2] [3] [4] [5] の4つ）の決め方を考える。

```
                                    P                未使用
                                   [1][2][3][4][5][6]
```

```
  [2]    かつ   [3]   かつ   [4]   かつ   [5]      4人のロッカーの決め方
  4通り   ×   3通り   ×   2通り   ×   1通り   =    24通り
```

- 4人のうち 1人
- [2] 以外の3人 のうち1人
- [2] [3] 以外の 2人のうち1人
- 最後の 1人

【補足：同じことを順列（並び順が何通り）の公式で表す場合は】

```
                            総数        選ぶ数   この数から始めて、1ずつ引いて
                            (4つ)      (4人)      この数だけかけていく
  4つを4人が使うときの並び順： ₄P₄      ₄P₄ = 4×3×2×1 = 24通り
```

※計算は同じなので、わざわざ公式は覚えなくて大丈夫だが、「順番に並べるときには、
並べる対象が1つずつ減っていく」ことは知っておくとよい。

(2) Pが [1] ～ [6] の場合を、それぞれ考える。

①Pが [1] ➡ Qは真向かいの [4]、残る4つが

「R、S、T、未使用」。未使用も1人分として、「4

つを4人が使う場合」と考えると、前問で求めた答え

と同じになる。計算するまでもなく24通り。

②Pが [2] ～ [6] ➡ いずれもPとQが真向かい

で、残る4つが「R、S、T、未使用」。①と同じな

ので、24通りずつ。

Pが [1] ～ [6] の場合は、それぞれ24通りずつ。

24＋24＋24＋24＋24＋24＝24×6＝144通り

**【補足：上記①は「4つを3人が使う」でも答え
は同じ】**「1人目が4つのいずれか（4通り）」かつ「2
人目が残る3つのいずれか（3通り）」かつ「3人目が残る
2つのいずれか（2通り）」だから、4×3×2＝24通り

※公式で表すと ₄P₃ ＝ 4×3×2 ＝ 24通り

Pが[1]の場合

```
[1][2][3]
   通路
[4][5][6]
```
Qは[4]

残る4つはR、S、T、
未使用のいずれか

Pが[2]の場合

```
[1][2][3]
   通路
[4][5][6]
```
Qは[5]

残る4つはR、S、T、
未使用のいずれか

正解 **(1) D** **(2) F**

丸テーブルに、右図のように［1］から［6］の番号がついた6つのいすが置かれている。ここに、K、L、M、N、O、Pの6人が座る座り方を考える。

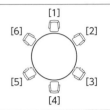

(1) ［1］の番号の席にはNが座る。その場合、KとLがテーブルをはさんで真向かいに座る座り方は何通りあるか。

　　○A　6通り　　　　○B　12通り　　　○C　24通り　　　○D　30通り

　　○E　36通り　　　○F　96通り　　　○G　210通り　　○H　560通り

　　○I　720通り　　　○J　AからIのいずれでもない

(2) KとLがとなりどうしに座る座り方は何通りあるか。

　　○A　6通り　　　　○B　8通り　　　　○C　24通り　　　○D　36通り

　　○E　48通り　　　○F　144通り　　　○G　180通り　　○H　288通り

　　○I　720通り　　　○J　AからIのいずれでもない

(3) KとLが真向かいに<u>座らない</u>座り方は何通りあるか。

　　○A　48通り　　　○B　96通り　　　○C　120通り　　○D　144通り

　　○E　288通り　　　○F　576通り　　　○G　696通り　　○H　720通り

　　○I　900通り　　　○J　AからIのいずれでもない

※※　解　説　※※

(1) Kの席で場合分けする。Kが座る可能性がない席は、Nが座っている［1］と、その真向かいの［4］（KはLの真向かいのため）。Kの席は［2］［3］［5］［6］のいずれか。それぞれの場合の残る4人（L、M、O、P）の席を考える。

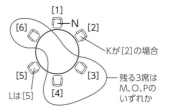

①Kが［2］ ➡ Lは真向かいの［5］、

残る3席に「M、O、P」の3人。

［3］かつ［4］かつ［6］　　3人の座り方

3通り × 2通り × 1通り ＝ 6通り

3人のうち 1人	［3］以外の2人 のうち1人	最後の 1人

Kが［2］の場合

残る3席は
M、O、Pの
いずれか

Lは［5］

②Kが［3］［5］［6］ ➡ いずれもKとLが真向かいで、残る3席に3人。

①と同じなので、6通りずつ。

Kが［2］［3］［5］［6］の場合は、それぞれ6通りずつ。6×4＝24通り

(2) Kの席で場合分けする。Kは［1］〜［6］。まず、Kが［1］の場合を考える。

となりのLは［2］か［6］で、残る4人（M、N、O、P）の席は以下の通り。

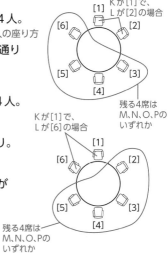

①Kが［1］、Lが［2］ ➡ 残る4席に4人。

［3］かつ［4］かつ［5］かつ［6］　　4人の座り方

4通り × 3通り × 2通り × 1通り ＝ 24通り

4人のうち 1人	［3］以外の 3人のうち1人	［3］［4］以外の 2人のうち1人	最後の 1人

Kが［1］で、
Lが［2］の場合

残る4席は
M、N、O、Pの
いずれか

②Kが［1］、Lが［6］ ➡ 残る4席に4人。

①と同じなので、24通り。

Kが［1］の場合は、①と②を足した48通り。

Kが［2］〜［6］の場合も、「Kのとなりが

L、残る4席に残る4人が座る」のは同じ。

Kが［1］の場合と同じ48通りずつ。

48通り×6＝288通り

Kが［1］で、
Lが［6］の場合

残る4席は
M、N、O、Pの
いずれか

(3) すべての座り方から、KとLが真向かいに座る座り方を引く。

①すべての座り方（6席に6人） ➡ 1人決まるごとに席が1つずつ減るので、

6通り×5通り×4通り×3通り×2通り×1通り＝720通り

②KとLが真向かい ➡ Kは［1］〜［6］、Lは真向かい。それぞれの場

合、残る4席に4人は、**(2)**と同じ24通りずつ。24通り×6＝144通り

①から②を引く。720通り－144通り＝576通り

正解　　(1) C　(2) H　(3) F

クリ、カキ、リンゴがそれぞれダンボール1箱ずつある。

（1） これらの中から、合計5個を選びたい。その選び方は何通りあるか。

○A　3通り　　　　○B　5通り　　　　○C　15通り　　　　○D　21通り

○E　24通り　　　○F　60通り　　　○G　90通り　　　○H　125通り

○I　200通り　　○J　Aから I のいずれでもない

（2） クリ、カキ、リンゴをそれぞれ少なくとも1個は入れて、合計5個を選びたい。
その選び方は何通りあるか。

○A　2通り　　　　○B　3通り　　　　○C　5通り　　　　○D　6通り

○E　9通り　　　　○F　12通り　　　○G　15通り　　　○H　21通り

○I　30通り　　　○J　Aから I のいずれでもない

解　　説

（1）　3種類のうち、何種類を選ぶかで場合分けをして考える。

①1種類の場合、クリ5個、カキ5個、リンゴ5個のいずれかなので「3通り」。

156

②2種類の場合、内訳は「1個と4個」または「2個と3個」。

| | 1種類目 | 2種類目 | 2種類の組み合わせ |

1個と4個 ➡ 3通り × 2通り ＝ 6通り ⎱ 足し算
2個と3個 ➡ 3通り × 2通り ＝ 6通り ⎰ 6＋6＝12通り

クリ、カキ、リンゴのいずれか 残り2種類のいずれか

③3種類の場合、内訳は「1個と2個と2個」または「1個と1個と3個」。

1個と2個と2個 ➡ 1個が何か決まれば、
残りは自動的に決まる。 3通り ⎱ 足し算
1個と1個と3個 ➡ 3個が何か決まれば、 3＋3＝6通り
残りは自動的に決まる。 3通り ⎰

「①または②または③」だから、①〜③を足し算。

① ② ③
3通り＋12通り＋6通り＝21通り

【速解】白い碁石5個でクリ、カキ、リンゴを表して、黒い碁石2個で、種類の変わり目を仕切ると考える。合計7個のうち、黒2個の位置の組み合わせを求める。

7個から 2個を選ぶ

$$_7C_2 = \frac{7 \times \overset{3}{6}}{\underset{1}{2} \times 1} = 21通り$$

例えば○●○○●○○ クリ1、カキ2、リ2
●○○○○●○ クリ0、カキ4、リ1
○○○○○●● クリ5、カキ0、リ0

(2) 前問で求めたように「3種類」の場合の組み合わせは、6通り。

【速解】3個はクリ、カキ、リンゴと決定済みなので除外して、残り2個を白い碁石と考える。白2個、黒2個の合計4個のうち、黒2個の位置の組み合わせなので以下の通り。

4個から 2個を選ぶ

$$_4C_2 = \frac{4 \times \overset{2}{3}}{\underset{1}{2} \times 1} = 6通り$$

例えば○●○● クリ1、カキ1、リ0
●○●○ クリ0、カキ1、リ1
○○●● クリ2、カキ0、リ0

正解 (1) D (2) D

11 確率

ここがポイント！

「かつ」なのか「または」なのか見抜く

● Aの確率 ＝ $\dfrac{\text{Aはいくつ}}{\text{全部でいくつ}}$

● AかつB ➡ Aの確率×Bの確率

　　AもBも両方

● AまたはB ➡ Aの確率＋Bの確率

　　AかBか片方だけ

● 1－Aの確率 ＝ Aではない確率

【例題】

次の説明を読んで、各問いに答えなさい。

この問題は2問組です

1組のトランプから、ハート、ダイヤ、クラブ、スペードの4種類のカードをそれぞれ3枚ずつ計12枚選び、袋の中に入れた。

この袋の中から同時に2枚取り出したとき、それが2枚ともダイヤである確率はどれだけか。

○ A 1/44
○ B 1/36
○ C 1/22
○ D 1/16
○ E 3/44
○ F 2/11
○ G 1/4
○ H 19/44
○ I 1/2
○ J Aから I のいずれでもない

1 2

回答時間 ■■■■■■■■■■■■■■■■■■■■

次へ

158

袋から取り出したカードが、「1枚目がダイヤ」かつ「2枚目がダイヤ」の確率を求める。

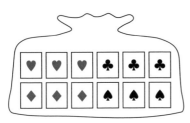

① 1枚目がダイヤの確率 $\dfrac{3}{12}$ ← ダイヤは3枚
← カードは12枚

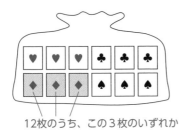

12枚のうち、この3枚のいずれか

② 2枚目がダイヤの確率 $\dfrac{2}{11}$ ← ダイヤの残り
← カードの残り

「①かつ②」だから、
2つの確率をかけ算

かけ算
$$\dfrac{3}{12} \times \dfrac{2}{11} = \dfrac{\overset{1}{3} \times \overset{1}{2}}{\underset{4}{12} \times 11} = \dfrac{1}{22}$$

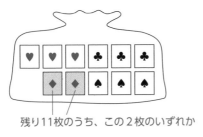

残り11枚のうち、この2枚のいずれか

正解 **C**

1から10までの数字が1つずつ書いてある10枚のカードが、袋の中に入っている。
10枚のカードの中には、同じ数字のカードはないものとする。

(1) この袋から続けて引いた3枚のカードの数字がすべて奇数となる確率はどれだ
けか。ただし、一度引いたカードは袋に戻さない。

○A　1/1000　　　○B　1/720　　　○C　3/50　　　○D　1/12

○E　1/10　　　　○F　1/9　　　　○G　1/8　　　　○H　25/144

○I　3/10　　　　　○J　AからIのいずれでもない

(2) カードを引いたとき、そのカードが偶数であれば袋に戻し、奇数であれば袋に
戻さないものとする。このやり方で3回カードを引いたとき、偶数、奇数、偶
数の順にカードが出る確率はいくらか。

○A　1/72　　　　○B　1/12　　　　○C　8/81　　　○D　1/8

○E　5/36　　　　○F　25/162　　　○G　3/10　　　○H　15/29

○I　5/9　　　　　○J　AからIのいずれでもない

10枚のカードの内訳は、奇数が5枚、偶数が5枚。

奇数のカード　□1　□3　□5　□7　□9

偶数のカード　□2　□4　□6　□8　□10

2章
確率

(1) 引いたカードが、「1枚目が奇数」かつ「2枚目が奇数」かつ「3枚目が奇数」の確率を求める。「一度引いたカードは袋に戻さない」ことに注意。

①1枚目が奇数の確率 $\dfrac{5}{10}$ ←奇数は5枚 ←カードは10枚

②2枚目が奇数の確率 $\dfrac{4}{9}$ ←奇数の残り ←カードの残り

③3枚目が奇数の確率 $\dfrac{3}{8}$ ←奇数の残り ←カードの残り

> 「①かつ②かつ③」だから、
> 3つの確率をかけ算
>
> かけ算
> $$\dfrac{5}{10}\times\dfrac{4}{9}\times\dfrac{3}{8}=\dfrac{\overset{1}{\cancel{5}}\times\overset{1}{\cancel{4}}\times\overset{1}{\cancel{3}}}{\underset{2}{\cancel{10}}\times\underset{3}{\cancel{9}}\times\underset{2}{\cancel{8}}}=\dfrac{1}{12}$$

(2) 引いたカードが、「1枚目が偶数」かつ「2枚目が奇数」かつ「3枚目が偶数」の確率を求める。ただし、偶数のときはカードを袋に戻す。カードの残り枚数を間違えないように注意。

①1枚目が偶数の確率 $\dfrac{5}{10}$ ←偶数は5枚 ←カードは10枚

↓ カードを戻す

②2枚目が奇数の確率 $\dfrac{5}{10}$ ←奇数は5枚 ←カードは10枚のまま

↓ カードを戻さない（奇数のカードが1枚減った）

③3枚目が偶数の確率 $\dfrac{5}{9}$ ←偶数は5枚 ←カードの残り

> 「①かつ②かつ③」だから、
> 3つの確率をかけ算
>
> かけ算
> $$\dfrac{5}{10}\times\dfrac{5}{10}\times\dfrac{5}{9}=\dfrac{\overset{1}{\cancel{5}}\times\overset{1}{\cancel{5}}\times 5}{\underset{2}{\cancel{10}}\times\underset{2}{\cancel{10}}\times 9}=\dfrac{5}{36}$$

正解　(1) D　(2) E

練習問題 ② 確率

ある人が、玉入れの玉を2回続けて投げ入れた。このとき玉が入る確率は、1回目が0.7、2回目が0.8とする。

（1） この人が玉を2回続けて投げたとき、<u>2回とも外す</u>確率はいくらか。

○A　0.06　　　　○B　0.14　　　　○C　0.24　　　　○D　0.25

○E　0.44　　　　○F　0.50　　　　○G　0.56　　　　○H　0.75

○I　0.94　　　　　○J　AからIのいずれでもない

（2） この人が玉を2回続けて投げたとき、<u>1回だけ入る</u>確率はいくらか。

○A　0.08　　　　○B　0.25　　　　○C　0.38　　　　○D　0.43

○E　0.50　　　　○F　0.68　　　　○G　0.75　　　　○H　0.80

○I　0.94　　　　　○J　AからIのいずれでもない

すべての場合の確率を足すと「1」となるのが、確率の大きな特徴。玉は「入る」か「外す」かどちらか。つまり、「1」から「入る確率」を引けば、「外す確率」がわかる。

```
         全確率   入る確率   外す確率
1回目   1   −   0.7   =   0.3
2回目   1   −   0.8   =   0.2
```

(1) 「1回目 外す」かつ「2回目 外す」確率を求める。

```
1回目外す  かつ  2回目外す       2回とも外す
  0.3    ×    0.2    =    0.06
```

(2) 「1回だけ入る」のは、以下の「①または②」。

① 「1回目 入る」かつ「2回目 外す」
② 「1回目 外す」かつ「2回目 入る」

```
          1回目入る  かつ  2回目外す      1回目だけ入る
①の確率    0.7    ×    0.2    =    0.14

          1回目外す  かつ  2回目入る      2回目だけ入る
②の確率    0.3    ×    0.8    =    0.24
```

「①または②」だから、2つの確率を足し算

足し算
0.14＋0.24＝0.38

正解 **(1) A　(2) C**

箱の中に、赤玉が6個、白玉が5個入っている。

(1) この箱の中から玉を同時に2個取り出したとき、2個とも白である確率はどれ
だけか。

○A　2/121　　　○B　1/11　　　○C　20/121　　　○D　2/11

○E　25/121　　○F　5/22　　　○G　3/11　　　　○H　36/121

○I　5/11　　　　○J　AからIのいずれでもない

(2) この箱の中から玉を同時に3個取り出したとき、赤が<u>2個以上</u>である確率はど
れだけか。

○A　4/33　　　○B　5/33　　　○C　2/11　　　　○D　30/121

○E　3/11　　　○F　36/121　　○G　5/11　　　　○H　19/33

○I　7/11　　　　○J　AからIのいずれでもない

（1） 「1個目が白」かつ「2個目が白」の確率を求める。

> 「①かつ②」だから、
> 2つの確率をかけ算

① 1個目が白の確率 $\dfrac{5}{11}$ ←白は5個
←玉は11個

② 2個目が白の確率 $\dfrac{4}{10}$ ←白の残り
←玉の残り

かけ算

$$\dfrac{5}{11} \times \dfrac{4}{10} = \dfrac{\overset{1}{5} \times \overset{2}{4}}{11 \times \underset{2}{10}\underset{1}{}} = \dfrac{2}{11}$$

（2） 「赤が2個以上」となるのは、「赤が3個」の場合と、「赤が2個で白が1個」の場合とがある。さらに、「赤が2個で白が1個」は、白が何個目に出るかで3通りのパターン（以下の②〜④）が考えられる。

> 「1個目かつ2個目かつ3個目」
> だから、3つの確率をかけ算

3個の玉の色　1個目 2個目 3個目

① ●●● ➡ $\dfrac{6}{11} \times \dfrac{5}{10} \times \dfrac{4}{9} = \dfrac{6 \times 5 \times 4}{11 \times 10 \times 9} = \dfrac{4}{33}$

② ●●○ ➡ $\dfrac{6}{11} \times \dfrac{5}{10} \times \dfrac{5}{9} = \dfrac{6 \times 5 \times 5}{11 \times 10 \times 9} = \dfrac{5}{33}$

> 「①または②または③または④」
> だから、4つの確率を足し算

足し算

$$\dfrac{4}{33} + \dfrac{5}{33} + \dfrac{5}{33} + \dfrac{5}{33} = \dfrac{19}{33}$$

③ ●○●

④ ○●● }　③も④も、確率は②と同じ $\dfrac{5}{33}$ ずつ

正解 **（1）D** **（2）H**

2章
確率

三角形、四角形、五角形、星、円のマークがそれぞれ1つずつ書かれた5枚のカードが2組ある。

---

(1) 1組のカードをよく切って、横一列に並べるとき、左から2枚目に四角形のカード、4枚目に五角形のカードが並ぶ確率はどれだけか。

○A 1/120　　　○B 1/60　　　○C 1/40　　　○D 1/25

○E 1/20　　　○F 3/25　　　○G 3/20　　　○H 2/5

○I 3/5　　　　○J Aから I のいずれでもない

(2) まず、1組目のカードをよく切って、横一列に並べる。次に、2組目のカードをよく切って、横一列に並べる。このとき、1組目と2組目のカードのマークがまったく同じ並び順になる確率はどれだけか。

○A 1/240　　　○B 1/125　　　○C 1/120　　　○D 1/90

○E 1/60　　　　○F 1/30　　　○G 1/25　　　○H 1/24

○I 2/5　　　　　○J Aから I のいずれでもない

※※※　解　　説　　※※※

(1)「2枚目が四角形」かつ「4枚目が五角形」の確率を求める。この2か所からカードを並べ始めたと考えるとよい。

※残り3か所は何が出てもよいので、確率はそれぞれ1。

1枚目	2枚目	3枚目	4枚目	5枚目
□	■	□	⬠	□

残り3枚はどのマークでもよい

①四角形が出る確率 $\dfrac{1}{5}$ ←四角形は1枚
←カードは5枚

「①かつ②」だから、2つの確率をかけ算

かけ算

②五角形が出る確率 $\dfrac{1}{4}$ ←五角形は1枚
←カードの残り

$$\dfrac{1}{5} \times \dfrac{1}{4} = \dfrac{1}{20}$$

【別解：左から順番に5枚の確率をかけ算】

1枚目 かつ 2枚目 かつ 3枚目 かつ 4枚目 かつ 5枚目

$$\dfrac{3}{5} \times \dfrac{1}{4} \times \dfrac{2}{3} \times \dfrac{1}{2} \times \dfrac{1}{1} = \dfrac{3 \times 1 \times 2 \times 1 \times 1}{5 \times 4 \times 3 \times 2 \times 1} = \dfrac{1}{20}$$

5枚のうち、四角形と五角形以外の3枚｜4枚のうち、四角形1枚｜3枚のうち、五角形以外の2枚｜2枚のうち、五角形1枚｜残った1枚

※確率の公式「$\dfrac{\text{Aはいくつ}}{\text{全部でいくつ}}$」を使う方法もある。①「Aはいくつ」は、2枚目が四角形、4枚目が五角形に決まったときの残り3枚のカードの並び順「$3 \times 2 \times 1 = 6$通り」。②「全部でいくつ」は、5枚の並び順「$5 \times 4 \times 3 \times 2 \times 1 = 120$通り」。よって、$\dfrac{6}{120} = \dfrac{1}{20}$

（2） 1組目がある並び順になったあと、2組目が同じ並び順（例えば、下図のような並び順）になる確率を求める。

1枚目 2枚目 3枚目 4枚目 5枚目

1組目 ■ ⬠ ★ ● ▲

2組目 ■ ⬠ ★ ● ▲

1枚目同じ かつ 2枚目同じ かつ 3枚目同じ かつ 4枚目同じ かつ 5枚目同じ

$$\dfrac{1}{5} \times \dfrac{1}{4} \times \dfrac{1}{3} \times \dfrac{1}{2} \times \dfrac{1}{1} = \dfrac{1}{120}$$

5枚のうち、1組目と同じマーク1枚｜4枚のうち、1組目と同じマーク1枚｜3枚のうち、1組目と同じマーク1枚｜2枚のうち、1組目と同じマーク1枚｜残った1枚

【別解：確率の公式「$\dfrac{\text{Aはいくつ}}{\text{全部でいくつ}}$」を使う】①「Aはいくつ」は、2組がまったく同じ並び順となるのは何通りあるか（5枚のカードの並び順の数だけある）、②「全部でいくつ」は、2組のカードの並び順（1組目の並び順ごとに2組目の並び順が考えられる）。

①$5 \times 4 \times 3 \times 2 \times 1 = 120$通り
②$120 \times 120 = 14400$通り

公式に当てはめると

$$\dfrac{\text{Aはいくつ}}{\text{全部でいくつ}} = \dfrac{120}{14400} = \dfrac{1}{120}$$

正解 (1) E (2) C

[2章]非言語──167

2つのサイコロを同時に振って、出た目の数をかけ合わせる。

---

(1) 積が偶数になる確率はどれだけか。

　○A　1/12　　　　○B　1/6　　　　○C　1/5　　　　○D　1/4

　○E　1/3　　　　○F　1/2　　　　○G　3/5　　　　○H　2/3

　○I　3/4　　　　　○J　AからIのいずれでもない

(2) 積が3の倍数になる確率はどれだけか。

　○A　1/9　　　　○B　1/6　　　　○C　1/4　　　　○D　11/36

　○E　1/3　　　　○F　5/9　　　　○G　11/18　　　○H　2/3

　○I　3/4　　　　　○J　AからIのいずれでもない

※ 解 説 ※

(1) 2つのサイコロの目をかけ算した結果（積）は、以下の通り。

　　積が偶数 ➡ 偶数×偶数、偶数×奇数、奇数×偶数

　　積が奇数 ➡ 奇数×奇数

積が偶数になるのは「偶数×偶数」または「偶数×奇数」または「奇数×偶数」だが、計算が手間（別解参照）。手早く解くには、「1－積が奇数になる確率」で、「積が偶数になる確率」を求める。

> すべての確率を足すと「1」

$$\underset{\text{1つ目奇数 かつ 2つ目奇数}}{\frac{3}{6} \quad \times \quad \frac{3}{6}} \; = \; \frac{\overset{1}{\cancel{3}}\times\overset{1}{\cancel{3}}}{\underset{2}{\cancel{6}}\times\underset{2}{\cancel{6}}} \; = \; \underset{\text{積が奇数}}{\boxed{\frac{1}{4}}}$$

サイコロの目は、奇数が3つ、偶数が3つ

$$1 \quad - \quad \boxed{\frac{1}{4}} \quad = \quad \underset{\text{積が偶数}}{\frac{3}{4}}$$

【別解：「積が偶数」の3パターンの確率を足す】①「偶数×偶数」、②「偶数×奇数」、③「奇数×偶数」の確率をそれぞれ計算してから足す。

$$\underset{\text{偶 偶}}{①\;\frac{3}{6}\times\frac{3}{6}=\frac{1}{4}} \quad \underset{\text{偶 奇}}{②\;\frac{3}{6}\times\frac{3}{6}=\frac{1}{4}} \quad \underset{\text{奇 偶}}{③\;\frac{3}{6}\times\frac{3}{6}=\frac{1}{4}} \quad \overset{① \quad ② \quad ③}{\frac{1}{4}+\frac{1}{4}+\frac{1}{4}=\frac{3}{4}}$$

(2) 確率の公式「Aの確率＝$\dfrac{\text{Aはいくつ}}{\text{全部でいくつ}}$」を使う。①「Aはいくつ」は、積が3の倍数、つまり、1つ以上のサイコロで「3」か「6」が出る組み合わせ数。②「全部でいくつ」は、2つのサイコロの目の組み合わせ数。

①

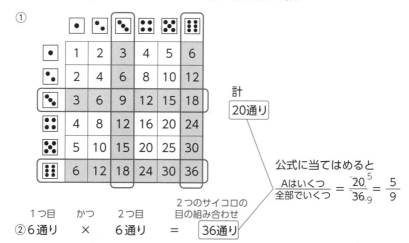

計
20通り

公式に当てはめると

$$\frac{\text{Aはいくつ}}{\text{全部でいくつ}} = \frac{\overset{5}{\cancel{20}}}{\underset{9}{\cancel{36}}} = \frac{5}{9}$$

2つのサイコロの目の組み合わせ

$$\underset{\text{1つ目}}{②6通り} \quad \underset{\text{かつ}}{\times} \quad \underset{\text{2つ目}}{6通り} \quad = \quad \boxed{36通り}$$

【速解】「1－3の倍数ではない確率」で、3の倍数になる確率を求める。「3の倍数ではない」のは、3と6が1つも出ないとき。

$$1 \quad - \quad \underset{\text{1つ目3·6以外 かつ 2つ目3·6以外}}{\left(\frac{4}{6} \times \frac{4}{6}\right)} \; = \; 1 - \frac{\overset{2}{\cancel{4}}\times\overset{2}{\cancel{4}}}{\underset{3}{\cancel{6}}\times\underset{3}{\cancel{6}}} \; = \; 1 - \frac{4}{9} \; = \; \underset{\text{3の倍数になる確率}}{\frac{5}{9}}$$

正解 (1) **I** (2) **F**

SとTの2人で同時に1個ずつのサイコロをふって勝負する。出た目の大きいほう
を勝ちとし、2人の出た目が等しいときには引き分けとする。

(1) Tが勝つ確率はいくらか。

○A 1/9   ○B 1/6   ○C 7/36   ○D 1/4

○E 1/3   ○F 5/12   ○G 1/2   ○H 7/12

○I 2/3   ○J AからIのいずれでもない

(2) 出た目の差が3以上で、Tが負ける確率はいくらか。

○A 1/36   ○B 1/18   ○C 1/12   ○D 1/9

○E 5/36   ○F 1/6   ○G 1/4   ○H 1/3

○I 1/2   ○J AからIのいずれでもない

（1） 確率の公式「Aの確率＝$\dfrac{\text{Aはいくつ}}{\text{全部でいくつ}}$」を使う。①「Aはいくつ」は、Tが勝つ、つまりTの目のほうが大きくなる組み合わせ数。②「全部でいくつ」は、2人が出すサイコロの目の組み合わせ数。

①

T	S	組み合わせ
6	1～5	5通り
5	1～4	4通り
4	1～3	3通り
3	1～2	2通り
2	1	1通り

計15通り

Tの目が減るごとに、組み合わせが減る（5→4→3→2→1通り）
※これさえ理解できれば、本番では、すべてを書き出す必要はない

公式に当てはめると
$\dfrac{\text{Aはいくつ}}{\text{全部でいくつ}} = \dfrac{\overset{5}{\cancel{15}}}{\underset{12}{\cancel{36}}} = \dfrac{5}{12}$

Sの目　かつ　Tの目　　　2人の目の組み合わせ
② 6通り　×　6通り　＝　36通り

【速解】引き分け以外の半分がTの勝ち。2人が出す目36通りから、引き分け6通りを引くと30通り。この30通りでは、片方が勝つ。勝つ目の組み合わせは、SもTも同じ（どちらも同じ1～6の目のサイコロ）なので、Tの勝ちは半分の15通り。Tが勝つ確率は、$\dfrac{\overset{5}{\cancel{15}}}{\underset{12}{\cancel{36}}} = \dfrac{5}{12}$

（2） 確率の公式「Aの確率＝$\dfrac{\text{Aはいくつ}}{\text{全部でいくつ}}$」を使う。①「Aはいくつ」は、出た目の差が3以上で、Tが負ける組み合わせ数。②「全部でいくつ」は、2人が出すサイコロの目の組み合わせ数（前問で36通りと判明済み）。

①

T	S	組み合わせ
1	4～6	3通り
2	5～6	2通り
3	6	1通り

計6通り

② 2人の目の組み合わせは 36通り

公式に当てはめると
$\dfrac{\text{Aはいくつ}}{\text{全部でいくつ}} = \dfrac{\overset{1}{\cancel{6}}}{\underset{6}{\cancel{36}}} = \dfrac{1}{6}$

正解 （1） F （2） F

12 料金の割引

ここがポイント!

割引価格の求め方をマスターして手早く計算

◎定価 ×（1− 割引率）＝ 割引価格

定価の20％引き ➡ 定価 ×0.8

> 100円の20％引きは80円

3割引 ➡ 定価 ×0.7

◎20％は「0.2」　3割は「0.3」　100％は「1」

【例題】

次の説明を読んで、各問いに答えなさい。

この問題は2問組です

ある船の乗船料金は、正規の大人料金の半額が子ども料金である。また、大人、子ども合わせて20人以上で、団体割引が適用され、その団体の全員について大人料金は25％引き、子ども料金は20％引きとなる。

正規の大人料金が1500円のところへ、大人20人で乗船したときの料金の総額はいくらか。

○ A　15000円
○ B　16500円
○ C　18000円
○ D　18600円
○ E　21000円
○ F　22500円
○ G　24000円
○ H　28800円
○ I　30000円
○ J　AからIのいずれでもない

1　2

回答時間 ■■■■■■■■■■■■■■■■■■■■

次 へ

※ カンタン解法 ※

「大人、子ども合わせて20人以上」のとき、「全員」が団体割引される。設問は、大人20人なので割引対象。大人は「25％引き」。

正規の大人料金　　（1－割引率）　　人数　　料金の総額
（　1500円　×　0.75　）×　20人　＝　22500円
　　　　　　　　　　25％引き

【テストセンター必勝法：ひと工夫で手早く計算できる】

1問あたりにかけられる時間が短いのが、テストセンターの特徴。「計算に時間をとられて焦った」という経験者の声も多い。実は、テストセンターの問題は、計算の順番を変えるなど、ちょっとした工夫で、手早く計算できるものが多い。例えば、この問題は、以下のようにかけ算の順番を変えるとよい。

（1500円×0.75）×20人＝1500×20×0.75＝30000×0.75＝22500

「20」を先に
かけ算する

計算しやすく
なった

もちろん、全部の問題に使えるわけではないが覚えておくと便利だ。

正解　F

【復習しておこう：「以上」と「超える」の違い】

20人以上のとき割引　➡　20人のときも割引

20人を超えたとき割引　➡　21人から割引（20人では割引にならない）

　ある博物館の入館料は1人あたり700円で、30人を超す団体の場合、30人を超えた分については2割引である。

（1） 博物館に43人で行く場合、入館料は総額でいくらになるか。

○A　7280円　　　　○B　15260円　　　　○C　21000円　　　　○D　24000円

○E　26600円　　　　○F　27720円　　　　○G　28280円　　　　○H　29400円

○I　30100円　　　　○J　AからIのいずれでもない

（2） 入館料の総額を博物館に行く人数で割り、各人が同じ金額を支払うようにする場合、1人あたり620円を支払うことになるのは何人で行くときか。

○A　40人　　　　○B　55人　　　　○C　60人　　　　○D　65人

○E　70人　　　　○F　75人　　　　○G　80人　　　　○H　85人

○I　90人　　　　○J　AからIのいずれでもない

解　説

(1) 30人までの入館料は1人あたり700円、30人を超えた分は2割引。43人の場合、

2割引になるのは13人。

30人 ➡ 700円×30人＝21000円

13人 ➡ 700円×0.8×13人＝560円×13人＝7280円 ⎱計28280円

　　　　　⎣2割引⎦　　⎣31人目からの1人あたりの入館料⎦

(2) 設問の「1人あたり620円」は、30人までの「1人あたり700円」よりも安い。

ここから行く人数は、30人より多い（割引あり）とわかる。

30人を超えた人数をx人として、「総額÷人数＝1人あたりの金額」の方程式

を作って解く。

※総額は「30人分の入館料＋31人目以降の入館料計」。人数は「30人＋x人」。

|　　　　　総額　　　　　|
| 30人分の入館料 | 31人目以降の入館料計 | | 行く人数 | 1人あたりの金額 |

（21000円　＋　560x円）÷（30人＋x人）＝ 620円

　⎣前問で計算済み⎦　⎣前問より1人560円。これにx人をかける⎦

$21000+560x = 620 × (30+x)$

$21000+560x = 18600+620x$

$21000-18600 = 620x-560x$

$2400 = 60x$

$x = 40$ ⎣30人を超えた人数⎦

30人を超えた人数が40人なので、行く人数は「30人＋40人＝70人」。

> **【別解：行く人数をxとしてもよい】** 行く人数をx人とすると、30人を超えた人数は「$x-30$」。上記と同様に「総額÷人数＝1人あたりの金額」の方程式を作ると、「$(21000+560(x-30))÷x=620$」。方程式を解くと、$x=70$。行く人数は70人。

正解　(1) G　(2) E

2章
料金の割引

練習問題 ② 料金の割引

> ある旅館では、2泊以上連続で宿泊の予約をした場合、次のように宿泊料金の割引を行っている。割引率は、宿泊料金から1泊目は5％引き、2泊目は10％引き、3泊目は20％引き、4泊目以降は25％引きになる。

（1） 1泊の宿泊料金が1人9000円のとき、2人で3泊連続の予約をした場合の宿泊料金は総額でいくらになるか。

○A　40500円　　○B　41400円　　○C　43200円　　○D　45900円

○E　47700円　　○F　49500円　　○G　50400円　　○H　52200円

○I　54000円　　○J　AからIのいずれでもない

（2） 1泊の宿泊料金が12000円のとき、8泊連続で予約した場合と、2泊連続と6泊連続の2回に分けて予約した場合とでは、宿泊料金の総額はいくら異なるか。

○A　600円　　　○B　1200円　　○C　1800円　　○D　3000円

○E　3600円　　　○F　4200円　　○G　4800円　　○H　5400円

○I　6000円　　　○J　AからIのいずれでもない

（1） まず、1人の3泊連続分の宿泊料金を求めてから、2倍（2人分）する。

1泊目は5%引き　　　2泊目は10%引き　　　3泊目は20%引き

（9000円×0.95）＋（9000円×0.9）＋（9000円×0.8）

＝9000円 ×（0.95＋0.9＋0.8）　1～3泊目の金額を、個別に計算するよりも、割合を足してから、9000円にかけるほうが計算が速い

＝9000円 × 2.65

＝23850円

1人の3泊連続分　　　　　　　2人の3泊連続分

23850円　×　2人　＝　47700円

（2） 8泊連続で予約した場合と、2泊連続と6泊連続の2回に分けて予約した場合とで、割引率が異なるのは、以下の赤色の項目。

※割引率の差がわかりやすいよう、2回に分けて予約は、6泊→2泊の順にした。

宿泊累計	1泊	2泊	3泊	4泊	5泊	6泊	7泊	8泊
8泊連続の割引率	0.05	0.1	0.2	0.25	0.25	0.25	0.25	0.25
6泊＋2泊の割引率	0.05	0.1	0.2	0.25	0.25	0.25	0.05	0.1

6泊連続　　　　　　　　2泊連続

8泊連続での7・8泊目　　6泊＋2泊での7・8泊目　　割引率の差

割引率の差　➡　（0.25＋0.25）　−　（0.05＋0.1）　＝　0.35

1泊の宿泊料金　　割引率の差　　宿泊料金の総額の差

宿泊料金の総額の差 ➡ 12000円　×　0.35　＝　4200円

正解 **（1）** **E** **（2）** **F**

練習問題 ③ 料金の割引

　ある会議場は、7時から24時まで使用でき、正規の使用料は1時間あたり25000円である。ただし、使用する時間帯によっては割引があり、7時から10時までは20％引き、10時から13時までは15％引き、13時から17時までは10％引きとなる。

（1） 12時から18時まで会議場を使用したとすると、使用料はいくらか。

　　○A　120000円　　○B　127500円　　○C　131250円　　○D　132500円

　　○E　135000円　　○F　136250円　　○G　137500円　　○H　145000円

　　○I　150000円　　○J　AからIのいずれでもない

（2） この会議場を連続して8時間使用したところ、使用料は173750円だった。何時から使用したか。

　　○A　7時から　　○B　8時から　　○C　9時から　　○D　10時から

　　○E　11時から　　○F　12時から　　○G　13時から　　○H　14時から

　　○I　15時から　　○J　16時から

※ 解 説 ※

時間帯によって、割引率が異なる。

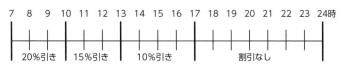

（1） 12時から18時までの使用料を計算する。

12時から13時 ➡ （25000円×0.85）×1時間＝21250円 ┐
13時から17時 ➡ （25000円×0.9 ）×4時間＝90000円 ├ 計 136250円
17時から18時 ➡ 25000円×1時間＝25000円 ┘

【速解】 正規の使用料6時間分から、割引される金額を引く。割引は、15％
引き×1時間、10％引き×4時間で、合わせると正規1時間分の55％に相当。

正規6時間分　25000円×6時間＝150000円 ⎤ 引き算で
割引　　　　 25000円×0.55 ＝ 13750円 ⎦ 136250円

(2) 正規の使用料8時間分から173750円を引くと、割引額の合計がわかる。

正規　　　　　　　　　　　実際　　　　　8時間分の割引額
25000円　×　8時間　－　173750円　＝　26250円

「26250円」の端数「250円」に注目。時間帯別の1時間の割引額は

20％ ➡ 25000円×0.2＝5000円　15％ ➡ 25000円×0.15＝3750円

10％ ➡ 25000円×0.1＝2500円

割引額の端数が「250円」になるのは、「15％引きが3時間」のみ。

※「15％引きが1時間」とすると、8時間連続では端数の250円が作れない。

8時間分の割引額　　15％引きでの割引額　　残り5時間分の割引額
26250円　　－　（3750円×3時間）　＝　15000円

残り5時間は、10％引きが4時間なら2500円×4時間＝10000円。残り「1
時間で5000円」（20％引き）で「9時」開始と決まる。

【速解】 上記と同様のことを、％で考えていくと速い。

8時間分の割引額　25000円×8時間－173750円＝26250円

何％相当の割引　26250円÷25000円＝1.05 ➡ 25000円に対して105％

「8時間連続で計105％割引となる時間帯の組み合わせ」を考える。端数の5％
から、15％引きは1時間か3時間。連続8時間なので、15％引きが1時間なら
12時開始で、割引が少ない時間帯が多く割引不足。よって、15％引きは3時間。

105％－（15％×3）＝60％

残りの「5時間連続で計60％割引となる時間帯の組み合わせ」は、20％引き
1時間、10％引き4時間。開始は9時。

正解　**(1)　F**　**(2)　C**

ここがポイント！

情報をうまく公式に当てはめる

● **原価＋利益＝定価**または**売価** < 売価は、実際に売るときの値段
※定価販売なら、定価＝売価

● **原価×（１＋利益の割合）＝定価**または**売価**

● **原価×利益の割合＝利益** < 原価の何割分、
利益を出そうという場合

● **定価×（１－割引率）＝売価** < 定価の2割引なら、定価×0.8

【例題】

次の説明を読んで、各問いに答えなさ
い。

この問題は２問組です

ある店で、定価の２割引で売っても、原価
の１割の利益が得られるように定価を定め
た。

定価440円の品物の場合、原価はいく
らか（必要なときは、最後に小数点以下
第１位を四捨五入すること）。

○ A 　80円

○ B 　88円

○ C 　132円

○ D 　220円

○ E 　264円

○ F 　320円

○ G 　352円

○ H 　396円

○ I 　400円

○ J 　AからIのいずれでもない

1 2

回答時間 ■■■■■■■■■■■■■■■■■■■■■■■■■■

次へ

設問からわかる情報を図にまとめると、以下の通り。

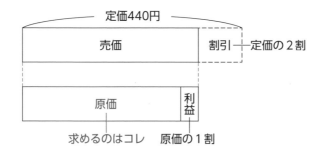

この情報を以下の2つに整理して、順番に式にする。

①定価「440円」の品物を、「2割引」で売る。

②「①」の利益は、原価の「1割」。 つまり、原価に、「1割」の利益を足すと売価

定価　　（1−割引率）　売価
①440円　×　0.8　=　352円

原価　　（1＋利益の割合）　売価
②　x　×　1.1　=　352円

①で求めた売価を
②の式に使う

x　=　352円÷1.1

x　=　320円

【別解：1つの式にまとめてもよい】

①②ともに売価を求める式なので、個別の式にする代わりに、

まとめて「440×0.8=x×1.1」（「売価=売価」の式）としてもよい。

正解　**F**

商品 L 、Mに対し、原価に 4 割の利益をのせて定価を設定した。

（1） 原価900円の商品 L を定価の 1 割引で売った場合に比べ、 2 割引の場合には、商品 L の 1 個あたりの利益はいくら少なくなるか（必要なときは、最後に小数点以下第 1 位を四捨五入すること）。

- ○A　36円
- ○B　72円
- ○C　90円
- ○D　108円
- ○E　126円
- ○F　130円
- ○G　180円
- ○H　252円
- ○I　315円
- ○J　AからIのいずれでもない

（2） 商品Mを定価の 2 割引で売った場合に比べ、 3 割引の場合には、商品Mの 1 個あたりの利益が56円少なくなった。このとき商品Mの原価はいくらか（必要なときは、最後に小数点以下第 1 位を四捨五入すること）。

- ○A　78円
- ○B　120円
- ○C　182円
- ○D　200円
- ○E　392円
- ○F　400円
- ○G　428円
- ○H　560円
- ○I　784円
- ○J　AからIのいずれでもない

（1） 1割引から2割引に変えると、割引を増やした分の「定価の1割」相当の金額が利益から減る。

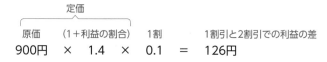

定価
┌─────────────┐
原価　　（1＋利益の割合）　1割　　　1割引と2割引での利益の差
900円　　×　　1.4　　×　　0.1　　＝　　126円

（2） 前問と同様に考える。2割引から3割引に変えると、割引を増やした分の「定価の1割」相当の金額が利益から減る。

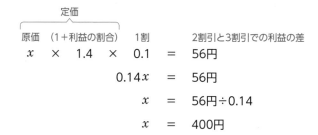

定価
┌─────────────┐
原価　（1＋利益の割合）　1割　　　2割引と3割引での利益の差
x　　×　　1.4　　×　　0.1　　＝　　56円
　　　　　　　　　　$0.14x$　　＝　　56円
　　　　　　　　　　　　x　　＝　　56円÷0.14
　　　　　　　　　　　　x　　＝　　400円

正解　**(1) E　(2) F**

2章
損益算

練習問題 ② 損益算

ある商店が、色違いの商品 P と Q を 40 個ずつ同じ価格で仕入れたところ、合計80000円だった。商品 P と Q を同じ売値で販売したところ、商品 P については、すべて売り切れて13000円の利益を得た。

(1) 商品 P において、利益は仕入れ値の何%か（必要なときは、最後に小数点以下第 2 位を四捨五入すること）。

○A 15.4%　　○B 16.3%　　○C 18.4%　　○D 25.0%

○E 26.2%　　○F 28.4%　　○G 32.5%　　○H 34.8%

○I 42.0%　　　○J A から I のいずれでもない

(2) 商品 P が売り切れた時点で商品 Q は何個か残っていたので、1 個1200円に値下げしてすべて売り尽くした。このとき、商品 Q については11500円の利益を得た。値下げして販売したのは何個か。

○A 5個　　　○B 7個　　　○C 9個　　　○D 10個

○E 11個　　　○F 12個　　　○G 14個　　　○H 18個

○I 24個　　　　○J A から I のいずれでもない

（1） 商品ＰとＱの仕入れ値は同じ。合計80000円なので、Ｐの仕入れ値は半分の

40000円。Ｐの「利益÷仕入れ値」で、利益が仕入れ値の何％かを求める。

※仕入れ値＝原価。

P利益　　　　P仕入れ値　　　　　　　利益は仕入れ値の何％か

13000円 ÷ 40000円 = 0.325　➡　32.5％

（2） 値下げ前の商品Ｑは、Ｐと仕入れ値、利益、個数ともに同じことに注目する。

　①Ｐの売値を求める（Ｑの値下げ前の売値と同じ）。

　②「①」から「1200円」を引くと、Ｑの１個あたりの割引額がわかる。

　③値下げ前後の利益差を「②」で割ると、値下げして販売した個数がわかる。

　　　P仕入れ値　　　　P利益　　　　P個数　　　P売値

① （40000円 + 13000円）÷ 40個 = 1325円　➡　Qの値下げ前の
　　　　　　　　　　　　　　　　　　　　　　　　売値と同じ

　　値下げ前の売値　　値下げ後の売値　　1個あたりの割引額

② 　1325円　 － 　1200円　 = 　125円

　　　値下げ前の利益　　　値下げ後の利益　　1個あたりの割引額　　値下げして販売した個数

③ （13000円　 － 　11500円） ÷ 　125円　 = 　12個

正解　**(1) G　(2) F**

ある店では、定価で販売すると原価の4割の利益が得られるように価格設定をしている。

(1) 定価840円の商品Sを、定価の1割引で販売したときの利益はいくらか。

○A 84円 　　 ○B 120円 　　 ○C 156円 　　 ○D 180円

○E 240円 　 ○F 252円 　 ○G 286円 　 ○H 336円

○I 420円 　 ○J AからIのいずれでもない

(2) 商品Tを定価の2割引で販売したときの利益は90円だった。商品Tの原価はいくらか。

○A 400円 　　 ○B 450円 　　 ○C 500円 　　 ○D 550円

○E 600円 　 ○F 650円 　 ○G 700円 　 ○H 750円

○I 800円 　 ○J AからIのいずれでもない

（1） まず売価と原価を求める。この２つの差が、求める利益。

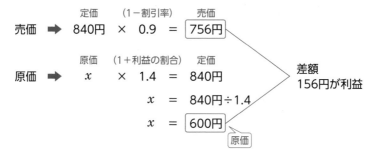

【別解：「定価販売のときの利益」から、「割引額」を引いてもよい】
割引額を「利益のうち、割引によって目減りした分」と考える。

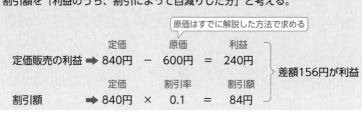

（2） 不明な「原価」を「x」としたうえで、「売価－原価＝利益」の式を作る。あとは、計算して「x」を求める。

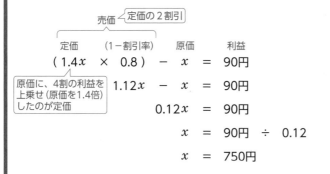

正解 **（1）C （2）H**

2章 損益算

ここがポイント!

全体を「1」と考える

●支払い金額や仕事分担を、分数（全体のどれだけ）で
計算

●支払いでは、利子や手数料がかかることもある

【例題】

次の説明を読んで、各問いに答えなさ
い。

この問題は2問組です

ある人がパソコンを購入した。購入と同時
に頭金として総額の5/13を支払った。

2回目に頭金の2/3を支払い、3回目
に残り全部を支払うものとすると、3回
目に支払う金額は、総額のどれだけにあ
たるか。ただし、利子はかからないもの
とする。

○ A　　2/39
○ B　　11/39
○ C　　14/39
○ D　　5/13
○ E　　16/39
○ F　　20/39
○ G　　23/39
○ H　　8/13
○ I　　25/39
○ J　　AからIのいずれでもない

1 2

回答時間 ■■■■■■■■■■■■■■■■■■■■■■

次 へ

※ カンタン解法 ※

総額を「1」として、分数で金額を考える。①2回目の支払い額を求めて、②総額から頭金と2回目の支払い額を引く。残りが3回目に支払う金額。

① $\frac{5}{13} \times \frac{2}{3} = \frac{5 \times 2}{13 \times 3} = \frac{10}{39}$

　　頭金　　　　　　　　　　2回目

② $1 - \left(\frac{5}{13} + \frac{10}{39} \right) = 1 - \frac{15+10}{39} = \frac{14}{39}$

　総額　　頭金　　2回目　　　　　　　　　　3回目

正解 C

【復習しておこう：分数は、分母をそろえてから足し算】

分数は、足し算の前に分母どうしが同じ数になるよう「通分」（分子と分母に同じ数をかけ算）する。この設問の場合、以下のように通分。

> 分子と分母に、それぞれ「3」をかけ算する

$$\frac{5}{13} = \frac{15}{\boxed{39}}$$

$$\frac{10}{\boxed{39}} \quad \leftarrow \text{分母が「39」にそろった}$$

練習問題 ① 分割払い・仕事算

ある人がパッケージツアーで旅行をすることにし、契約と同時に総額の3/13を旅行会社に支払った。

(1) 旅行直前に最初の支払い額の3/4を支払い、旅行後に残り全部を支払うものとする。旅行後に支払う金額は総額のどれだけにあたるか。ただし、利子はかからないものとする。

○A 1/52   ○B 5/26   ○C 15/52   ○D 23/52

○E 31/52   ○F 37/52   ○G 21/26   ○H 12/13

○I 51/52   ○J AからIのいずれでもない

(2) 旅行直前には総額の半分を支払い、旅行後に残り全部を支払うものとすると、旅行後に支払う金額は、<u>契約時の支払い額</u>のどれだけにあたるか。ただし、利子はかからないものとする。

○A 1/6   ○B 7/26   ○C 5/13   ○D 8/13

○E 5/6   ○F 7/6   ○G 11/6   ○H 5/2

○I 19/6   ○J AからIのいずれでもない

※ 解 説 ※

(1) ①旅行直前の支払い額を求めて、②総額から契約時と旅行直前の支払い額を引く。残りが旅行後に支払う金額。

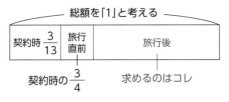

契約時の $\dfrac{3}{4}$ 求めるのはコレ

契約時   旅行直前
① $\dfrac{3}{13} \times \dfrac{3}{4} = \dfrac{3 \times 3}{13 \times 4} = \dfrac{9}{52}$

総額   契約時   旅行直前   旅行後
② $1 - \left(\dfrac{3}{13} + \dfrac{9}{52} \right) = 1 - \dfrac{12+9}{52} = \dfrac{31}{52}$

【速解】契約時は $\dfrac{3}{13}$ の1倍、旅行直前は $\dfrac{3}{13}$ の $\dfrac{3}{4}$ 倍と考える。

契約時   旅行直前   契約時と旅行直前の和
$\dfrac{3}{13} \times \left(1 + \dfrac{3}{4} \right) = \dfrac{3}{13} \times \dfrac{7}{4} = \dfrac{21}{52}$ ➡ 残額は $\dfrac{31}{52}$

(2) ①旅行後の支払い額を求めてから、②「旅行後÷契約時」で、旅行後は契約時のどれだけにあたるかを計算する。

※旅行直前の支払い額は、前問とは異なり、$\dfrac{1}{2}$ で計算することに注意。

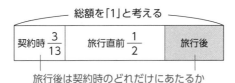

旅行後は契約時のどれだけにあたるか

総額   契約時   旅行直前   旅行後
① $1 - \left(\dfrac{3}{13} + \dfrac{1}{2} \right) = 1 - \dfrac{6+13}{26} = \dfrac{7}{26}$

旅行後   契約時   旅行後は契約時のどれだけ
② $\dfrac{7}{26} \div \dfrac{3}{13} = \dfrac{7 \times \overset{1}{13}}{\underset{2}{26} \times 3} = \dfrac{7}{6}$

分数の割り算は、逆数（分子と分母を逆）にしてかけ算
$\div \dfrac{3}{13} \Rightarrow \times \dfrac{13}{3}$

正解　(1) **E**　(2) **F**

練習問題 ② 分割払い・仕事算

ある人がカメラを分割払いで購入することにした。購入時にいくらか頭金を支払い、購入価格から頭金を引いた残額を6回の分割払いにする。この場合、分割手数料として残額の1/8を加えた額を6等分して支払うことになる。

(1) 頭金として購入価格の1/3を支払うとすると、分割払いの1回の支払い額は購入価格のどれだけにあたるか。

〇A 1/13 　　〇B 1/12 　　〇C 1/10 　　〇D 1/9

〇E 2/17 　　〇F 1/8 　　〇G 3/20 　　〇H 1/6

〇I 3/16 　　〇J AからIのいずれでもない

(2) 分割払いの1回の支払い額を購入価格の3/20にするためには、頭金として購入価格のどれだけを支払えばよいか。

〇A 1/20 　　〇B 1/10 　　〇C 1/5 　　〇D 9/40

〇E 1/4 　　〇F 3/10 　　〇G 3/8 　　〇H 1/2

〇I 4/5 　　〇J AからIのいずれでもない

※ 解 説 ※

(1) 頭金として $\dfrac{1}{3}$ を支払った残額は $\dfrac{2}{3}$。①これに分割手数料を足して、②6等分すれば、分割払いの1回の支払い額がわかる。

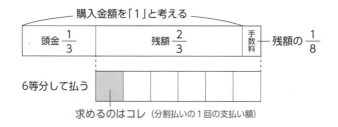

求めるのはコレ（分割払いの1回の支払い額）

192

残額　　残額の$\frac{1}{8}$が分割手数料　　　　　　　　　　　　　　　　　分割払いの総額

① $\frac{2}{3} + \left(\overset{1}{\cancel{\frac{2}{3}}} \times \frac{1}{\underset{4}{\cancel{8}}} \right) = \frac{2}{3} + \frac{1}{12} = \frac{8+1}{12} = \frac{\overset{3}{\cancel{9}}}{\underset{4}{\cancel{12}}} = \frac{3}{4}$

分割払いの総額　　6等分　　　　　　　　　　1回の支払い額

② $\frac{3}{4} \div 6 = \frac{\overset{1}{3 \times 1}}{\underset{2}{4 \times 6}} = \frac{1}{8}$

（2） ①頭金を支払った時点での残額を「x」として、前問と同じく、分割払いの1回の支払い額を求める式を作る。②購入金額「1」から残額「x」を引くと、頭金。

購入金額を「1」と考える

頭金	残額 x	手数料	← 残額の $\frac{1}{8}$

求めるのはコレ　6等分

$\frac{3}{20}$	$\frac{3}{20}$	$\frac{3}{20}$	$\frac{3}{20}$	$\frac{3}{20}$	$\frac{3}{20}$

残額　　分割手数料　　6等分　　1回の支払い額

① $\left(x + \frac{1}{8}x \right) \div 6 = \frac{3}{20}$

$$\frac{9}{8}x = \frac{3}{20} \times 6$$

$$x = \frac{18}{20} \div \frac{9}{8}$$

$$x = \frac{\overset{2}{18} \times \overset{2}{8}}{\underset{5}{20} \times \underset{1}{9}}$$

$$x = \boxed{\frac{4}{5}} \implies \text{②頭金は } \frac{1}{5}$$

頭金を払った時点での残額

【別解：式は多少複雑になるが、求める頭金をxとする場合は】

頭金を支払った時点での残額は「$1-x$」で、手数料はその $\frac{1}{8}$ なので「$(1-x) \times \frac{1}{8}$」。これを使って方程式を作る。

頭金　　分割払いでの支払い　　購入金額　　　手数料

$$x + \left(\frac{3}{20} \times 6 \right) = 1 + \left((1-x) \times \frac{1}{8} \right)$$

方程式を解くと、$x = \frac{1}{5}$

正解　**(1) F　(2) C**

あるデータの入力を火曜日から土曜日までの５日間で行うことにした。火曜日は全体の1/6、水曜日は全体の19/42のデータを入力した。

（1） 残りを木曜日から土曜日までの３日間に均等に分けるとすると、木曜日に入力するデータは全体のどれだけか。

○A　8/63　　　　○B　23/126　　　○C　13/63　　　○D　1/4

○E　5/18　　　　○F　8/21　　　　○G　23/42　　　○H　13/21

○I　5/6　　　　　○J　AからIのいずれでもない

（2） 木曜日のデータ入力を始める前に、あらたに残りの1/8にあたるデータが追加された。追加分を含めて残りを木曜日から土曜日までの３日間に均等に分けるとすると、土曜日に入力するデータは、火曜日に入力したデータの何倍になるか。

○A　1/21倍　　　○B　1/7倍　　　○C　1/5倍　　　○D　7/18倍

○E　5/6倍　　　　○F　6/7倍　　　○G　7/6倍　　　○H　6/5倍

○I　18/7倍　　　○J　AからIのいずれでもない

（1） ①データ全体を「1」と考えて、火曜日と水曜日に入力したデータを引く。

②残りを3等分すれば、木曜日から土曜日までの1日あたりの入力データとなる。

データ全体 ／ 火 ／ 水 ／ 残り（木・金・土の3日分）

$$① \quad 1 - \left(\frac{1}{6} + \frac{19}{42} \right) = 1 - \frac{7+19}{42} = \frac{\overset{8}{16}}{\underset{21}{42}} = \frac{8}{21}$$

木・金・土 ／ 3等分 ／ 木

$$② \quad \frac{8}{21} \div 3 = \frac{8 \times 1}{21 \times 3} = \frac{8}{63}$$

（2） 前問から、水曜日が終わった時点の残りは $\frac{8}{21}$ 。①追加データを足して3等分すると、土曜日の入力データとなる。②最後に土曜日が火曜日の何倍かを求める。

残り ／ 残りの$\frac{1}{8}$を追加 ／ 3等分 ／ 土

$$① \left(\frac{8}{21} + \left(\frac{\overset{1}{8}}{21} \times \frac{1}{\underset{1}{8}} \right) \right) \div 3 = \left(\frac{8}{21} + \frac{1}{21} \right) \div 3 = \frac{\overset{\overset{1}{3}}{9} \times 1}{\underset{7}{21} \times 3_{\,1}} = \frac{1}{7}$$

土 ／ 火 ／ 土は火の何倍か

$$② \quad \frac{1}{7} \div \frac{1}{6} = \frac{1 \times 6}{7 \times 1} = \frac{6}{7}$$

正解 **（1）A （2）F**

2章 分割払い・仕事算

⑮ 割合・比

割合の公式に置き換えれば解ける

◉全体数×内訳Aの割合＝内訳Aの数

◉10個のうち20% ➡ 10個×0.2＝2個

◉20%の数が2個 ➡ 全体×0.2＝2個

【例題】

次の説明を読んで、各問いに答えなさい。

この問題は2問組です

ある庭園には、バラが350本植えてあり、そのうちの40%は白色のバラである。

白色以外のバラのうち、30%が赤色のバラだった。赤色のバラは何本か。

○ A 　42本
○ B 　50本
○ C 　63本
○ D 　84本
○ E 　98本
○ F 　105本
○ G 　140本
○ H 　210本
○ I 　245本
○ J 　AからIのいずれでもない

1 2

回答時間 ■■■■■■■■■■■■■■■■■■

次 へ

バラのうち40%が白なので、残りの60%が「白以外」。そのうち30%が「赤」。

「全体」数		「白以外」割合		「赤」割合		「赤」数
350本	×	0.6	×	0.3	=	63本

【別解：もう少し易しい解き方】

手早いのは上記の方法だが、難しく感じるときは、白の本数から取りかかってもかまわない。

① 「白」の本数を計算。全体数から引き「白以外」の本数を求める。

「全体」数		「白」割合		「白」数		「白以外」数
350本	×	0.4	=	140本	➡	210本

② 「赤」の本数を計算

「白以外」数		「赤」割合		「赤」数
210本	×	0.3	=	63本

正解 **C**

2章 割合・比

ある会社では、全地区の販売員をPとQの2グループに分けて研修を行った。

（1） 関東地区の販売員の割合は38.0%で、そのうちの35.0%がグループPになった。関東地区の販売員でグループQになった人の割合は販売員全体の何%か（必要なときは、最後に小数点以下第2位を四捨五入すること）。

○A 3.5% ○B 13.3% ○C 20.9% ○D 22.5%

○E 24.7% ○F 25.9% ○G 32.7% ○H 40.3%

○I 42.0% ○J AからIのいずれでもない

（2） 九州地区の販売員が占める割合は、グループPでは12.6%、グループQでは21.4%で、販売員全体では19.2%だった。このとき、グループP全体の販売員数はグループQ全体の販売員数の何倍か。

○A 1/5倍 ○B 1/4倍 ○C 1/3倍 ○D 2/3倍

○E 3/4倍 ○F 2倍 ○G 3倍 ○H 4倍

○I 5倍 ○J AからIのいずれでもない

解 説

（1） 関東地区の販売員は38.0%。そのうち、35.0%がグループP。

関東に占めるグループQ

関東 　関東全体 グループP　　　　　　　　　　　　販売員全体に占める関東のグループQ

$0.38 \times (1 - 0.35) = 0.38 \times 0.65 = 0.247$ ➡ 24.7%

（2）①販売員全体に占める「グループP全体」「グループQ全体」の割合をそれぞれ求めてから、②比較する。

※P、Qの実際の人数が不明なので、販売員全体に占める割合で代替する。

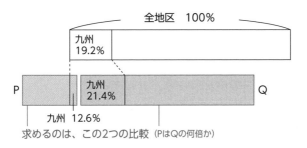

求めるのは、この2つの比較（PはQの何倍か）

①販売員全体を「1」、グループP全体を「x」とする。グループQ全体は「$1-x$」。これを使って九州地区の販売員の式を作る。

<table>
<tr><td>販売員全体に
占めるPの九州</td><td>販売員全体に
占めるQの九州</td><td></td><td>販売員全体に
占める九州</td></tr>
</table>

$$0.126x + 0.214(1-x) = 0.192 \quad \text{◁ 計算しやすいよう、両辺に1000をかけて、整数にする}$$

$$126x + 214 - 214x = 192$$

$$-88x = -22$$

$$x = -22 \div (-88)$$

$$x = 0.25 \quad \text{◁ 販売員全体に占めるグループP}$$

グループPは販売員全体の25%。それ以外はグループQなので、75%。

② %の値をそのまま、割り算で比較。　$P \div Q = 25 \div 75 = \dfrac{\overset{1}{25}}{\underset{3}{75}} = \dfrac{1}{3}$

【速解】グループPの販売員数をx、グループQの販売員数をyとして、九州地区の販売員数の方程式を作る。割合は小数に戻さず、%の値をそのまま使う。

Pのうち九州　Qのうち九州　全体のうち九州

$$12.6x + 21.4y = 19.2(x+y)$$

$$6.6x = 2.2y$$

$$x = \frac{1}{3}y \;\Rightarrow\; グループPの販売員数は、グループQの\frac{1}{3}$$

正解　(1) E　(2) C

ある企業が、所有している施設の利用料金の改定をすることにした。

（1） 温泉施設の利用料金を15%値上げしたところ、利用者数が10%減少した。このとき、利用料金の売上額は、何%の増加あるいは減少となるか（必要なときは、最後に小数点以下第2位を四捨五入すること）。

- ○A　1.5%の増加
- ○B　3.5%の増加
- ○C　4.5%の増加
- ○D　5%の増加
- ○E　変わらない
- ○F　1.5%の減少
- ○G　3.5%の減少
- ○H　4.5%の減少
- ○I　5%の減少
- ○J　AからIのいずれでもない

（2） 博物館の利用料金を13%値下げした場合、利用者数が少なくとも何%増加すれば、利用料金の売上額が維持されるか（必要なときは、最後に小数点以下第1位を四捨五入すること）。

- ○A　5%
- ○B　7%
- ○C　8%
- ○D　10%
- ○E　12%
- ○F　13%
- ○G　15%
- ○H　16%
- ○I　18%
- ○J　AからIのいずれでもない

（1） 利用料金の売上額は「利用料金×利用者数」。値上げ前の料金、利用者数、売上額をいずれも「1」とする。15％値上げした後の料金は「1＋0.15」、10％減少した利用者数は「1－0.1」。

値上げ後の料金　　　利用者数　　　　売上額
1.15　　×　　0.9　　＝　　1.035　　➡　　売上額は3.5％の増
[1+0.15]　　　[1-0.1]

【別解：金額と利用者数を仮定】割合のままだと計算しづらい人は、具体的な金額と人数に置き換えてもよい。値上げ前を、利用料金「100円」、利用者数「10人」、売上額「100円×10人＝1000円」とする。値上げ後は以下の通り。

100円×1.15＝115円　　10人×0.9＝9人　　115円×9人＝1035円
値上げ前後の売上額を比較。　1035円÷1000円＝1.035 ➡ 3.5％の増

（2） 前問と同じく、値下げ前の料金、利用者数、売上額をいずれも「1」とする。13％値下げした後の料金は「1－0.13」、売上額は維持するので「1」のまま。値下げ後の利用者数は「x」とする。

値下げ後の料金　　利用者数　　売上額
0.87　　×　　x　　＝　　1
[1-0.13]　　　　x　　＝　　1 ÷ 0.87
　　　　　　　　　x　　＝　　1.149… ➡　利用者は約15％の増

【別解：金額と利用者数を仮定】値下げ前を、利用料金「100円」、利用者数「10人」、売上額「1000円」とする。値下げ後に、売上額が1000円となる利用者数は以下の通り。

（人数に端数はあり得ないが、仮なのでよいことにする）

100円×0.87＝87円　　1000円÷87円＝11.494…≒11.49人
値下げ前後の利用者数を比較。　11.49人÷10人＝1.149 ➡ 約15％の増

正解　（1） B　（2） G

2章　割合・比

S社の社員に占める女性の割合は54％だったが、T社と合併したところ、合併後の女性の割合は42％となった。また、T社の社員数はS社のちょうど2倍だった。

（1） T社の社員に占める女性の割合は何％だったか（必要なときは、最後に小数点以下第1位を四捨五入すること）。

　○A　24%　　○B　30%　　○C　36%　　○D　42%　　○E　46%

　○F　48%　　○G　49%　　○H　52%　　○I　66%　　○J　72%

（2） 合併後に女性社員のうち15人が退職したところ、全体に占める女性の割合は40％となった。合併前のS社の社員数は何人だったか。

　○A　81人　　○B　90人　　○C　125人　　○D　150人　　○E　189人

　○F　250人　　○G　300人　　○H　325人　　○I　450人　　○J　500人

※ 解 説 ※

（1） 社員数を比で考えると、S社が「1」のとき、T社は2倍なので「2」、合併後はS社＋T社なので「3」。求めるT社の女性割合を「x」として、合併前後の女性数の方程式を作る。

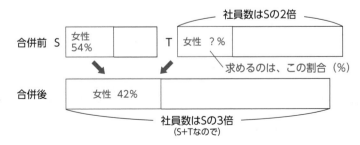

S社の女性数		T社の女性数		合併後の女性数		

S社員数	S女割合	T社員数	T女割合	合併後社員数		合併後女割合
（ 1	× 0.54 ）	＋ （ 2	× x ）	＝ 3	×	0.42

$$2x = 1.26 - 0.54$$

$$x = 0.36 \ \Rightarrow \ 36\%$$

【別解：社員数を仮定】 比だと計算しづらい人は、具体的な社員数に置き換えてもよい。S社は「100人」、T社は2倍の「200人」、合併後はS＋Tで「300人」。

	社員数	女割合	女性数	
S社	100人	× 0.54	＝ 54人	差の72人がT社女性。T社の女性割合は
合併後	300人	× 0.42	＝ 126人	72人÷200人＝0.36＝36%

(2) 合併後の社員数を求めてから、S社の社員数を求める。合併後の社員数を「x」、15人退職後を「$x-15$」とする。

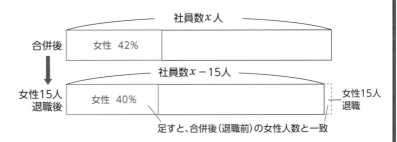

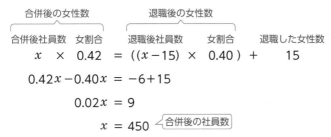

合併後の女性数		退職後の女性数			

合併後社員数	女割合	退職後社員数	女割合	退職した女性数
x	× 0.42 ＝	(($x-15$)	× 0.40)	＋ 15

$$0.42x - 0.40x = -6 + 15$$

$$0.02x = 9$$

$$x = 450 \quad \text{合併後の社員数}$$

合併後の社員数は450人。内訳は「T社の社員数はS社のちょうど2倍」なので、合併後の社員数を3で割るとS社の社員数。

合併後社員数		S社員数
450人	÷ 3 ＝	150人

正解 (1) **C** (2) **D**

2章 割合・比

[2章]非言語──203

ある店で、贈答用ジュースとして、1本入りと2本入りの2種類の箱を用意している。

(1) 7月の贈答用ジュースの注文は160箱で、ジュースの本数は212本だった。箱全体の数に占める1本入りの箱の割合は何%か（必要なときは、最後に小数点以下第2位を四捨五入すること）。

○A 24.5%　　○B 32.5%　　○C 46.5%　　○D 50.9%

○E 58.0%　　○F 65.0%　　○G 67.5%　　○H 75.5%

○I 81.5%　　　○J AからIのいずれでもない

(2) 2本入りの箱にはリンゴジュースとブドウジュースが入っている。1本入りの箱ではリンゴジュースかブドウジュースを選べる。8月の贈答用ジュースの注文のうち、リンゴジュースの本数が63%だったとすると、2本入りの箱の割合は、最も多くて箱全体の何%か（必要なときは、最後に小数点以下第2位を四捨五入すること）。

○A 26.0%　　○B 37.0%　　○C 41.3%　　○D 45.2%

○E 51.0%　　○F 58.7%　　○G 63.0%　　○H 65.4%

○I 70.8%　　　○J AからIのいずれでもない

※※ 解 説 ※※

(1) 1本入りの箱の数を求めてから、「1本入りの箱の数÷箱全体の数＝1本入りの箱の割合」を計算。まず、ジュースの本数は、箱の数より多いので、すべての箱に1本ずつ入れると、ジュースが余る。

ジュース　　　　箱　　　1箱に1本ずつだと入りきれない本数
212本 － 160箱 ＝ 52本

うまくおさめるには、52箱を2本入りの箱にかえる（2本入りは52箱）。

箱全体の数	2本箱の数	1本箱の数	1本箱の数	箱全体の数		1本箱の割合
160箱 −	52箱 =	108箱 ➡	108箱 ÷	160箱 =	0.675 =	67.5%

【別解：箱の数は「すべての箱に2本ずつ」から考えてもよい】

すべてが2本入りの箱とすると、ジュースは160×2＝320本のはず。実際は212本なので320−212＝108で108本多い。これが1本入りの箱の数なので、108÷160＝0.675。

(2) 2本入りの箱には、リンゴとブドウの両方が入る。リンゴとブドウのうち、本数が少ないほう（ブドウ）をすべて2本入りの箱に入れた場合が最多。

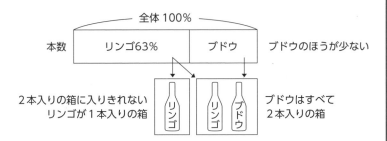

ジュース全体	リンゴ		ブドウ（2本入りの箱の数と同じ）
100% −	63%	=	37% ➡ 2本入りの箱は37%

2本入りの箱が、箱全体のどれだけの割合なのかを求める。リンゴはすべての箱に1本ずつ入るので、リンゴと箱全体は数が一致する（63%）。

2本入りの箱	箱全体（リンゴの本数と同じ）		2本入りの箱の割合
37% ÷	63%	= 0.5873…	≒ 58.7%

【別解：ジュースの本数を仮定】 ジュースを「100本」と仮定すると、リンゴは「63本」、ブドウは「100本−63本＝37本」。2本入りの箱の数は、ブドウの本数を超えることはないので、最大で「37本」。すべての箱にリンゴが1本ずつ入るので、箱全体はリンゴと同じ数の「63箱」。
割合は「37箱÷63箱≒58.7%」。

正解　(1) G　(2) F

16 代金の精算

ここがポイント！

払いすぎは返してもらう、足りなければ支払う

◉借金返済と、ワリカン払いの方法を考える

◉合計÷人数＝平均 ← ワリカンでの１人あたりの負担額

【例題】

次の説明を読んで、各問いに答えなさい。

この問題は２問組です

　Ｐの家の近くに、よい傘屋があるというので、ＱはＰに5000円渡し、傘を買ってきてもらうことにした。Ｐは3500円の黒い傘と4000円の茶色の傘を買い、Ｑには気に入ったほうを渡し、他方は自分のものにしようと思った。Ｑは黒いほうを選んだ。もともとＱはＰから3000円借りていた。

　どちらがいくら支払えば、2人の間の貸し借りがなくなるか。

- ○ A　ＰがＱに1000円支払う
- ○ B　ＰがＱに1500円支払う
- ○ C　ＰがＱに2000円支払う
- ○ D　ＰがＱに2500円支払う
- ○ E　ＱがＰに1000円支払う
- ○ F　ＱがＰに1500円支払う
- ○ G　ＱがＰに2000円支払う
- ○ H　ＱがＰに2500円支払う
- ○ I　どちらも支払わなくてよい
- ○ J　ＡからＩのいずれでもない

1 2

回答時間 ■■■■■■■■■■■■■■■■■■■■■■

次 へ

206

※※ カンタン解法 ※※

２人の貸し借りをまとめると以下の通り。

QがPに渡した5000円は、QからPへの貸しと考える（①）。また、PがQのために買ってきた黒い傘3500円は、PからQへの貸しと考える（②）。

※茶色の傘は、２人の貸し借りには関係ないので除く。

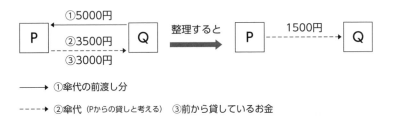

```
                ①5000円
    ┌───┐  ←─────────  ┌───┐                 ┌───┐              ┌───┐
    │ P │    ②3500円     │ Q │   整理すると    │ P │  1500円   →  │ Q │
    └───┘  - - - - - - → └───┘                 └───┘  - - - - - → └───┘
                ③3000円
```

──→ ①傘代の前渡し分

- - -→ ②傘代（Pからの貸しと考える）　③前から貸しているお金

よって、QがPに1500円支払えばよい。

正解 **F**

RとSの2人兄弟が共同で母の日の贈り物を買うことにした。RはSに6000円渡し、Sは贈り物に17000円のスカーフを買った。また、もともとRはSに4500円貸していた。

（1） この時点で、2人の間の貸し借りがすべてなくなるよう精算するとしたら、どちらがどちらにいくら支払えばよいか。ただし、贈り物の代金は2人が同額ずつ負担するものとする。

- ○A　RがSに1000円支払う
- ○B　RがSに1500円支払う
- ○C　RがSに2000円支払う
- ○D　RがSに2500円支払う
- ○E　RがSに3000円支払う
- ○F　SがRに1000円支払う
- ○G　SがRに1500円支払う
- ○H　SがRに2000円支払う
- ○I　SがRに2500円支払う
- ○J　SがRに3000円支払う

（2） 2人は母に贈り物を渡しに行く途中で3000円の花束も買い、代金はRが支払った。この時点で、2人の間の貸し借りがすべてなくなるよう精算するとしたら、どちらがどちらにいくら支払えばよいか。ただし、贈り物と花束の代金は2人が同額ずつ負担するものとする。

- ○A　RがSに2000円支払う
- ○B　RがSに2500円支払う
- ○C　RがSに3000円支払う
- ○D　RがSに3500円支払う
- ○E　RがSに4000円支払う
- ○F　SがRに2000円支払う
- ○G　SがRに2500円支払う
- ○H　SがRに3000円支払う
- ○I　SがRに3500円支払う
- ○J　SがRに4000円支払う

解　説

（1）　2人の貸し借りをまとめると以下の通り。

　　RがSに渡した6000円は、RからSへの貸しと考える（①）。また、Sが支払ったスカーフ代17000円は、1人あたりにすると8500円なので、SからRへの8500円の貸しと考える（③）。

　　よって、SがRに2000円支払えばよい。

（2）　Rが支払った花束3000円分は1人あたり1500円なので、RからSへの1500円の貸しと考える。前問の時点で、RからSへの貸しが2000円だったので、合わせるとRからSへの貸しが3500円。よって、SがRに3500円支払えばよい。

| 正解 | (1) H | (2) I |

S、T、Uの3人の間には次のような貸し借りがある。TはSに2500円の借金があり、UはSに1000円、Tに3000円の借金がある。

ある日、3人で食事に行った。代金は1人3000円であったが、ひとまずUが合計9000円を支払った。このあと3人の間で貸し借りがなくなるよう精算する方法として、次の2通りの方法を考えた。

Ⅰ）TがSに（a）円支払い、SがUに（b）円支払う

Ⅱ）TがUに（c）円支払い、UがSに（d）円支払う

ただし、a、b、c、dはすべて0か正の整数とする。

（1） （a）に当てはまるのはいくらか。

○A　0　　　　○B　500　　　○C　1000　　　○D　1500　　　○E　2000

○F　2500　　○G　3000　　○H　3500　　○I　この方法では精算できない

（2） 食事の代金9000円を、Uがひとまず支払うのではなく「3人の貸し借りを帳消しするように支払う」場合、Sは結果としていくら支払う、もしくは受け取ることになるか。

○A　2000円受け取る　　○B　1500円受け取る　　○C　1000円受け取る

○D　500円受け取る　　　○E　支払いも受け取りもしない

○F　500円支払う　　　　○G　1000円支払う　　　○H　1500円支払う

○I　この方法では精算できない

解　説

（1） 3人の貸し借りをまとめると以下の通り。

Uが支払った食事代9000円は、SとTに3000円ずつ貸しと考える（残り3000円はU自身の分なので、貸し借りは発生しない）。

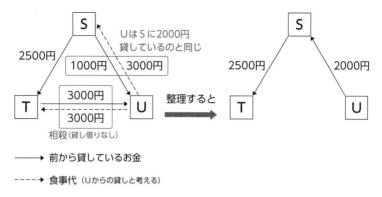

よって、設問のⅠ）の方法で精算するときは、

TがSに（2500）円支払い、SがUに（2000）円支払う。

【補足：Ⅱ）の方法で精算するときは】「TがUに（2500）円支払い、
UがSに（500）円支払う」。T→U→Sの順に、自分の貸し借りがなくなるよ
うお金を渡す。

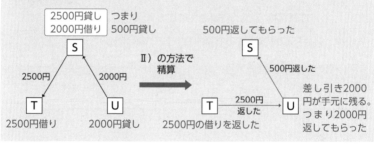

（2） 食事前の3人の貸し借り状況は、下図の通り。

設問で問われているのはSのこと。Sに注目して考える。

Sは、Tに2500円、Uに1000円、あわせて3500円を貸している。

ここからSの食事代3000円（借りと扱う）を引くと、差し引き500円の貸しが

残る。 ➡ 精算時にSは500円受け取ることになる。

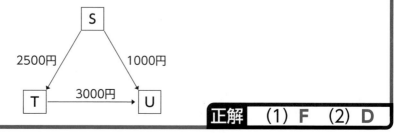

正解 **(1) F** **(2) D**

PとQの2人が、半分ずつお金を出しあって、Rへ贈り物をすることにした。Pはもともとに7000円の借金があったので、贈り物はPが買いに行くことにしていた。ところが、Pの都合が悪くなり、QがPからひとまず10000円を預かって買い物に行くことになった。しかし10000円ではいいものがみつからず、結局Qが1000円を上乗せして11000円のものを買った。

（1） この後、精算のときにQがPに「あなたには7000円貸していて、今度私が1000円上乗せしたけれど、あなたから10000円預かっていたから差額の2000円を折半して1000円返せばいいよね」と言った。

このように精算すると、結果としてどうなるか。

○A　Qは1500円損をする　　　　○B　Qは2500円損をする

○C　Qは3500円損をする　　　　○D　Qは4500円損をする

○E　Qは1500円得をする　　　　○F　Qは2500円得をする

○G　Qは3500円得をする　　　　○H　AからGのいずれでもない

（2） 本当はどのように精算すべきか。

○A　PがQに500円支払う　　　　○B　PがQに1000円支払う

○C　PがQに1500円支払う　　　　○D　PがQに2000円支払う

○E　PがQに2500円支払う　　　　○F　QがPに500円支払う

○G　QがPに1000円支払う　　　　○H　QがPに1500円支払う

○I　QがPに2000円支払う　　　　○J　AからIのいずれでもない

(1) 正しい精算方法と、設問の精算方法（QがPに1000円支払う）とを比べる。

①正しい精算方法

Qが支払った額の合計から、1人あたりの贈り物代を引く。金額がプラスならPからその額を受け取る、マイナスならPに支払う。

2人が払ったお金は以下の通り。

	貸した	贈り物代	合計
P		10000円	10000円
Q	7000円	1000円	8000円

1人あたり「5500円」

Qが支払った額　　贈り物代　　　　差額
8000円 － 5500円 ＝ 2500円　→ プラスなので「QがPから2500円受け取る」のが、正しい精算方法

②設問の精算方法と比べる

正しい精算　➡　QがPから2500円受け取る
設問の方法　➡　QがPに1000円支払う
　　　　　　　　　　　　　　→ Qは3500円の損
2500円受け取るべきなのに1000円支払ってしまった

(2) 前問で求めたように、「PがQに2500円支払う」のが正しい精算方法。

正解 **(1) C (2) E**

17 速さ

ここがポイント！

状況を図にまとめる。公式は丸暗記

- ◎速さ×時間＝距離
- ◎距離÷時間＝速さ
- ◎距離÷速さ＝時間

【例題】

次の説明を読んで、各問いに答えなさい。

この問題は2問組です

　PとQがジョギングをする。Pは平均時速5.4km/時で走り、Qは平均時速7.2km/時で走る。PがS地点からT地点まで走ると、63分かかる。

　PがS地点からT地点に向かって走り始め、同時にQはT地点からS地点に向かって走り始めた。2人が出会うのは出発してから何分何秒後か。

- ○ A　20分30秒
- ○ B　24分00秒
- ○ C　25分30秒
- ○ D　27分00秒
- ○ E　29分30秒
- ○ F　31分00秒
- ○ G　33分30秒
- ○ H　40分00秒
- ○ I　56分30秒
- ○ J　AからIのいずれでもない

1 2

回答時間 ■■■■■■■■■■■■■■■■■■■

次へ

※ カンタン解法 ※

設問の状況を図にすると、以下の通り。

PとQを個別に考えるのではなく、2人分を足して「S地点からT地点までの距離÷2人の速さの和＝出会うまでの時間」を求める。

① 「S地点からT地点までの距離」は、Pの情報（5.4km/時でS地点からT地点まで走ると63分）を使って「速さ×時間＝距離」で求める。単位が「時」と「分」なので、あらかじめ「分」にそろえる。

P速さ（時速）　　分速に換算　　P速さ（分速）
5.4km/時　÷　60分　＝　0.09km/分　➡　90m/分

> km/分のままだと、数が小さくなりすぎて扱いづらい。m/分に直す

P速さ　　　　P時間　　　ST距離
90m/分　×　63分　＝　5670m

② 「①」の距離を、PとQの速さの和で割り算。単位は、あらかじめ「分」にそろえる。

Q速さ（時速）　　分速に換算　　Q速さ（分速）
7.2km/時　÷　60分　＝　0.12km/分　➡　120m/分

ST距離　　　　　P速さ　　　　Q速さ　　　　　出会うまでの時間
5670m　÷　（90m/分　＋　120m/分）　＝　27分

【速解】「Pの速さ：Qの速さ」は「5.4km/時：7.2km/時」。簡単な整数比に直すと「3：4」（もとの比の左右に「×10÷9」で「6：8」。さらに「÷2」で「3：4」）。2人は同じ時間走るので、「3：4」は走る距離の比ともいえる。3＋4＝7を全体とすると、Pは全体の $\frac{3}{7}$。かかる時間は、Pだけで走る場合の $\frac{3}{7}$。63分× $\frac{3}{7}$ ＝27分

正解 D

SとTの2人が、1周18kmのサイクリングコースを自転車で走る。Sは時速21km/時、Tは時速15km/時で走り、2人の速度はそれぞれ常に一定だとする。

(1) いまSとTは同じ地点にいて、反対方向に同時に走り出す。このとき、2人が再び出会うまでにかかる時間は何分か。

○A 12分 　　　○B 18分 　　　○C 20分 　　　○D 26分

○E 30分 　　　○F 36分 　　　○G 48分 　　　○H 60分

○I 180分 　　　○J AからIのいずれでもない

(2) いまSとTは同じ地点にいる。Sが出発してから40分後にTがSと同じ方向に走り出すとすると、Sが最初にTに追いつくのは、Tが走り出してから何分後か。

○A 15分後 　　　○B 30分後 　　　○C 35分後 　　　○D 40分後

○E 45分後 　　　○F 50分後 　　　○G 60分後 　　　○H 120分後

○I 150分後 　　　○J AからIのいずれでもない

（1） 2人が出会うのは、合わせて1周分18kmを走ったとき。Sは時速21km/時

なので、1時間に21km走る。Tは1時間に15km走る。

Sの分　　　Tの分　　2人が1時間に走る距離
21km ＋ 15km ＝ 36km　　➡　　36kmは2周分。よって、1周する
　　　　　　　　　　　　　　　　のにかかる時間は30分。

【別解：「距離÷2人の速さの和＝出会うまでの時間」で求める】
距離　　　　Sの速さ　　　　Tの速さ　　　　　　　　出会うまでの時間
18km ÷ （21km/時 ＋ 15km時） ＝ 0.5時間 ＝ 30分

（2） Sがスタートした40分後に、異なる場所から2人が再スタートしたと考える

とよい（Sのほうが後ろの位置からスタートする）。

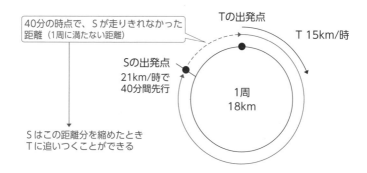

40分の時点で、Sが走りきれなかった
距離（1周に満たない距離）

Tの出発点

T 15km/時

Sの出発点
21km/時で
40分間先行

1周
18km

Sはこの距離分を縮めたとき
Tに追いつくことができる

①40分後のSの位置（Sが縮めなければならない距離）

$$ 21km/時 \times \frac{40}{60} = \frac{\overset{7}{\cancel{21}} \times \overset{2}{\cancel{40}}}{\underset{3}{\cancel{60}}_1} = 14km \quad ➡ \quad 1周（18km）まであと4km $$

　　　　　　　　　　　　　　　　40分間でSが走った距離

②Sが追いつくのに必要な時間

　2人の時速差は6km/時（Sは21km/時、Tは15km/時）なので、1時間

で縮められる距離は「6km」。これを10分あたりに換算すると「1km」。

よって、4kmの距離を縮めるのに必要な時間は40分。

正解　（1）**E**　（2）**D**

甲は徒歩でS地点を出発し、T地点を経由してU地点に向かった。そのときの出発および途中経過時刻は、以下の通りである。

S地点	発	10：30
		↓
T地点	着	12：40
	発	12：50
		↓
U地点	着	13：10

（1） TU間の距離が0.9kmだとすると、甲のTU間の平均時速はいくらか（必要なときは、最後に小数点以下第2位を四捨五入すること）。

○A　0.9km/時　　○B　1.2km/時　　○C　1.8km/時　　○D　2.2km/時

○E　2.7km/時　　○F　3.0km/時　　○G　3.4km/時　　○H　3.9km/時

○I　4.5km/時　　○J　AからIのいずれでもない

（2） 甲はST間を時速4.2km/時の等速度で歩いている。乙が甲の30分後に自転車でS地点を出発し、時速16.8km/時の等速度で追いかけると、何時何分に甲に追いつくか。

○A　11時10分　　　　○B　11時15分　　　　○C　11時20分

○D　11時25分　　　　○E　11時30分　　　　○F　11時35分

○G　11時40分　　　　○H　11時45分　　　　○I　11時50分

○J　AからIのいずれでもない

（1） ＴＵ間は「12：50発→13：10着」なので20分。距離は0.9km。20分で0.9km

なので、60分（20分の3倍）では「0.9km×3＝2.7km」。つまり、時速は2.7km/時。

> **【別解：速さの公式】** 速さの公式で解くと、以下の通り。
>
> 距離　　時間　　　　　速さ
>
> $0.9\text{km} \div \dfrac{20^1}{60_3} = \dfrac{0.9 \times 3}{1} = 2.7\text{km/時}$

（2） 30分先行している甲を、乙が追いかける。

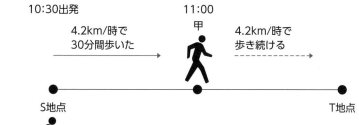

①甲が30分間に進んだ距離を計算する

　　速さ　　　　　時間　　　距離
　4.2km/時 × 0.5時間 ＝ 2.1km

②甲と乙の時速差（1時間に縮められる距離）を計算する

　　乙　　　　　　甲　　　　　時速差
　16.8km/時 － 4.2km/時 ＝ 12.6km/時 ➡ 1時間で12.6km縮められる。
　　　　　　　　　　　　　　　　　　　10分あたり（6で割る）、2.1km

乙が出発する時点での、2人の距離差「2.1km」を縮める（追いつく）には、

10分間必要。乙の出発時間は11時なので、11時10分に追いつく。

正解　**（1） E　（2） A**

> ある学校で、S工場とT工場へ見学に行くことになった。移動はすべてバスで、平均時速30km/時で走るものとして計算し、下表のような計画を立てた。

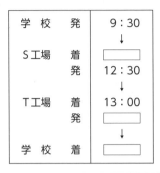

学　校　　発	9：30
	↓
S工場　　着	□
発	12：30
	↓
T工場　　着	13：00
発	□
	↓
学　校　　着	□

(1) S工場の出発が予定より10分遅れたが、T工場には予定通りの時刻に到着した。このときの平均時速はいくらだったか（必要なときは、最後に小数点以下第1位を四捨五入すること）。

○A　5km/時　　　○B　30km/時　　　○C　39km/時　　　○D　42km/時

○E　45km/時　　　○F　48km/時　　　○G　51km/時　　　○H　53km/時

○I　60km/時　　　○J　AからIのいずれでもない

(2) T工場を予定通りの時刻に出発したが、交通渋滞のため、学校には予定よりも45分遅れて到着した。T工場から学校までの平均時速が20km/時であったとすると、T工場から学校までの距離はいくらか（必要なときは、最後に小数点以下第1位を四捨五入すること）。

○A　20km　　　○B　30km　　　○C　35km　　　○D　40km

○E　45km　　　○F　50km　　　○G　55km　　　○H　60km

○I　75km　　　○J　AからIのいずれでもない

※※ 解 説 ※※

(1) 予定（計画）では、ST間は「12：30発→13：00着」なので30分。速さは30km/時。①予定の時間と速さから、ST間の距離を求める。②求めた距離を、10分短く（20分で）走る場合の速さを求める。

速さ　　　　　時間　　　　距離
①30km/時　×　0.5時間　＝　15km

距離　　　　　時間　　　　　　　　速さ
②15km　÷　$\overset{1}{\underset{3}{\frac{20}{60}}}$時間　＝　15×3　＝　45km/時

$÷\frac{1}{3}$は「×3」と同じ

> **【速解】** 30分かかるところを20分で着いたので、速さはもとの$\frac{3}{2}$倍。
> 30km/時×$\frac{3}{2}$＝45km/時

(2) Tと学校間の予定を「x」時間とすると、実際は45分遅れなので「$x+\frac{45}{60}$」時間。①これを使って、「予定の速さ×時間＝実際の速さ×時間」の方程式を作って、xを求める。②その後で、距離を求める。

距離　　　　　　　　　　　　　距離
予定の速さ　予定の時間　実際の速さ　実際の時間

$$①30km/時　×　x時間　＝　20km/時　×（x+\overset{3}{\underset{4}{\frac{45}{60}}}時間）$$
$$30x　＝　20x　＋　15$$
$$10x　＝　15$$
$$x　＝　1.5　⬅　予定では、1.5時間$$

②予定の速さと時間から距離を求める。

速さ　　　　　時間　　　　距離
30km/時　×　1.5時間　＝　45km

正解　**(1) E　(2) E**

⑱ 資料の読み取り

資料と内容が一致する記述を選ぶ

◎情報量の割に制限時間が短い！ 手早く解くことを常に意識すること

◎ア～ウに共通する情報に注目しよう

【例題】

次の資料の内容と一致するものは、ア、イ、ウのうちどれか。

この問題は3問組です

〈乗船券の各種割引運賃表〉

名　称	割引率
往復割引	10%
回数割引（10枚つづり）	20%
特別予約割引	25%
家族割引	25%

● 中学生以上は、大人運賃。

● 往復割引は、出発前に往復区間分をまとめて購入する場合に適用。

● 回数割引は、同じ区間を何回も乗船する場合に適用。複数人での使用も可。残余券の払い戻しは不可。

● 特別予約割引は、乗船日の21日前までに予約し、予約日の翌日までに乗船券を購入する場合に適用。

● 家族割引は、小学生以下の子ども同伴の家族（合計3人以上）が一緒に乗船する場合、大人運賃のみに割引を適用。

ア　母親と小学生2人の家族が一緒に乗船する場合、母親の運賃のみ、25%引きとなる

イ　父親と中学生1人、小学生1人の家族が一緒に乗船する場合、小学生以外の運賃が25%引きとなる

ウ　夫婦と高校生1人の家族が一緒に乗船する場合、大人3人分の運賃が25%引きとなる

○ A　アだけ
○ B　イだけ
○ C　ウだけ
○ D　アとイの両方
○ E　アとウの両方
○ F　イとウの両方

1 2 3

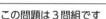
回答時間 ■■■■■■■■■■■■■■■■■■■■■

次へ

❅ カンタン解法 ❅

ア〜ウに共通するのは、「25%引き」と「家族」に関する記述なので、家族割引に注目。資料から家族割引の情報をまとめ、ア〜ウが正しいか検討する。

〈乗船券の各種割引運賃表〉

名　称	割引率
往復割引	10%
回数割引（10枚つづり）	20%
特別予約割引	25%
家族割引	25%

●中学生以上は、大人運賃。

　：（略）

●家族割引は、小学生以下の子ども同伴の家族（合計3人以上）が一緒に乗船する場合、大人運賃のみに割引を適用。

まとめると

①条件は「小学生以下の子ども」を連れた「家族3人以上」。

②割引になるのは「大人運賃（中学生以上）」の人だけ。25%引き。

⬇

ア〜ウの記述が、①②ともに正しいか検討する。

㋐ ①家族3人で、小学生も含まれているので家族割引の対象。

　②大人運賃なのは母親のみ。割引率も25%と正しい。

㋑ ①家族3人で、小学生も含まれているので家族割引の対象。

　②大人運賃なのは、父親と中学生。つまり小学生以外。割引率も25%と正しい。

㋒ 家族3人だが、小学生以下の子どもを同伴していないので、家族割引にはならない。

正解 **D**

※【例題】の続き（組問題。枠内の文章は【例題】と同じ）

〈乗船券の各種割引運賃表〉

名　称	割引率
往復割引	10％
回数割引（10枚つづり）	20％
特別予約割引	25％
家族割引	25％

●中学生以上は、大人運賃。
●往復割引は、出発前に往復区間分をまとめて購入する場合に適用。
●回数割引は、同じ区間を何回も乗船する場合に適用。複数人での使用も可。残余券の払い戻しは不可。
●特別予約割引は、乗船日の21日前までに予約し、予約日の翌日までに乗船券を購入する場合に適用。
●家族割引は、小学生以下の子ども同伴の家族(合計３人以上)が一緒に乗船する場合、大人運賃のみに割引を適用。

(1) 資料の内容と一致するものは、ア、イ、ウのうちどれか。

　　ア　乗船日の24日前に予約し、予約日から4日後に乗船券を購入すると、運賃は25％引きになる

　　イ　乗船日の17日前に予約し、予約翌日に乗船券を購入すると、運賃は25％引きになる

　　ウ　乗船日の29日前に予約し、予約翌日に乗船券を購入すると、運賃は25％引きになる

　　○A　アだけ　　　　○B　イだけ　　　　○C　ウだけ　　　　○D　アとイの両方

　　○E　アとウの両方　　　○F　イとウの両方

(2) 資料の内容と一致するものは、ア、イ、ウのうちどれか。

　　ア　行きと帰りで別々に乗船券を購入し往復する場合、運賃は10％引きになる

　　イ　10人グループで一緒に旅行する場合、10人の往復運賃を20％引きにできる

ウ　同一区間を5往復する場合、運賃を20%引きにできる

○A　アだけ　　　　○B　イだけ　　　　○C　ウだけ　　　　○D　アとイの両方

○E　アとウの両方　　　　○F　イとウの両方

※　解　説　※

(1) ア〜ウに共通するのは「予約」なので、特別予約割引に注目する。

〈乗船券の各種割引運賃表〉

名　称	割引率
往復割引	10%
回数割引（10枚つづり）	20%
特別予約割引	25%
家族割引	25%

　：（略）

●特別予約割引は、乗船日の21日前までに予約し、予約日の翌日までに乗船券を購入する場合に適用。

↓

ア〜ウのうち、21日前までに予約したのはアとウ。そのうち、予約日の翌日までに乗船券を購入したのはウだけ。

(2) ア〜ウに共通するのは「往復」だが、「往復割引」のことだと早合点しないこと。他の割引でも、往復はできる。

　 行きと帰りの乗船券を別々に購入しているので、往復割引は適用にならない。（出発前にまとめて買わなければならない）

　㋑ 10枚つづりの回数割引を2組（20枚）購入すれば、イの10人は、20%引きで往復できる。

　㋒ 10枚つづりの回数割引を1組（10枚）購入すれば、ウの人は、20%引きで5往復できる。

正解	(1)　C　　(2)　F

〈3人（大人2人、子ども1人）1泊の宿泊料〉

宿泊場所	宿泊日	大人2人 子ども1人	子どもの追加 （1人につき）
本館	平日・日曜日	17000円	3000円増
	土曜日	20000円	5000円増
新館	平日・日曜日	20000円	4000円増
	土曜日	22000円	6000円増

●8月12日～14日は各料金とも5000円増となる。
●9月中は各料金とも5000円引きとなる。
●キャンセル料は宿泊予定日の14日前までは無料、13日～8日前は宿泊料の20％、7日～2日前は宿泊料の30％、前日は宿泊料の50％、当日は宿泊料の60％である。

(1) 資料の内容と一致するものは、ア、イ、ウのうちどれか。

ア　9月の火曜日に3人（大人2人、子ども1人）で本館に泊まる際の宿泊料は1泊20000円である

イ　7月の日曜日に4人（大人2人、子ども2人）で新館に泊まる際の宿泊料は1泊24000円である

ウ　8月14日(土)に3人（大人2人、子ども1人）で本館に泊まる際の宿泊料は1泊20000円である

○A　アだけ　　　○B　イだけ　　　○C　ウだけ　　　○D　アとイの両方

○E　アとウの両方　　　○F　イとウの両方

(2) 資料の内容と一致するものは、ア、イ、ウのうちどれか。

ア　宿泊料が17000円のとき、宿泊予定日の12日前にキャンセルするとキャンセル料は1700円である

イ　宿泊料が22000円のとき、宿泊予定日の当日にキャンセルするとキャンセル料は13200円である

ウ　宿泊料が20000円のとき、宿泊予定日の4日前にキャンセルするとキャンセル料は6000円である

※ 解 説 ※

（1） ア〜ウに共通する情報はない。個別に情報を探し、正しいか検討する。

〈3人（大人2人、子ども1人）1泊の宿泊料〉

宿泊場所	宿泊日	大人2人 子ども1人	子どもの追加 （1人につき）
本館	平日・日曜日	ァ17000円	3000円増
	土曜日	ゥ20000円	5000円増
新館	平日・日曜日	ィ20000円	ィ4000円増
	土曜日	22000円	6000円増

●ゥ8月12日〜14日は各料金とも5000円増となる。

●ァ9月中は各料金とも5000円引きとなる。

⬇

✗　この3人で、平日に本館に泊まる宿泊料は17000円。9月なので、5000
　円引きで12000円。

④　大人2人と子ども2人なので、子ども1人分の追加料金がかかる。日曜の
　新館なので、宿泊料は20000円＋4000円＝24000円。

✗　この3人で、土曜日に本館に泊まる宿泊料は20000円。8月14日なので、
　5000円増しで25000円。

（2） ア〜ウに共通するのは「キャンセル料」。

●キャンセル料は宿泊予定日の14日前までは無料、ァ13日〜8日前は宿泊料の20％、
ゥ7日〜2日前は宿泊料の30％、前日は宿泊料の50％、ィ当日は宿泊料の60％である。

✗　13日〜8日前は宿泊料の20％なので、17000円×0.2＝3400円

④　当日は宿泊料の60％なので、22000円×0.6＝13200円

⑦　7日〜2日前は宿泊料の30％なので、20000円×0.3＝6000円

正解	（1）**B**	（2）**F**

練習問題 ③ 資料の読み取り

〈K市行きフェリー出港時刻〉

乗船地	〈第1便〉	〈第2便〉	〈第3便〉	〈第4便〉
新港	11：20	------	------	20：15
南浜ふ頭	↓	16：50	18：25	↓
第三突堤	14：05	18：45	20：10	22：10

11月						
日	月	火	水	木	金	土
1	2	3	4	5	6	7
8	9	10	11	12	13	14
15	16	17	18	19	20	21
22	23	24	25	26	27	28
29	30	※3日と23日は祝日				

● 第1便はL市に寄港します。第2便はL市、M島に寄港します。
　第3便、第4便は直行便です。
● 第3便は金、土、日、および、祝日前日のみ運航します。
● 出港の15分前までに乗船手続きをすませてください
　（乗船手続きがすんでいないと乗船できません）。

(1) 資料の内容と一致するものは、ア、イ、ウのうちどれか。

　　　ア　11：10に新港に着くと、第1便に間に合う

　　　イ　21：00に南浜ふ頭に着くと、第4便に間に合う

　　　ウ　16：20に南浜ふ頭に着くと、第2便に間に合う

　　○A　アだけ　　　○B　イだけ　　　○C　ウだけ　　　○D　アとイの両方

　　○E　アとウの両方　　　○F　イとウの両方

(2) 資料の内容と一致するものは、ア、イ、ウのうちどれか。

　　　ア　11月23日に南浜ふ頭から出港する便は1つである

　　　イ　11月2日に第三突堤から出港する便は3つである

　　　ウ　11月15日に新港から出港する便は2つである

　　○A　アだけ　　　○B　イだけ　　　○C　ウだけ　　　○D　アとイの両方

　　○E　アとウの両方　　　○F　イとウの両方

228

(1) ア〜ウに共通するのは「便に間に合う」。出港時刻と乗船手続きに注目。

〈K市行きフェリー出港時刻〉

乗船地	〈第1便〉	〈第2便〉	〈第3便〉	〈第4便〉
新港	ア11：20	------	------	20：15
南浜ふ頭	↓	ウ16：50	18：25	↓
第三突堤	14：05	18：45	20：10	22：10

　：（略）

● アウ出港の15分前までに乗船手続きをすませてください（乗船手続き
がすんでいないと乗船できません）。

⬇

✕　新港の第1便は11：20出港で、乗船手続きは15分前の11：05まで。
11：10に着くのでは間に合わない。

✕　第4便は南浜ふ頭からは出港しない。

◯ウ　南浜ふ頭の第2便は16：50出港で、乗船手続きは15分前の16：35まで。
16：20に着けば間に合う。

(2) 乗船地から出港時刻表をたどって、何便出港するか数える。ただし、「第3便
は金、土、日、および、祝日前日のみ運航」なので、第3便に関しては、カレ
ンダーで曜日と祝日を確認すること。

◯ア　南浜ふ頭から出港するのは第2・3便。そのうち第3便は、11月23日は
月曜日であり、祝日前日でもないので運航しない。運航するのは第2便の
1つだけ。

✕　第三突堤から出港するのは第1・2・3・4便。そのうち第3便は、11
月2日は祝日前日なので運航する。運航する便は4つ。

◯ウ　新港から出港するのは第1・4便。運航する便は2つ。

正解　(1) C　(2) E

ここがポイント!

先に設問を見てから、本文の該当箇所を探す

- ●計算自体は、それほど難しくはない
- ●短時間で、正しく情報を読み取ること!

【例題】

次の文を読んで、各問いに答えなさい。

この問題は3問組です

　1990年代に入って、中国からの生鮮野菜と冷凍野菜の輸入が急増した。それまでは、中国から輸入される野菜といえば、ほとんどが、漬物用原料としての一時貯蔵野菜（塩蔵野菜）だった。例えば、1992年の時点でも、塩蔵野菜16.6万トンに対して、冷凍野菜は7.7万トン、生鮮野菜は3.0万トンにすぎない。これが、1995年には塩蔵21.9万トン、冷凍18.9万トン、生鮮15.3万トンとなった。輸入が増えている品目は、冷凍では里芋、枝豆、ほうれん草など、生鮮では、玉ねぎ、しょうが、にんにくなどがあげられる。中国は、1992年以降、日本にとって最大の野菜供給国の地位を占めている。

　中国から輸入される一時貯蔵野菜について、文中で述べられていることと一致するものは次のうちどれか。

- ○ A　1995年の輸入は冷凍野菜のほうが多かった
- ○ B　1992年から1995年にかけて輸入量が減少した
- ○ C　1992年の輸入量は、冷凍野菜の約3倍だった
- ○ D　1992年の輸入量は、生鮮野菜と冷凍野菜の輸入量の合計より多かった

1 2 3

回答時間 ■■■■■■■■■■■■■■■■■■■■■

次 へ

（文中の統計数値は財務省の「貿易統計」による）

※ カンタン解法 ※

最初に数値の部分だけ抜き出すと、解きやすい。

	1992年	1995年
塩蔵	16.6万トン	21.9万トン
冷凍	7.7万トン	18.9万トン
生鮮	3.0万トン	15.3万トン

設問の「一時貯蔵野菜」は、「塩蔵野菜」のこと。上表と見比べながら、A～Dの記述が、正しいか検討する。

A 1995年の塩蔵と冷凍を比べる。塩蔵「21.9万トン」、冷凍「18.9万トン」で、塩蔵のほうが多い。

B 1992年と1995年の塩蔵を比べる。1992年「16.6万トン」、1995年「21.9万トン」と、増加している。

C 1992年の塩蔵と冷凍を比べる。塩蔵「16.6万トン」、冷凍「7.7万トン」。塩蔵は、冷凍の3倍「7.7万トン×3倍＝23.1万トン」に及ばない。
※16.6万トン÷7.7万トン＝約2.2倍だから間違いと考えてもよい。

D 1992年の生鮮と冷凍の合計と、塩蔵を比べる。冷凍「7.7万トン」＋生鮮「3.0万トン」＝「10.7万トン」。塩蔵「16.6万トン」のほうが多い。

正解 **D**

練習問題 ① 長文読み取り計算

※【例題】の続き（組問題。枠内の文章は【例題】と同じ）

　1990年代に入って、中国からの生鮮野菜と冷凍野菜の輸入が急増した。それまでは、中国から輸入される野菜といえば、ほとんどが、漬物用原料としての一時貯蔵野菜（塩蔵野菜）だった。例えば、1992年の時点でも、塩蔵野菜16.6万トンに対して、冷凍野菜は7.7万トン、生鮮野菜は3.0万トンにすぎない。これが、1995年には塩蔵21.9万トン、冷凍18.9万トン、生鮮15.3万トンとなった。輸入が増えている品目は、冷凍では里芋、枝豆、ほうれん草など、生鮮では、玉ねぎ、しょうが、にんにくなどがあげられる。中国は、1992年以降、日本にとって最大の野菜供給国の地位を占めている。

（文中の統計数値は財務省の「貿易統計」による）

(1) 中国からの生鮮野菜の輸入量は、1992年から1995年の間にどう変化したか。

- ○A　塩蔵野菜の輸入量を抜いた
- ○B　5倍以上増えた
- ○C　中国から輸入される野菜の約15％を占めるようになった
- ○D　中国から輸入される野菜の中で首位となった

(2) 中国からの輸入野菜について、文中で述べられていることと一致するものは次のうちどれか。

- ○A　1995年の玉ねぎ、しょうが、にんにくの輸入量は合計15.3万トンだった
- ○B　1992年から3年間で、冷凍野菜と生鮮野菜の輸入量の合計は2倍近くになった
- ○C　1995年、日本の野菜輸入の最大相手国は中国だった
- ○D　中国からの野菜輸入は、1990年代に入ってから始まった

野菜の輸入量は、例題で抜き出したものを、その
まま使う。必要に応じて、これ以外の本文も
検討する。

	1992年	1995年
塩蔵	16.6万トン	21.9万トン
冷凍	7.7万トン	18.9万トン
生鮮	3.0万トン	15.3万トン

(1) ✗ 1995年は生鮮「15.3万トン」、塩蔵「21.9万トン」。抜いていない。

Ⓑ 生鮮は1992年「3.0万トン」、1995年「15.3万トン」なので、5倍以上
に増えている。　※3.0万トン×5倍＝15.0万トン

✗ 本文の情報だけでは、中国から輸入される野菜の総量がわからず、生鮮が
何％なのか判断できない。

※仮に、輸入野菜が塩蔵、冷凍、生鮮だけとしても、生鮮の割合は「15.3万÷（21.9万
＋18.9万＋15.3万）＝0.272…≒27％」で、15％にならない。

✗ 1995年の生鮮は、塩蔵よりも冷凍よりも少ない。首位ではない。

(2) ✗ 本文には、玉ねぎ、しょうが、にんにくの輸入量の記述はない。

※生鮮全体が「15.3万トン」で、おそらくほかにも品目があり間違いだと思われるが、
本文だけでは判断ができない。

✗ 1992年と1995年の「冷凍と生鮮の合計」を比べる。

　　　　　　　冷凍　　　　　　生鮮
1992年　　7.7万トン ＋ 　3.0万トン ＝ 10.7万トン
1995年　18.9万トン ＋ 15.3万トン ＝ 34.2万トン　➡　3倍以上

Ⓒ 本文に「中国は、1992年以降、日本にとって最大の野菜供給国の地位を
占めている」とあるので正しい。

✗ 生鮮と冷凍の輸入が急増したのが1990年代であり、それ以前も、野菜の
輸入はされていた。

正解 **(1) B** **(2) C**

2003年度のデータでは、主要新聞98社の総売上高は２兆3576億円である。NHKの同年度の事業収入が6693億円だから、新聞界の総売上高はNHKの年間受信料の約3.5倍にすぎない。製造業のトップに位置するトヨタ自動車単独での売上高は８兆9637億円だから、新聞界はその約４分の1で、産業規模としては大きいとはいえない。

新聞社の収入の二本柱は販売収入と広告収入である。2003年度は、新聞界の総売上高のうち53.6％が販売、32.0％が広告、残りが事業や出版活動などの収入となっている。バブル経済といわれた80年代から、その余韻が残る90年代前半にかけて、広告収入の比率は伸び、一時は販売収入と肩を並べるほどになったが、90年代後半から広告収入の占める割合は大きく落ちている。

〈伊藤高史「新聞1・概観」〈『図説　日本のマスメディア［第二版］』藤竹暁編著・NHK出版〉〉

(1) 資料の内容と一致するものは、ア、イ、ウのうちどれか。

　　　ア　2003年度の新聞社の総売上高は、販売収入より広告収入のほうが高い

　　　イ　2003年度の主要新聞社の販売収入は、NHKの事業収入より高い

　　　ウ　2003年度の新聞社数は100社より少ない

○A　アだけ　　　○B　イだけ　　　○C　ウだけ　　　○D　アとイの両方

○E　アとウの両方　　　○F　イとウの両方

(2) 資料の内容と一致するものは、ア、イ、ウのうちどれか。

　　　ア　主要新聞社の総売上高とNHKの事業収入を合わせても、トヨタ自動車単独での売上高に及ばない

　　　イ　新聞社の広告収入は、NHKの事業収入の約3.5倍である

　　　ウ　新聞社の販売収入と広告収入は、同程度の規模だったことがある

○A　アだけ　　　○B　イだけ　　　○C　ウだけ　　　○D　アとイの両方

○E　アとウの両方　　　○F　イとウの両方

解　説

最初に数値の部分だけ抜き出すと解きやすい。必要に応じて、これ以外の本文も検討する。

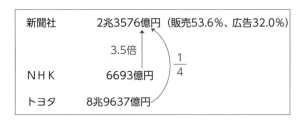

(1) ✗ 新聞社は、販売「53.6％」、広告「32.0％」なので、販売収入のほうが高い。

　　イ 新聞社の販売収入は、総売上高「2兆3576億円」の「53.6％」なので「約1兆2637億円」。NHKは「6693億円」。新聞社の販売収入のほうが高い。

　　　※概算で、「新聞社の総売上高を2兆円、販売収入を50％と、少なめに見積もっても、販売収入は1兆円以上。NHKより多い」と考えてもよい。

　　✗ 本文に登場する98社は、主要新聞の社数である。全社数は本文からはわからない。

(2) ア 新聞社「2兆3576億円」＋ NHK「6693億円」＝「3兆269億円」であり、合わせても、トヨタの「8兆9637億円」に及ばない。

　　✗ 新聞社がNHKの3.5倍なのは総売上高。広告収入は「2兆3576億円×32.0％＝7544億3200万円」と、NHK「6693億円」より少し高い程度であり3.5倍ではない。

　　ウ 本文に以下の記述があるので正しい。

> バブル経済といわれた80年代から、その余韻が残る90年代前半にかけて、広告収入の比率は伸び、一時は販売収入と肩を並べるほどになったが、90年代後半から広告収入の占める割合は大きく落ちている。

正解　(1) B　(2) E

以下は、ガイドブックの地図に添えられた説明である。

市の中心部には、展望室を備えた高さ160mの市庁舎があり、展望室からは町並みを一望することができる。市庁舎から東に300m行くと、大きな鳥居を構えたK神社があり、さらに100m東に進むと、鴨池があるT公園にぶつかる。明治期から三度の建て替えを経たM劇場と、高さ23mの煙突を備えたJ銭湯が、K神社の鳥居前の道路をはさんだ南側にある。T公園の南400mには、高さ15mの火の見やぐらがある。T公園のすぐ東には、N鉄道が南北にまっすぐ通っているが、このN鉄道をはさんでM劇場から南東800mには枯山水の美しいS寺がある。このS寺から東に300m進んだところにあるU美術館の日本画コレクションは、見ごたえがある。

(1) 資料の内容と一致するものは、ア、イ、ウのうちどれか。

　　　ア　火の見やぐらから見て、市庁舎は北西にある

　　　イ　K神社から見て、U美術館は北にある

　　　ウ　U美術館から見て、S寺は西にある

　　○A　アだけ　　　　○B　イだけ　　　　○C　ウだけ　　　　○D　アとイの両方

　　○E　アとウの両方　　　　○F　イとウの両方

(2) 資料の内容と一致するものは、ア、イ、ウのうちどれか。

　　　ア　市庁舎からT公園までの距離は300mである

　　　イ　火の見やぐらは、J銭湯の煙突より低い

　　　ウ　K神社からは、U美術館よりS寺のほうが近い

　　○A　アだけ　　　　○B　イだけ　　　　○C　ウだけ　　　　○D　アとイの両方

　　○E　アとウの両方　　　　○F　イとウの両方

本文がア〜ウと一致するか検討する。

文章のままだとわかりづらいときは、簡易な地図を描いてみるとよい。

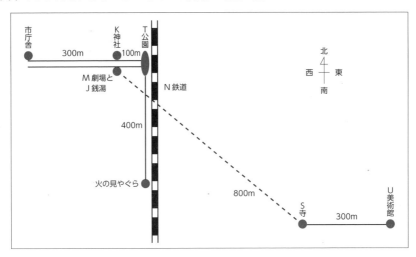

(1) ㋐ 市庁舎から東に300m＋100m＝400mでT公園。T公園から南に400m
で火の見やぐら。火の見やぐらから見て、市庁舎は北西。

㋑ K神社の南にあるM劇場から、南東のS寺を経て、さらに東にU美術館は
ある。K神社から見て、U美術館は北にはない。

㋒ S寺の東にU美術館はある。U美術館から見て、S寺は西。

(2) ㋐ 市庁舎から300mでK神社。K神社から100mでT公園。
300m＋100m＝400mであり、300mではない。

㋑ 高さは、火の見やぐらが15m、J銭湯の煙突が23m。火の見やぐらのほ
うが低い。

㋒ K神社の南にあるM劇場から、南東に行くとS寺。S寺からさらに東に行
くとU美術館。K神社からは、U美術館よりS寺のほうが近い。

正解　**(1) E** **(2) F**

一部企業でテストをコロナ禍の前に戻す動き。オンライン監視テストは実施が続く

2020年以降、新型コロナウイルス感染症の影響で、テストセンターやペーパーテストから自宅受検型Webテストに変更する動きがありました。2023年に入り、社会が徐々に以前に戻ろうとする中で、**一部の企業では2019年までの実施方式に戻す動きが見られる**ようになっています。

●2025年度の夏インターンでは玉手箱が最多。一部の企業でSPIのテストセンターへの回帰も

2025年度の夏インターンシップで最も多かったのは、昨年度と同じ玉手箱、次にSPIのWEBテスティングです。昨年度と異なるのは、SPIのテストセンター実施企業が、やや増えたことです。これまでテストセンターからWEBテスティングなどに変更していた企業の一部で、元に戻す動きがあったことや、テストセンターの自宅受検が可能になったことなどが理由と考えられます。

※2025年度から、一定の条件を満たしたインターンシップに限り、企業が参加学生の情報を本選考で使用できるようになりました（本選考開始日以降）。これもテストセンター増加の一因と考えられます。

●2024年度の本選考や2025年度の夏インターンでも、オンライン監視テストの実施が続く
主なオンライン監視テスト（2023年10月現在）

テスト名	方式	説明
SPI	テストセンター （2022年10月開始）	予約時に会場受検か自宅受検かを選べる。自宅で受検するときは、パソコンのWebカメラなどを通じ、監督者が受検を監視する ※どの企業でも自宅受検を選べる
C-GAB	テストセンター	予約時に会場受検か自宅受検かを選べる。自宅で受検するときは、パソコンのWebカメラなどを通じ、監督者が受検を監視する ※自宅受検を選べるようにするかどうかは企業により異なる
TG-WEB	自宅受検	「TG-WEB eye」というテストで、AIが受検を監視する
SCOA	テストセンター （2022年6月開始）	「SCOA cross」というテストで、受検者が予約時に会場受検か自宅受検かを選べる。自宅で受検するときは、パソコンのWebカメラなどを通じ、監督者が受検を監視する。出題されるテストは「SCOA-A」 ※従来のSCOAのテストセンター（会場受検のみ）も引き続き実施

※SPIのWEBテスティングにはオンライン監視のオプションがありましたが、2023年10月現在では、なくなっています。

●実施する時期によって方式を使い分ける企業も。同系列のものを一通り対策しておこう

採用活動のオンライン化が進んでいます。採用テストの主流はWebテストやテストセンターで、今後もその傾向が続くでしょう。企業の中には、春頃はオンライン説明会後にWebテストやテストセンター、夏頃の会社での説明会ではペーパーテストというように、時期によって実施する方式を使い分けるところもあります。**同系列の方式・テストを一通り対策しておくと万全です。**

	同系列の方式・テスト		
	自宅受検型Webテスト	テストセンター	ペーパーテスト
SPI	WEBテスティング	テストセンター	ペーパーテスト
SHL社のテスト	玉手箱・Web-CAB	C-GAB・C-CAB	CAB・GAB・IMAGES
ヒューマネージ社のテスト	TG-WEB	ヒューマネージ社のテストセンター	i9

※SCOAにもテストセンター、ペーパーテストがありますが、内容は同じです。
※C-CABは、テストセンターに出向いてWeb-CABの能力テストを受けるテストです。C-GABと同じ会場で実施されます。

テストセンター

言語

テストセンター 言語の概要

言語問題の出題範囲

	テストセンター	ペーパーテスト	WEB テスティング	掲載ページ
二語関係	◎	◎	×	p.244/ p.252
熟語の意味	◎	◎	×	p.260
熟語の成り立ち	×	×	◎	
語句の用法	◎	◎	×	p.270/ p.278
文の並べ換え	○	×	◎	p.288/ p.296
空欄補充	○	○	◎	p.304
長文読解	○	◎	○	p.312

◎：高い頻度で出題される　　○：出題されることがある　　×：出題されない

※上表のデータは、SPIノートの会の独自調査によるものです。無断転載を禁じます。

ⓒSPIノートの会

前ページの表は、SPIの主要な方式（テストセンター・ペーパーテスト・WEBテスティング）の出題範囲です。表からもわかるように、SPIは、方式によって出題範囲に違いがあります。**テストセンターの出題範囲をきちんと把握して対策をすることが重要**です。

　本書では、短時間の学習で効果が出やすい語彙（ごい）の問題（二語関係、熟語の意味など）から順に掲載します。

出題範囲、出題数は人により違う

　前ページの出題範囲の表は、テストセンターで出題される可能性がある分野をすべて掲載しています。

　実際には、**出題範囲のどの分野から何問出題されるかは決まっていません。**これはテストセンターの性質によるものです。

　ただし、言語では、出題数に一定の傾向が見られます。例えば、「熟語の意味」は他の分野よりも比較的多めに出題されるケースが多いようです。また、反対に「語句の用法」は、他の分野よりも設問数が少なめのケースが多いようです。

テストセンター言語の設問内容と対策

●二語関係

　最初に提示された二語の関係を考え、同じ関係を探す問題と、同じ関係になるよう熟語を探す問題があります。

　7種の分類記号（245ページを参照）をマスターし、素早く解けるようにしましょう。

●熟語の意味

　設問と意味が一致する言葉を探す問題です。二字熟語が多く出題されますが、中には動詞、副詞の意味を問う問題もあります。**語を分解したり、言い換えるなどの方法で、解くことができます。**

中には「その言葉の意味を知らないと解けない」という設問もありますが、本書の再現問題に取り組み、言葉の意味を覚えておけば、確実に得点できます。

●語句の用法

複数の意味を持つ助詞・動詞・名詞などから設問と同じ用法で使われている文章を選ぶ形式です。まぎらわしい選択肢が多いので、設問で使われている語の意味をきちんとつかむことが大切です。わかりやすい言葉で言い換えるのも有効です。

●文の並べ換え

ばらばらに並べられた選択肢を正しい順番に並べ換える問題です。文節を並べ換えて1つの文章を作るタイプ（文節タイプ）と、文章を並べ換えて長文を作るタイプ（文章タイプ）があります。文章タイプは、2問1組で出題される、組問題です。

いずれも、前後の内容などからつながりを推測して解きましょう。

●空欄補充

文中の空欄に入る言葉として適切なものを回答する問題です。設問文からヒントとなる言葉や表現を適切に読み取ることが大事です。

●長文読解

1長文に対し3問程度が出題される、組問題です。長文はそれほど難解ではなく、また、専門知識を必要とする問題も出題されません。よく出題されるのは、長文から必要な情報を正しく探し出せるかを見る問題です。長文を読み込んでから解く方法だと時間が足りなくなります。設問を先に読み、必要な箇所を探しましょう。

2014年度から、長文読解で、回答を入力する形式の問題と、「当てはまるものをすべて選ぶ」タイプの問題が登場しています。本書で慣れておきましょう。

時間が限られていても対策できる!

　言語の出題範囲は、非言語と比べるとそれほど広くありません。また、出題される問題の多くは、「二語関係」「熟語の意味」など、言葉どうしの関係や、言葉の意味を問うものです。

　効果の高い対策は、「出題されやすい言葉を押さえておくこと」「即効性の高い解法をマスターすること」です。両方を実現している本書に繰り返し取り組むことで、短時間での得点アップが見込めます。

二語関係（六択）

ここがポイント！

7種類の分類記号を使って関係を明らかにする

- 分類を頭に入れて、素早く回答する
- 「含む・含まれる」は同じ関係でも向きが違うものがあるので注意する

【例題】

最初に提示された二語の関係を考え、
同じ関係のものを選びなさい。

悲劇：演劇

ア　女優：俳優
イ　助演：主演
ウ　脚本家：監督

○ A　アだけ
○ B　イだけ
○ C　ウだけ
○ D　アとイ
○ E　アとウ
○ F　イとウ

回答時間 ■■■■■■■■■■■■■■■■■■■■■■■■■

次 へ

テストセンターで出題される二語関係は大きく分けて７種類ある。

中でも、「含む・含まれる」「対立する意味」「役目」が出題されやすい。

関係（記号）	具 体 例	考 え 方
含む・含まれる （⊃、⊂）	辞典⊃漢和辞典 「辞典」は「漢和辞典」を含む	AはBを含む／Aの一種がB
	野球⊂スポーツ 「野球」は「スポーツ」に含まれる	AはBに含まれる／AはBの一種
対立する意味 （⇔）	収入⇔支出 「収入」に対立する語が「支出」	Aに対立する語がB
役目 （役）	石けん：洗浄（役） 「石けん」は「洗浄」する	AはBする
原料 （原）	日本酒：米（原） 「日本酒」は「米」からできる	AはBからできる
同じ意味 （＝）	マグネット＝磁石 「マグネット」と「磁石」は同じ	AとBは同じ
同列 （列）	邦楽：洋楽（列） 「邦楽」も「洋楽」も音楽の一種	AもBも〜の一種
一組・ワンセット （組）	針：糸（組） 「針」と「糸」は一緒に使う	AとBは一緒に使う

選択肢の中には、表の７種類に当てはまらないものもある。「当てはまらないものは"なし"という種類」と考えて解こう。

【例題】

「悲劇」は「演劇」の一種。「悲劇⊂演劇」となる。同じ関係になるのは「ア　女優：俳優」だけ。

> 「俳優」の意味を「男性の役者（男優）」と間違えないこと。正しくは「映画・演劇などで、劇中の人物を演ずることを職業とする人」で、男優も女優も含まれる。

正解　A

※言葉の定義は『大辞林第三版』（三省堂）から引用しました。

各問いについて、最初に提示された二語の関係を考え、同じ関係のものをAからFの中から１つ選びなさい。

（1）　干支（エト）：寅（トラ）

ア　学校：大学

イ　祝日：文化の日

ウ　羊：動物

○A　アだけ　　○B　イだけ

○C　ウだけ　　○D　アとイ

○E　アとウ　　○F　イとウ

（2）　解散：招集

ア　脱退：加入

イ　終業：休業

ウ　起工：着工

○A　アだけ　　○B　イだけ

○C　ウだけ　　○D　アとイ

○E　アとウ　　○F　イとウ

（3）　洗浄：石けん

ア　テーブル：家具

イ　浴槽：洗面器

ウ　消炎：湿布

○A　アだけ　　○B　イだけ

○C　ウだけ　　○D　アとイ

○E　アとウ　　○F　イとウ

（4）　日本酒：米

ア　チーズ：ワイン

イ　みそ：しょうゆ

ウ　とうふ：大豆

○A　アだけ　　○B　イだけ

○C　ウだけ　　○D　アとイ

○E　アとウ　　○F　イとウ

(1) **干支⊃寅**　「寅」は「干支」の一種

　　⑦ 学校⊃大学　　④ 祝日⊃文化の日　　⊗ 羊⊂動物

　　ア〜ウはすべて「含む・含まれる」の関係だが、記号の向きがウだけ違うこと
　　に注意しよう。

　　> 「干支」は十二支で年を表したもの。子年・卯年・寅年などがある。

(2) **解散⇔招集**　「解散」と「招集」は対立する言葉

　　⑦ 脱退⇔加入　　⊗ 終業：休業（列）　　⊗ 起工＝着工

　　> イは「終業も休業も、仕事や授業に関する状態の一種」と考えられる。ウの「起
　　> 工」「着工」はどちらも新しく工事を始めること。

(3) **洗浄：石けん（役）**　「石けん」は「洗浄」する

　　⊗ テーブル⊂家具　　⊗ 浴槽：洗面器（なし）　　⑦ 消炎：湿布（役）

　　役目は「〜は〜する」という言い換えで考えるとわかりやすい。
　　ウの「消炎」は、「炎症を抑えること」という意味。「湿布は消炎する」となる。

　　> イは「浴槽も洗面器も入浴のための道具」として、同列に考えてもよいが、そ
　　> の場合でも役目の関係ではないので不正解。

(4) **日本酒：米（原）**　「日本酒」は「米」から作られる

　　⊗ チーズ：ワイン（なし）　　⊗ みそ：しょうゆ（列）　　⑦ とうふ：大
　　豆（原）

　　> イは「みそもしょうゆも大豆からできるものの一種」と考えられる。

正解　**(1) D　(2) A　(3) C　(4) C**

3章 二語関係（六択）

練習問題 ② 二語関係（六択）

各問いについて、最初に提示された二語の関係を考え、同じ関係のものをAからFの中から1つ選びなさい。

（1）　縮小：拡大

ア　資料：通読

イ　人工：人形

ウ　支出：収入

○A　アだけ　　○B　イだけ

○C　ウだけ　　○D　アとイ

○E　アとウ　　○F　イとウ

（2）　ひらがな：文字

ア　新聞：マスメディア

イ　月刊誌：雑誌

ウ　テレビ：番組

○A　アだけ　　○B　イだけ

○C　ウだけ　　○D　アとイ

○E　アとウ　　○F　イとウ

（3）　ボール：ラケット

ア　カメラ：撮影

イ　鍵：錠

ウ　たいこ：打楽器

○A　アだけ　　○B　イだけ

○C　ウだけ　　○D　アとイ

○E　アとウ　　○F　イとウ

（4）　のり：接着

ア　浄水器：浄水

イ　電話番号：番号

ウ　紙幣：費用

○A　アだけ　　○B　イだけ

○C　ウだけ　　○D　アとイ

○E　アとウ　　○F　イとウ

（1） **縮小⇔拡大** 「縮小」と「拡大」は対立する言葉

　　✕ 資料：通読（なし）　　✕ 人工：人形（なし）　　ウ 支出⇔収入

> アの「資料」は「通読」するものとして、役目と考えてもよいが、その場合でも対立の関係ではないので不正解。

（2） **ひらがな⊂文字** 「ひらがな」は「文字」の一種

　　ア 新聞⊂マスメディア　　イ 月刊誌⊂雑誌　　✕ テレビ：番組（なし）
「ひらがな」は、「カタカナ」「漢字」など、文字種の１つ。アの「マスメディア」は「マス コミュニケーションの媒体となるもの」で、「新聞」もこれに含まれる。

（3） **ボール：ラケット（組）** 「ボール」と「ラケット」はセットで使う

　　✕ カメラ：撮影（役）　　イ 鍵：錠（組）　　✕ たいこ⊂打楽器

> イの「錠」は「戸・箱の蓋などにつけて、自由に開閉できないようにする金具」。錠前ともいう。

（4） **のり：接着（役）** 「のり」は「接着」する

　　ア 浄水器：浄水（役）　　✕ 電話番号⊂番号　　✕ 紙幣：費用（なし）

> ウの「紙幣」「費用」には「お金」という共通点があるが、「紙幣も費用もお金の一種」とはいえず、含む・含まれるの関係にはならない。

正解 **（1）C　（2）D　（3）B　（4）A**

練習問題 ③ 二語関係（六択）

各問いについて、最初に提示された二語の関係を考え、同じ関係のものをAからFの中から1つ選びなさい。

（1） 滑走路：空港

ア　乗務員：乗客

イ　秒針：時間

ウ　操縦席：航空機

○A　アだけ　　○B　イだけ

○C　ウだけ　　○D　アとイ

○E　アとウ　　○F　イとウ

（2） マッチ：点火

ア　船員：漁場

イ　包丁：調理

ウ　網：捕獲

○A　アだけ　　○B　イだけ

○C　ウだけ　　○D　アとイ

○E　アとウ　　○F　イとウ

（3） 元旦：大みそか

ア　バレンタインデー：チョコレート

イ　初日：千秋楽

ウ　節分：節句

○A　アだけ　　○B　イだけ

○C　ウだけ　　○D　アとイ

○E　アとウ　　○F　イとウ

（4） 元号：昭和

ア　社長：会社

イ　敬称：陛下

ウ　横綱：相撲

○A　アだけ　　○B　イだけ

○C　ウだけ　　○D　アとイ

○E　アとウ　　○F　イとウ

（1）滑走路⊂空港　「滑走路」は「空港」の一部

　　　✗　乗務員：乗客（なし）　　✗　秒針：時間（なし）　　ウ　操縦席⊂航空機

　　「滑走路」は「空港」を構成する要素の１つと考えることができる。

> アは「乗務員も乗客も同じ乗り物に乗っている人」として同列に考えてもよい
> が、その場合でも含む・含まれるの関係ではないので不正解。

（2）マッチ：点火（役）　「マッチ」は「点火」する

　　　✗　船員：漁場（なし）　　イ　包丁：調理（役）　　ウ　網：捕獲（役）

（3）元旦⇔大みそか　「元旦」と「大みそか」は対立する言葉

　　　✗　バレンタインデー：チョコレート（なし）　　イ　初日⇔千秋楽

　　　✗　節分：節句（なし）

> イの「千秋楽」は「相撲・芝居などの興行の最後の日」という意味。また、ウ
> の「節句」は「年中行事を行う日のうち、特に重要な日」。「節分」の意味は「季
> 節の変わり目。立春・立夏・立秋・立冬の称」。特に立春の前日を指して「節
> 分」ということもある。

（4）元号⊃昭和　「昭和」は「元号」の一種

　　　✗　社長：会社（なし）　　イ　敬称⊃陛下　　✗　横綱：相撲（なし）

　　「昭和」は「平成」「明治」などと同じく「元号」の一種。イの「陛下」はいろ
　　いろある「敬称」の一種。

正解　（1）C　（2）F　（3）B　（4）B

3章　二語関係（六択）

② 二語関係（五択）

設問と同じ関係が成立する言葉を選ぶ

◉二語関係（六択）（244ページ）と基本的な解法
　は同じ
◉提示された二語の関係を素早くつかむ!

【例題】

最初に提示された二語の関係を考え、
同じ関係の対になるよう（　　）に当
てはまることばを選びなさい。

晩熟：早熟

　富裕：（　　）

○ A　貧困
○ B　欠乏
○ C　財産
○ D　減少
○ E　困難

回答時間 ■■■■■■■■■■■■■■■■■■■■　　　　　　　　　　次へ

※ カンタン解法 ※

二語関係の穴埋めタイプの問題。最初に示された二語と同じ関係が成立する言葉を選択する。「二語関係（六択）」で解説した分類記号（245ページ）を使って解く。

まずは、設問を読んだ時点で、提示された二語の関係を素早くつかみ、おおよその答えを推測すること。その後で選択肢を見て正解を探すようにすると、素早く回答できる。

【例題】

「晩」「早」という言葉から、対立関係が推測できる。設問の「富裕」の「富」の字から、「貧しい」という意味合いを含む言葉が正解と当たりをつける。

画面右側の選択肢から「貧しい」という意味合いを含む言葉を探す。すると、当てはまるのは「A　貧困」だけ。

> 「B　欠乏」「D　減少」はいずれも物などが不足したり減ること。「貧」とは意味が違うので、イメージから単純に「不足・減る＝貧しい」と考えないようにする。
>
> ※「晩熟」の意味は「普通より遅れて成熟すること」。「早熟」の意味は「精神や身体の発達が普通より早くて、大人っぽいところがあること。ませていること」。

正解　A

※言葉の定義は『大辞林第三版』（三省堂）から引用しました。

練習問題 ① 二語関係（五択）

各問いについて、最初に提示された二語の関係を考え、同じ関係のものをAからEの中から1つ選びなさい。

（1）　食物：米

季節：（　　）

○A　寒暖　○B　気候　○C　満月

○D　初夏　○E　一年

（2）　忘れる：覚える

偶然：（　　）

○A　必然　○B　突然　○C　自然

○D　暗然　○E　雑然

（3）　学者：研究

教師：（　　）

○A　学校　○B　職業　○C　教育

○D　成績　○E　進路

（4）　味覚：感覚

漢方：（　　）

○A　薬剤師　○B　薬草　○C　医者

○D　医術　　○E　漢方薬

（5）　杵（キネ）：臼

スキー板：（　　）

○A　オリンピック　○B　選手

○C　滑走　　　　　○D　スポーツ

○E　ストック

（6）　有料：無料

豊富：（　　）

○A　簡素　○B　欠乏　○C　少量

○D　貧困　○E　粗略

※ 解 説 ※

（1）　食物⊃米　「米」は「食物」の一種

季節⊃D　初夏

「食物⊃米」の関係から、答えは「季節の一種」と推測できる。選択肢で季節の一種といえるのは「初夏」だけ。

「A　寒暖」「B　気候」は季節ではない。「C　満月」「E　一年」は7つの関係のどれにも当てはまらない。

（2）　忘れる⇔覚える　「忘れる」と「覚える」は対立する言葉

偶然⇔A　必然

「偶然」は「何の因果関係もなく、予測していないことが起こること」、「必然」は「必ずそうなると決まっていること」という意味。

（3）　学者：研究（役）　「学者」は「研究」する

教師：C　教育（役）

「学者」がすること（仕事）は「研究」。「教師」がすること（仕事）は「教育」。

（4）　味覚⊂感覚　「味覚」は「感覚」の一種

漢方⊂D　医術

「医術」は「病気や傷を治療する技術」で、「漢方」も医術の一種。

（5）　杵：臼（組）　「杵」と「臼」はセットで使う

スキー板：E　ストック（組）

「杵」は「臼に穀物を入れて搗く木製の道具」、「臼」は「杵を用いて餅をついたり、穀物を精白したりする道具」のこと。

（6）　有料⇔無料　「有料」と「無料」は対立する言葉

豊富⇔B　欠乏

「豊富」の「豊」から、単純に「貧」と連想すると間違い。「豊富」はものなどが十分にある様子を示すときに使われる言葉。対立する言葉は「欠けている」「乏しい」が重なった「欠乏」。

正解 **(1) D　(2) A　(3) C　(4) D　(5) E　(6) B**

各問いについて、最初に提示された二語の関係を考え、同じ関係のものをAからEの中から1つ選びなさい。

（1）　カメラ：レンズ

バイオリン：（　　）

○A　バイオリニスト　○B　指揮者
○C　ピアノ　○D　コンクール　○E　弦

（2）　図書：閲覧

映画：（　　）

○A　鑑賞　○B　音声　○C　俳優
○D　監督　○E　映像

（3）　紙：パルプ

バター：（　　）

○A　酪農　○B　ケーキ
○C　牛乳　○D　チーズ　○E　乳牛

（4）　予防：治療

防災：（　　）

○A　備蓄　○B　危険　○C　天災
○D　復旧　○E　安全

（5）　伐採：樹木

飼育：（　　）

○A　方法　○B　動物　○C　野生
○D　生育　○E　病院

（6）　植物：根

衣服：（　　）

○A　裁断　○B　針　○C　縫製
○D　木綿　○E　袖（ソデ）

※ 解 説 ※

（1）　カメラ⊃レンズ　「レンズ」は「カメラ」の一部

バイオリン⊃E　弦

「レンズ」は「カメラ」を構成する要素の１つと考えることができる。選択肢で「バイオリン」を構成する要素の１つといえるのは「弦」。

（2）図書：閲覧（役）「図書」は「閲覧」する

映画：A　鑑賞（役）

「図書」は「閲覧」するもの。同様に、「映画」は「鑑賞」するもの。

（3）紙：パルプ（原）「紙」は「パルプ」から作られる

バター：C　牛乳（原）

> 「パルプ」は「木材などの植物体を機械的・化学的に処理してほぐし、セルロース繊維を水に懸濁した状態や厚紙状にしたもの」で、紙の原料。

（4）予防⇔治療「予防」と「治療」は対立する言葉

防災⇔D　復旧

「予防」は前もって行うことで、「治療」は病気などにかかった後に行うこと。同様に、「防災」は災害を防ぐために前もって行うことで、「復旧」は災害が起きた後に行うことといえる。

（5）伐採：樹木（役）「樹木」は「伐採」する

飼育：B　動物（役）

「樹木」は「伐採」するもの。同様に、「動物」は「飼育」するもの。

（6）植物⊃根「根」は「植物」の一部

衣服⊃E　袖

「根」は「植物」を構成する要素の１つで、「袖」は「衣服」を構成する要素の１つ。

正解　(1) E　(2) A　(3) C　(4) D　(5) B　(6) E

各問いについて、最初に提示された二語の関係を考え、同じ関係のものをAからEの中から1つ選びなさい。

（1） 風呂：入浴

階段：（　　）

○A コンクリート　　　○B 昇降

○C 建材　○D 廊下　○E 寝室

（2） 緊張：緩和

凝視：（　　）

○A 一瞥（ベツ）　　　○B 散見

○C 監視　○D 重視　○E 透視

（3） オートバイ：ハンドル

短歌：（　　）

○A 下の句　○B 韻　○C 詩歌

○D 俳句　　○E 歌人

（4） うどん：小麦

ワイン：（　　）

○A 日本酒　○B 発酵　○C ぶどう

○D 料理　　○E ウイスキー

（5） 売る：買う

寛容：（　　）

○A 軽量　○B 少量　○C 推量

○D 狭量　○E 大器

（6） 坪：単位

エンジン：（　　）

○A 鉄　　○B 工場　○C 工業

○D 輸出　○E 機械

<table>
<tr><td colspan="2">※ 解 説 ※</td></tr>
</table>

（1） **風呂：入浴（役）** 「風呂」は「入浴」する

階段：B　昇降（役）

（2） **緊張⇔緩和** 「緊張」と「緩和」は対立する言葉

凝視⇔A　一瞥

> 「凝視」は「目をこらしてじっと見つめること」、「一瞥」は「ひと目ちらっと
> 見ること」という意味。

（3） **オートバイ⊃ハンドル** 「ハンドル」は「オートバイ」の一部

短歌⊃A　下の句

「ハンドル」は「オートバイ」を構成する要素の１つで、「下の句」は「短歌」
を構成する要素の１つ。

> 短歌は「上の句（五・七・五）」と「下の句（七・七）」で構成される。「B　韻」
> の意味は「詩文で、同一もしくは類似の響きをもつ言葉を、一定の間隔あるい
> は一定の位置に並べること」で、短歌の一部とはいえない。

（4） **うどん：小麦（原）** 「うどん」は「小麦」から作られる

ワイン：C　ぶどう（原）

「ワイン」は「ぶどう」から作られる。

（5） **売る⇔買う** 「売る」と「買う」は対立する言葉

寛容⇔D　狭量

「狭量」は「１つの考えにとらわれ、異なる考えを受け入れられないこと」と
いう意味。

（6） **坪⊂単位** 「坪」は「単位」の一種

エンジン⊂E　機械

「エンジン」は「機械」の一種。

正解 **(1) B** **(2) A** **(3) A** **(4) C** **(5) D** **(6) E**

③ 熟語の意味

分解や言い換えで解く

◉下線部の言葉や選択肢を分解して考える

◉言い換えを探す

◉絞りきれないときは消去法で解く!

【例題】

下線部のことばと意味が最も合致する
ものを1つ選びなさい。

仕方がないとして不十分でも受け入れること

○ A　勘弁

○ B　受諾

○ C　甘受

○ D　適応

○ E　承服

回答時間 ■■■■■■■■■■■■■■■■■■■■■■■■■　次へ

※※ カンタン解法 ※※

下線部の言葉や選択肢を分解したり、言い換えで解く。時間のロスを防ぐためには、深く考え込まず「とっかかり」を見つけて手早く回答しよう。

【例題】

下線部の言葉を分解して語の意味を理解する。

<u>仕方がないとして不十分</u> でも <u>受け入れること</u>

ただ「受け入れる」のではない。「**意に反する** が **受け入れる**」ということ

「意に反するが」「受け入れる」のどちらも含まれている言葉が正解。

選択肢からヒントになりそうな言葉を見つけ、言い換えを考えてもよい。

「C　甘受」の「甘」→<u>「甘んじて〜する」</u>

意に反して何かをするときの表現。**これが正解**

「甘」という文字から「甘んじて」と連想できれば早いが、消去法で見つける手もある。「意に反して」という意味合いがあるものは「C　甘受」だけ。

×勘弁　=　「過ちや不都合などを許すこと」

×受諾　=　「引き受けること。受け入れを承知すること」

×適応　=　「ある状況に合うこと」

×承服　=　「相手の言うことを納得して従うこと」

正解　C

※言葉の定義は『大辞林第三版』（三省堂）から引用しました。

各問いについて、下線部のことばと意味が最も合致するものを、AからEの中から1つ選びなさい。

（1） <u>小さな物事にこだわらず自在なさま</u>

○A　謙虚　○B　闊（カッ）達
○C　悠然　○D　大胆　○E　果敢

（2） <u>自分の考えを曲げても、相手の意向に従って気に入られようと努めること</u>

○A　迎合　○B　心服　○C　服従
○D　卑下　○E　屈服

（3） <u>詭（キ）弁</u>

○A　まけおしみ　○B　じまん
○C　いいにげ　　○D　こじつけ
○E　いいわけ

（4） <u>うちに深い意味がこめられていること</u>

○A　大筋　○B　上品　○C　豊潤
○D　含蓄　○E　妙味

（5） <u>何かを非常にほしがること</u>

○A　欲求　○B　貪（ドン）欲
○C　強欲　○D　野望
○E　垂涎（ゼン）

（6） <u>問題の内容をそれとなく教える</u>

○A　提示する　○B　示唆する
○C　教導する　○D　訓示する
○E　補足する

※※※　**解　　説**　※※※

（1）　小さな物事にこだわらず自在なさま　＝　**闊達**（かったつ）

「小さな物事にこだわらない」「自在」を両方とも含む「B　闊達」が正解。

262

「C　悠然」と「D　大胆」はおおらかなイメージが「小さな物事にこだわらない」に通じるが、「自在」の意味はない。「E　果敢」の意味は「思い切って物事を行うさま」だが「自在」の意味はない。

(2) 自分の考えを曲げても、相手の意向に従って気に入られようと努めること
　　　＝　**迎合**（げいごう）

「相手の意向に従って」とあるが、ただ「従う」だけでなく「気に入られようと努める」状態を表していなければならない。「（相手を）迎え、合わせる」と分解できる「A　迎合」が適切。

(3) 詭弁　＝　こじつけ

「言い換え」「消去法」などがあまり通用しないタイプの問題。「詭弁」は「間違っていることを、正しいと思わせるようにしむけた議論」のこと。「本来は関係のないことを、強いて関係があるようにいう」という意味の「こじつける」（「D　こじつけ」）に通じる。

(4) うちに深い意味がこめられていること　＝　**含蓄**（がんちく）

選択肢のうち、「D　含蓄」を分解して訓読みすると「含む」「蓄える」となる。設問の「うちに」「こめられている」に最も近い。

(5) 何かを非常にほしがること　＝　**垂涎**（すいぜん）

「垂涎」は「ある物をしきりに欲しがること」という意味。1字ずつに分解すると「涎」は「よだれ」、「垂」は「たらす」となる。

(6) それとなく教える　＝　**示唆**（しさ）**する**

「示唆」の「唆」には「暗示を与える」という意味がある。

正解　(1) B　(2) A　(3) D　(4) D　(5) E　(6) B

各問いについて、下線部のことばと意味が最も合致するものを、AからEの中から1つ選びなさい。

（1） やむを得ない理由で省く

○A　節約する　○B　省略する

○C　割愛する　○D　抜粋する

○E　相殺する

（2） 成功する見込みが大きい

○A　公算　○B　試算　○C　計算

○D　概算　○E　精算

（3） この分野

○A　専門　○B　在野　○C　該当

○D　斯（シ）界　　○E　業種

（4） ちょっとしたきっかけで大事に発展しそうな状況

○A　一世一代　○B　一触即発

○C　一進一退　○D　一気呵（カ）成

○E　一網打尽

（5） これから先がどうなっていくかというありさま

○A　形勢　　　　○B　情勢

○C　大（タイ）勢　○D　潮流

○E　趨（スウ）勢

（6） しのぎを削る

○A　学業に励む　○B　生計を立てる

○C　激しく争う　○D　むだを省く

○E　持っているものを手放す

（1） やむを得ない理由で省く ＝ **割愛する**（かつあい）

「省」から「B　省略する」が当てはまるように見えるが、「やむを得ない」という意味を含む言葉でなくてはならない。字からでは「割愛」に結びつかない

が、消去法で考えると「C　割愛する」が適切。

「割愛」は、「惜しいと思いながら、捨てたり省略したりすること」という意味。

(2)　見込み　＝　**公算**（こうさん）

「公算」は、「あることが将来起こる見込み」という意味。

> 「B　試算」は、「ためしに計算すること」、「D　概算」は「大まかに計算したり勘定すること」、「E　精算」は「細かに計算すること」という意味。

(3)　この分野　＝　**斯界**（しかい）

「斯界」の「斯」は「これ。この」という意味。「A　専門」と間違えやすいが、「専門」は特定の分野などを指す言葉ではない。

> 「B　在野」は「公職に就かず、民間にいること」という意味。

(4)　ちょっとしたきっかけで大事に発展しそうな状況　＝　**一触即発**（いっしょくそくはつ）

「ちょっとしたきっかけ」に注目する。「一触」から「一度（回）触れる」＝「ちょっとしたきっかけ」と結びつけば正解がわかる。

(5)　これから先がどうなっていくかというありさま　＝　**趨勢**（すうせい）

「勢」を含む選択肢が並んでいて紛らわしいが、最も適切なのは「これから先」「ありさま」の両方を含む「E　趨勢」。

(6)　しのぎを削る　＝　**激しく争う**

「しのぎ」は漢字で「鎬」と書き、「刀身の、棟と刃との中間で鍔元（つばもと）から切っ先までの稜（りょう）を高くした所」を指す。「しのぎを削る」は「（互いの刀の鎬を削り合うように激しく切り合うことから）激しく争う」という意味の言葉。

正解　(1) **C**　(2) **A**　(3) **D**　(4) **B**　(5) **E**　(6) **C**

各問いについて、下線部のことばと意味が最も合致するものを、AからEの中から1つ選びなさい。

（1） 機械などの操作のしかたを<u>理解</u>して、自分のものにする

○A 察知する　○B 納得する

○C 了承する　○D 把握する

○E 会得する

（2） 物事の取り扱いや態度が乱暴・<u>粗略</u>であること

○A うっかり　○B おざなり

○C 大ざっぱ　○D ぞんざい

○E ないがしろ

（3） 心をいため、<u>悩ますこと</u>

○A 腐心　○B 熱心　○C 細心

○D 疑心　○E 無心

（4） あるものの勢力が伸びて<u>進出すること</u>

○A 出現　○B 増長　○C 台頭

○D 発揮　○E 頭角

（5） その場の<u>状況に応じて</u>報告する

○A 随時　○B 適宜　○C 漸次

○D 順次　○E 逐一

（6） 相手の感情や思惑を気にせず<u>思ったまま言う</u>

○A 口がうまい　○B 歯が立たない

○C 馬耳東風　　○D 鼻がきく

○E 歯に衣（キヌ）を着せない

※ 解　説 ※

（1） 理解して、自分のものにする ＝ **会得する**（えとく）

「理解する」「自分のものにする」と分解して考える。「理解する」は複数の選択肢で共通しているが、「自分のものにする」という意味合いを含むのは「E

会得する」だけ。「得」から推測すると早い。

（2） 物事の取り扱いや態度が乱暴・粗略であること　＝　**ぞんざい**

「取り扱いや態度」「乱暴・粗略」から消去法で考える。「D　ぞんざい」以外の選択肢は「粗略」という意味合いは含むが、「乱暴」とまではいえない。

> 「B　おざなり」は「その場逃れにいいかげんな言動をすること」、「E　ないがしろ」は「侮り軽んずること」という意味。

（3） 心をいため、悩ますこと　＝　**腐心**（ふしん）

「腐心」の「腐」には「心をなやます」という意味がある。

（4） あるものの勢力が伸びて進出すること　＝　**台頭**（たいとう）

「台頭」は「頭を持ち上げること」で、ここから「あるものの勢力が伸び、進出すること」という意味になる。

（5） その場の状況に応じて　＝　**適宜**（てきぎ）

「その場の状況に応じて」を言い換え、「報告する」につながる言葉を探す。「適宜」の「適」が「適切」「適当」などにも使われることに気づくと早い。意味も、「適宜」は「適切」とほぼ同じ。

> 「A　随時」は「好きな時いつでも」という意味。「C　漸次」（ぜんじ）は「だんだん。しだいに」という意味。

（6） 相手の感情や思惑を気にせず思ったまま言う　＝　**歯に衣**（きぬ）**を着せない**

> 「C　馬耳東風」は「他人の意見や批評に注意を払わず聞き流すこと」という意味。

正解 **（1）E　（2）D　（3）A　（4）C　（5）B　（6）E**

練習問題 ④ 熟語の意味

各問いについて、下線部のことばと意味が最も合致するものを、AからEの中から1つ選びなさい。

（1） 道に外れた振る舞いなどに対するいきどおり

- ○A 憤慨
- ○B 義憤
- ○C 憤懣（マン）
- ○D 憤怒
- ○E 鬱（ウッ）憤

（2） あげつらう

- ○A あきらかな嘘をつく
- ○B 本当のことを隠さずに言う
- ○C ささいなことを取り立てて言う
- ○D からかう
- ○E いいかげんなことを言う

（3） 役に立たない骨折りに終わる

- ○A 慰労
- ○B 徒労
- ○C 苦労
- ○D 不労
- ○E 心労

（4） 窮地から抜け出す方法を探る

- ○A 活路
- ○B 逃避
- ○C 遁（トン）走
- ○D 秘策
- ○E 作戦

（5） 新しいことに自ら進んで取り組む

- ○A 拡大
- ○B 促進
- ○C 推進
- ○D 進行
- ○E 進取

（6） 自分の手柄を言いふらす

- ○A 名声
- ○B 評判
- ○C 吹（フイ）聴
- ○D 宣伝
- ○E 悪口

▨▨ 解 説 ▨▨

（1） 道に外れた振る舞いなどに対するいきどおり ＝ 義憤（ぎふん）

「いきどおり」は漢字にすると「憤り」。この字は全選択肢にあるので、「道に外れた振る舞い」から考える。「義」は「人のおこないが道徳・倫理にかなっていること」という意味で、この字を使った「B　義憤」が設問に最も近い。

(2) あげつらう　＝　**ささいなことを取り立てて言う**

「あげつらう」は「欠点・短所などをことさらに言い立てる」という意味。「物事のよしあしについて論じ合う」という意味もある。

(3) 役に立たない骨折り　＝　**徒労**（とろう）

「徒労」は「骨折って働いても役に立たないこと」という意味。

(4) 窮地から抜け出す方法　＝　**活路**（かつろ）

「窮地」とは「逃れようのない苦しい立場」という意味。そこから抜け出す方法という意味合いがあるのは「A　活路」。

「C　遁走」は「逃げ走ること」、「D　秘策」は「人の知らない、うまい計略」という意味。

(5) 新しいことに自ら進んで取り組む　＝　**進取**（しんしゅ）

正解の熟語は、2文字とも設問文に含まれている（**進**んで**取**り組む）。

「B　促進」は「物事が早く進むように力を加えること」、「C　推進」は「物を前へ進めること」という意味。

(6) 言いふらす　＝　**吹聴**（ふいちょう）

「吹聴」は「多くの人に言い広めること」という意味。

正解　**(1) B　(2) C　(3) B　(4) A　(5) E　(6) C**

④ 語句の用法（多義語）

ここがポイント！

平易だが、まぎらわしい言葉が出題される

◎多義語の意味をつかみ、選択肢を検討する

◎わかりやすい言葉で言い換えてみる

【例題】

下線部の語が最も近い意味で使われているものを１つ選びなさい。

経費が安く<u>あがる</u>

○ A　煙が<u>あがる</u>

○ B　成績が<u>あがる</u>

○ C　雨が<u>あがる</u>

○ D　ご相談に<u>あがる</u>

○ E　反対の声が<u>あがる</u>

回答時間 ■■■■■■■■■■■■■■■■■■■■■■■

次 へ

※※ カンタン解法 ※※

「多義語」とは、同じ言葉で、複数の意味を持つ言葉のこと。例題の「あがる」はよく出題される多義語の1つ。

出題される多義語は、平易な表現だけれど意味が多くてまぎらわしいものが多い。言い換えなどで、多義語の意味を素早くつかむこと。

【例題】

経費が安くあがる　＝　この場合の「あがる」は「済む」という意味

> 「安くあがる」＝**「安くて済んだ」**ということ。
> 「安上がり」などの表現を連想できればなおよい

選択肢から、「あがる」が「済む」という意味で使われている言葉を見つける

❌　煙があがる　　　　→　「何もないところから出る」の意味

❌　成績があがる　　　→　「下から上へ移動する」の意味

Ⓒ　雨があがる　　　　→　「雨が降りやむ」の意味

> 降りやむ＝降るのが済むということ。**これが正解**

❌　ご相談にあがる　　→　「訪問する」の謙譲語

❌　反対の声があがる　→　「何もないところから出る」の意味

「済む」を選択肢に当てはめ、「煙が済む」「成績が済む」のように言い換えてみて判断してもよい。この場合、B、Dは明らかに意味が通らない。A、Eは言い換えることで「終わる」という意味になってしまい、違うとわかる。

正解 **C**

※言葉の定義は『大辞林第三版』（三省堂）から引用しました。

練習問題 ① 語句の用法（多義語）

各問いについて、下線部の語が最も近い意味で使われているものを、AからEの中から１つ選びなさい。

（1）試合を明日に控える

- ○A 大事な点をノートに控える
- ○B 塩分を控える
- ○C 過激な発言を控える
- ○D 今朝の出発は控える
- ○E 背後に大きな山を控える

（2）あの人は口が軽い

- ○A 登山口
- ○B 悪口
- ○C 就職口
- ○D 非常口
- ○E 別口

（3）駅をたつ

- ○A あの人は腕がたつ
- ○B 優位にたつ
- ○C たつ鳥跡を濁さず
- ○D 場内がわきたつ
- ○E あらぬうわさがたつ

（4）ひどいめにあったそうだ

- ○A 降格の憂きめを見る
- ○B 固い結びめ
- ○C 人めをはばかる
- ○D 最初から勝ちめはない
- ○E 多めに見積もる

（1） 控える → **近くにある** と言い換え。

設問を別の表現で言い換えると「明日、試合がある」。試合が「明日」という「近くにある」と考える。同じ意味になるのはEだけ。

「近くにある」という言い換えがすぐに思い浮かばなくても、「待機する」「存在する」などいろいろ表現を考えてみよう。

（2） 口 → **物の言い方** と言い換え。

「口が軽い」は「物言いが軽率である」という意味。設問の「口」は「物の言い方」と言い換えることができる。言い換えて意味が通るのはBだけ。

> A、Dの「口」は「人の出入りする所」。Eの「口」は「物事を分類するときの、その1つ1つの類」。Cの「口」は「はいっておさまる所」。

（3） たつ → **出発する** と言い換え。

設問の「たつ」は「出発する、でかける」という意味。「出発する」と言い換えできる。言い換えて意味が通るのはCだけ。

> Cの「たつ鳥跡を濁さず」は、「立ち去る者は、あとが見苦しくないように始末をする」という意味。

（4） め → **体験** と言い換え。

設問の「め」は「体験」という意味。「ひどいめにあった」は「ひどい体験をした」と言い換えできる。言い換えて意味が通るのはAだけ。

| 正解 | (1) E | (2) B | (3) C | (4) A |

各問いについて、下線部の語が最も近い意味で使われているものを、AからEの中から1つ選びなさい。

（1） 時を見て実行に移す

- ○A 時を告げる鐘の音
- ○B 家に着いた時
- ○C 時は金なり
- ○D 時にかなう
- ○E 幼い時の思い出

（2） 入学願書を出す

- ○A かばんから傘を出す
- ○B 新聞に広告を出す
- ○C 話し合って結論を出す
- ○D テストの答案を出す
- ○E 話題に出す

（3） 緊張で一睡もしなかった

- ○A 付近一帯が水に沈んだ
- ○B 一見してわかった
- ○C 体制を一新した
- ○D 一向に改善されない
- ○E 一生に関わる問題

（4） 合理化をはかる

- ○A 再起をはかる
- ○B 面積をはかる
- ○C 相手の真意をはかる
- ○D 池の深さをはかる
- ○E 審議会にはかる

（1） 時　→　**好機**　という意味。

設問の「時」は「何かをするのに都合のよい時機。好機」という意味。同じ意味合いで「時」が使われているのはD。

（2） 出す　→　**提出する**　と言い換え。

設問の「出す」は「物をしかるべき所に渡す」という意味。「提出する」と言い換えできる。言い換えて意味が通るのはDだけ。

> Bの「出す」は「世の中に広く発表する」、Cの「出す」は「論理の結論や根拠を明らかにして提示する」、Eの「出す」は「活字になったものや話などの中に登場させる」という意味。

（3） 一睡もしない　→　**ほんの少しも眠らない**　という意味。

設問の「一」は「ちょっと。少し」という意味。同じ意味合いで「一」が使われているのはB。

（4） はかる　→　**計画する・努力する**　と言い換え。

設問の「はかる（図る）」は、「計画する。ある動作が実現するよう、計画をたてたり、努力したりする」という意味。「計画する」または「努力する」と言い換えできる。言い換えて意味が通るのはAだけ。

> B、Dの「はかる」は「測定する」、Cの「はかる」は「心の中で推定する」という意味。Eの「はかる」は「ある問題について他人の意見をきく」という意味。

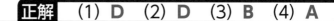

正解　**（1）D　（2）D　（3）B　（4）A**

各問いについて、下線部の語が最も近い意味で使われているものを、AからEの中から1つ選びなさい。

（1） 大きな家具が場所を<u>とる</u>

- ○A 試験で満点を<u>とる</u>
- ○B 馬の手綱を<u>とる</u>
- ○C 畑の雑草を<u>とる</u>
- ○D 家族そろって食事を<u>とる</u>
- ○E ずいぶん時間を<u>とる</u>仕事だ

（2） 太鼓を<u>打つ</u>

- ○A 筆で点を<u>打つ</u>
- ○B 柱時計が正午を<u>打つ</u>
- ○C <u>打つ</u>手がない
- ○D 悪人に縄を<u>打つ</u>
- ○E ばくちを<u>打つ</u>

（3） 希望が<u>わく</u>

- ○A 会場が<u>わく</u>
- ○B 風呂が<u>わく</u>
- ○C 勝利に<u>わく</u>
- ○D ぬかみそが<u>わく</u>
- ○E 非難が<u>わく</u>

（4） 対策<u>本</u>部をおく

- ○A <u>本</u>当
- ○B 台<u>本</u>
- ○C <u>本</u>格
- ○D <u>本</u>流
- ○E <u>本</u>日

（1） とる → **占める** と言い換え。

設問の「とる」は「場所や時間を占める」という意味。「占める」と言い換えできる。言い換えて意味が通るのはEだけ。

（2） 打つ → **たたいて音を出す** という意味。

設問の「打つ」は、「たたいて音を出す」という意味。同じ意味合いで「打つ」が使われているのはB。

柱時計は決まった時間になると鐘をたたいて音を出すことから、「正午を打つ」などのように言う。

> Dの「縄を打つ」は「縄などをかけてしばる」の意味。Eの「ばくちを打つ」は「勝負事や博打をする」という意味。

（3） わく → **生じる** と言い換え。

設問の「わく」は、「感情などが生じる」という意味。「生じる」と言い換えできる。言い換えて意味が通るのはEだけ。

> Dの「わく」は、「発酵して泡を立てる」という意味。

（4） 本 → **〜の中心** という意味。

設問の「本」は「主要・中心となる」という意味。同じ意味合いで「本」が使われているのはD。

> Aの「本」は「真実の」、Bの「本」は「書物。文書」、Cの「本」は「正式の」、Eの「本」は「ほかならぬその。当の」という意味。

正解 **（1） E** **（2） B** **（3） E** **（4） D**

3章 語句の用法（多義語）

5 語句の用法（文法）

ここがポイント！

格助詞や助動詞の意味の違いを判断する問題が出る

◉ 言い換えができるものは言い換える

◉ 言葉の意味や文の前後の状態を判断する

【例題】

下線部の語が最も近い意味で使われているものを１つ選びなさい。

プレゼントをリボン<u>で</u>飾る

- ○ A　飛ん<u>で</u>帰る
- ○ B　腹痛<u>で</u>入院する
- ○ C　電車<u>で</u>目的地に行く
- ○ D　ひとり<u>で</u>登る
- ○ E　学校<u>で</u>自習する

回答時間 ■■■■■■■■■■■■■■■■■■■■■

次 へ

※※ カンタン解法 ※※

「語句の用法」の文法では、「で」「に」「の」「より」などの格助詞と、「そうだ」「れる」などの助動詞について、意味の違いを判断する問題が出題される。言い換えられるものは言い換え、そうでないものは文の前後の状態を見て判断しよう。

※「覚えてトクする文法一覧」（286ページ）もあわせて覚えておこう。

【例題】

プレゼントをリボン<u>で</u>飾る　＝　「リボン」は「プレゼント」を飾る「手段」

> 「手段」であることがはっきりわかるように言い換えると
> 「リボン**を使って**プレゼントを飾る」となる

選択肢から、「手段」の意味で「で」を使っている選択肢を見つける

Ⓒ　電車<u>で</u>目的地に行く

> 言い換えを当てはめ、「電車を使って目的地に行く」とするとよくわかる。
> **これが正解**

設問の「で」は格助詞「で」の「手段」。その他は以下の通り。

「A　飛ん<u>で</u>帰る」：接続助詞「で」。「あとに補助動詞が続く形で、動作・作用の様態をさまざまに表現する」という意味で使われている。

「B　腹痛<u>で</u>入院する」：格助詞「で」の「理由」

「D　ひとり<u>で</u>登る」：格助詞「で」の「状況」

「E　学校<u>で</u>自習する」：格助詞「で」の「場所」

正解　C

※言葉の定義は『大辞林第三版』（三省堂）から引用しました。

各問いについて、下線部の語が最も近い意味で使われているものを、AからEの中から1つ選びなさい。

（1）　警察官になりたい

○A　得意先へ納品に行く

○B　悲しみに暮れる

○C　雨が雪に変わる

○D　大阪に出張する

○E　売店は9時に開く

（2）　祖父の建てた家に住む

○A　あなたの見た映画はあれですか

○B　桐のたんすを買った

○C　中古のでよければ差し上げます

○D　靴の一足も買ってもらえなかった

○E　出張に行くのは誰だ

（3）　多くの人に歌われる歌

○A　校長先生が話される

○B　遅刻をしてしかられる

○C　タイヤがはずれる

○D　昔のできごとが思い出される

○E　筆跡が乱れる

（4）　そうするよりしかたがない

○A　歩くよりバスに乗ろう

○B　どちらの金額がより高いか

○C　予想より強かった

○D　口を閉ざしているよりなかった

○E　羽田空港より出発します

（1） に → **と** と言い換え。

設問は格助詞「に」の「変化の結果」。「と」と言い換えできる。言い換えて意味が通るのはＣだけ。

> 格助詞「に」は、このほかにも用法が多く、すべて覚えるのは難しい。この問題のように、なるべく言い換えで解くようにする。

（2） の → **が** と言い換え。

設問は格助詞「の」の「主格・対象語格」。「が」と言い換えできる。言い換えて意味が通るのはＡだけ。

（3） れる → **助動詞「れる」の「受身」。**

設問の「歌われる」の「れる」は、「多くの人」から「歌う」という動作を受けている（受身）。同様に、相手の「しかる」という動作を受けているＢが正解。

（4） より → **しか** と言い換え。

設問は格助詞「より」で、「ほかのものを否定し、それと限る意を表す」という意味で使われている。「しか」と言い換えできる。言い換えて意味が通るのはＤだけ。

> 格助詞「より」の用法には、ほかにも「比較の基準を表す（Ａ、Ｂ、Ｃ）」「一定の範囲を限定する意を表す（例：彼の自宅は橋より手前にある）」「動作・作用の時間的・空間的起点を表す（Ｅ）」がある。

正解 （1）**C** （2）**A** （3）**B** （4）**D**

各問いについて、下線部の語が最も近い意味で使われているものを、AからEの中から1つ選びなさい。

（1）　テストは延期になる<u>そうだ</u>

○A　来月は収入が増え<u>そうだ</u>

○B　今にも土砂が崩れ<u>そうだ</u>

○C　それはおもしろ<u>そうだ</u>

○D　少しも楽しくなさ<u>そうだ</u>

○E　班ごとに分かれて行く<u>そうだ</u>

（2）　盛夏から晩夏に変わり<u>つつ</u>ある

○A　何度も繰り返し<u>つつ</u>学ぶ

○B　無礼と知り<u>つつ</u>依頼をする

○C　限界に近づき<u>つつ</u>ある

○D　胸をときめかせ<u>つつ</u>返事を待つ

○E　各自の事情を考慮し<u>つつ</u>決める

（3）　子に同じ苦しみは味わわせ<u>まい</u>

○A　知らないはずはある<u>まい</u>

○B　君にはこんな作品は作れ<u>まい</u>

○C　二度と繰り返す<u>まい</u>

○D　彼は知る<u>まい</u>

○E　失点は許され<u>まい</u>

（4）　父は仕事<u>ばかり</u>している

○A　1万円<u>ばかり</u>貸してほしい

○B　そうと<u>ばかり</u>は言えない

○C　建てた<u>ばかり</u>の家

○D　出かける<u>ばかり</u>のところだった

○E　忠告した<u>ばかり</u>に恨まれることになった

（1） そうだ　→　**とのこと**　と言い換え。

設問は助動詞「そうだ」の「伝聞」。「とのこと」と言い換えできる。言い換えて意味が通るのはEだけ。

（2） つつある　→　**し続けている**　と言い換え。

設問は接続助詞「つつ」の「動作・作用の継続」。ある状態から、別の状態に変わることが続いているという意味で、「変わりつつある」は「変わり続けている」と言い換えできる。同様に言い換えて、「限界に近づき続けている」となるCが正解。

> 他の選択肢も接続助詞「つつ」だが、A、D、Eは「同時に行われる複数の動作」、Bは「無関係・相反する2つの動作」。

（3） まい　→　**ことはしない**　と言い換え。

設問は助動詞「まい」で、「打ち消しの意志を表す」という意味で使われている。「ことはしない」と言い換えできる。言い換えて意味が通るのはCだけ。

（4） ばかり　→　**副助詞「ばかり」の「物事を限定する意を表す」。**

設問は副助詞「ばかり」で、「物事を限定する意を表す」という意味で使われている。同じ意味で「ばかり」が使われているのはB。

> 「ばかり」は「だけ」「のみ」と言い換えてもよい。ただし、Aは言い換えが成立するように見えて、元の「1万円ほど」という意味が「1万円だけ」に変わってしまう。「ばかり」を「だけ」に言い換えるときは注意しよう。

正解 （1）**E** （2）**C** （3）**C** （4）**B**

3章　語句の用法（文法）

各問いについて、下線部の語が最も近い意味で使われているものを、AからEの中から1つ選びなさい。

（1） 勉強しただけあって良いできばえだ

- ○A 今回だけは見逃そう
- ○B 熱心に取り組んだだけのことはある
- ○C できるだけ協力しよう
- ○D 形だけ整っていてもだめだ
- ○E あなたにだけお知らせします

（2） 洋食もあれば和食もある

- ○A 朝になれば日がのぼる
- ○B 上を見ればきりがない
- ○C 新聞によれば事故が起きたようだ
- ○D 雨ならば遠足は中止です
- ○E 本も読めばテレビも見る

（3） お寂しいことでしょう

- ○A 彼は休むだろう
- ○B 明日は忘れずに持参しよう
- ○C 怒ろうにも怒れない
- ○D 早く帰ろう
- ○E みんなで聞こうじゃないか

（4） 雪なお深し

- A その方がなおいっそう都合がよい
- B なお商品は後ほどお届けします
- C それならなおのこと行くべきだ
- D 今もなお感謝の念を忘れない
- E 過ぎたるはなお及ばざるがごとし

(1) だけあって → **のにふさわしい** と言い換え。

設問は副助詞「だけ」で、「物事の状態がそれにふさわしいという気持ちを表す」という意味で使われている。「のにふさわしい」と言い換えできる。「勉強しただけあって」は「勉強したのにふさわしい」と言い換えでき、同様に「熱心に取り組んだのにふさわしい」となるBが正解。

(2) あれば → **あるし** と言い換え。

設問は接続助詞「ば」で、「同類の事柄や共存する事柄を並列する」という意味で使われている。「あれば」は「あるし」と言い換えできる。同様に、「本も読むしテレビも見る」となるEが正解。

(3) う → **助動詞「う」の「話し手の推量や想像を表す」。**

設問の「お寂しいことでしょう」は、話し手が相手の「寂しい」という感情を推量・想像している。同様に、相手の「休む」という事情を推量・想像しているAが正解。

(4) なお → **相変わらず・いぜんとして** と言い換え。

設問は副詞「なお」で、「以前の状態がそのまま続いているさまを表す」という意味で使われている。「相変わらず」「いぜんとして」と言い換えできる。言い換えて意味が通るのはDだけ。

> Eの「なお」は「漢文訓読に由来する語法」。下に「如し」を伴い、「あたかも」「ちょうど」の意味になる。

正解 **(1) B** **(2) E** **(3) A** **(4) D**

覚えてトクする文法一覧

テストセンターで出題される文法問題は限られている。頻出の助詞や助動詞の用法を覚えておけば、確実に得点できる。以下の一覧をぜひ頭に入れておこう。

品詞		種　類	用　例
格助詞	で	場所	家で準備をする／控え室で待つ
		時間	２時間で10キロ進む／三日で仕上げる
		手段・方法・道具・材料	問題集で勉強する／ケーキをチョコレートで飾る
		原因・理由・動機	健康診断で病院に行く／歯痛で休む
		事情・状況	みんなで暮らすと楽しい／全会一致で決定する
		動作・状態の主体	役員会で作成した草稿／自分で作った料理
	に	時間	作業の合間に休憩を取る／夕方に届く
		場所・範囲	海外に住む／実家にいる
		目標・対象	泳ぎに行く／頭痛に効きめのある薬
		原因	前祝いにワインをあける／赤点に落胆する
		帰着点・動作の及ぶ方向	会社に着く／向こうに届く
		動作・作用の源	先生に叱られる／母に渡される
		資格	おみやげに真珠を買う／ほうびに勲章をもらう
		変化の結果	教師になる／明日になる
		動作・状態の行われ方・あり方	前後にゆれる／交互に並ぶ
		否定に肯定を重ねる	言わずに終わる／無理せずに休む
	の	連体修飾語	彼の傘／父の形見
		主格・対象語格	彼の買った傘／父の建てた家
		体言に準ずる（のもの・のこと）	私のをお使いください／果物は甘いのがいい
		体言に準ずる（断定）	傘が折れたのです／ついに終わったのだ

品詞		種　類	用　例
格助詞	の	並列を示す	傘が気に入らない<u>の</u>、靴が汚れた<u>の</u>と文句が多い／渡す<u>の</u>渡さない<u>の</u>ともめる
	と	相手	父<u>と</u>デパートに出かけた／友達<u>と</u>旅行に出た
		引用・主張・考え	わんわん<u>と</u>泣く／きれいな人だ<u>と</u>思う
		結果	教師<u>と</u>なった／開業は来年<u>と</u>決定した
		比較	昔<u>と</u>変わらない／君<u>と</u>は思想が違う
接続助詞	つつ	動作・作用の継続	雨雲が遠ざかり<u>つつ</u>ある／雨から雪に変わり<u>つつ</u>ある
		同時に行われる複数の動作	コーヒーを飲み<u>つつ</u>新聞を読む／落胆し<u>つつ</u>片づけをした
		無関係・相反する２つの動作	欠陥商品と認識し<u>つつ</u>販売を続けた／無駄と知り<u>つつ</u>も依頼をする
助動詞	そうだ	性質・状態についての判断	このケーキもおいし<u>そうだ</u>／まったく楽しくなさ<u>そうだ</u>
		状態の変化についての判断	雷でも鳴り<u>そうだ</u>／すぐにも勝て<u>そうだ</u>
		予測	今日は暑くなり<u>そうだ</u>／これからも世話になり<u>そうだ</u>
		伝聞	遠方から来る<u>そうだ</u>／雪に埋もれている<u>そうだ</u>
	れる／られる	受身	母に持た<u>される</u>／家屋が解体<u>される</u>
		尊敬	お客様が休ま<u>れる</u>／会長が来<u>られる</u>
		自発	小さい頃が思い出<u>される</u>／若い頃がしのば<u>れる</u>
		可能	すぐにも行か<u>れる</u>距離だ／あなたならまかせ<u>られる</u>

©SPIノートの会

3章　語句の用法（文法）

ここがポイント！

文章の最初と最後をヒントに解く

◉ 最初の空欄や最後の空欄に当てはまるものを探す

◉ 前後にくる内容が限定されるものを探す

【例題】

次の文を読んで、各問いに答えなさい。

この問題は1問組です

障子を通して差し込む光がやわらかく感じられるのは [1][2][3][4][5] させているからです

AからEの語句を空欄 [1] から [5] に入れて意味の通る文を完成させたとき、[3] に当てはまるのは次のうちどれか。

○ A　光を通さない性質がある上に

○ B　差し込んだ光をあらゆる方向に散乱

○ C　和紙にはガラスの半分くらいしか

○ D　原料である植物の繊維が

○ E　和紙の表面に凹凸を作り

1

回答時間 ■■■■■■■■■■■■■■■■■■■■■

次へ

※※ カンタン解法 ※※

文節を並べ換えて1つの文章を作るタイプの問題。

【例題】

文末の「させているからです」につながって［5］に入るのは、「あらゆる方向に散乱」とあるB。

※前後の文脈次第では、他の選択肢もつながる可能性があるが、単独で意味が通るのはこれだけ。

文頭の「やわらかく感じられるのは」につながる選択肢は複数ありそうなので、A、C、D、Eの中でつながりを考える。Cの「ガラスの半分くらいしか」の次は、「光を通さない」とあるA。また、Eの「凹凸を作」るのがDの「繊維」とするとつながりがよいことからD→Eとなる。

●ここまででわかった内容

① ［5］に入るのは［B　差し込んだ光をあらゆる方向に散乱］

② ［C　和紙にはガラスの半分くらいしか］→［A　光を通さない性質がある上に］

③ ［D　原料である植物の繊維が］→［E　和紙の表面に凹凸を作り］

②と③のつながりを考える。A→Dは意味が通るがE→Cでは意味が通らない。

②（C→A）→③（D→E）となる。［5］はBなのでC→A→D→E→B。

●全部の並び順

障子を通して差し込む光がやわらかく感じられるのは［C　和紙にはガラスの半分くらいしか］［A　光を通さない性質がある上に］［D　原料である植物の繊維が］［E　和紙の表面に凹凸を作り］［B　差し込んだ光をあらゆる方向に散乱］させているからです

［3］に当てはまるのはD。

正解 D

次の文について、各問いに答えなさい。

> ペットロボットの開発と［ 1 ］［ 2 ］［ 3 ］［ 4 ］［ 5 ］なって
> いない

（1） AからEの語句を空欄［1］から［5］に入れて意味の通る文を完成させたと
き、［4］に当てはまるのは次のうちどれか。

○A 役割を超えるものには

○B 人間を慰めることに留まり

○C 実際のところその仕事は

○D 改良は今も進んでいるが

○E 癒しの道具という

> 資料として記録されているものは［ 1 ］［ 2 ］［ 3 ］［ 4 ］［ 5 ］難し
> い

（2） AからEの語句を空欄［1］から［5］に入れて意味の通る文を完成させたと
き、［2］に当てはまるのは次のうちどれか。

○A 最も妥当なのかを

○B その内容に大きな違いが出ることがあり

○C どの解釈が

○D 記録者の解釈によって

○E 見極めることが

（1） 文末の「なっていない」につながるのはAだけ。これが［5］に入り、「役割
を超えるものにはなっていない」となる。さらにAの「役割」から、「癒しの
道具」とあるEがその前に入る（？→？→？→E→A）。

残りはB、C、D。このうち、文頭の「開発と」に対応して意味が通るのはD
の「改良は今も進んでいるが」。これが［1］に入る。

BとCが［2］と［3］に入るが、B→Cでは意味が通らない。C→BならC
の「仕事」が指す内容がBの「人間を慰めること」となり、適切（D→C→B
→E→A）。［4］に当てはまるのはE。

> **【全並び順】** ペットロボットの開発と［D　改良は今も進んでいるが］［C
> 実際のところその仕事は］［B　人間を慰めることに留まり］［E　癒しの道具
> という］［A　役割を超えるものには］なっていない

（2） 文末の「難しい」につながりそうなのはEの「見極めることが」だが、つな
がるだけならほかにもあるので保留する。［1］も、入りそうなものは複数あ
る。そこで、選択肢どうしでつながりを考える。すると、「どの解釈が」「最も
妥当なのかを」となるC→Aがつながりがよい。C→Aに保留したEをつなげ、
［3］〜［5］に入れると、文末の「難しい」とうまくつながる（？→？→C
→A→E）。

残りはBとD。D→Bとすると、「大きな違いが出る」原因が「記録者の解釈」
となる（D→B→C→A→E）。［2］に当てはまるのはB。

> **【全並び順】** 資料として記録されているものは［D　記録者の解釈によって］
> ［B　その内容に大きな違いが出ることがあり］［C　どの解釈が］［A　最も
> 妥当なのかを］［E　見極めることが］難しい

正解　（1）E　（2）B

次の文について、各問いに答えなさい。

> 　今日では多くの食品に ［　1　］［　2　］［　3　］［　4　］［　5　］ ばかりで
> ある

（1）　AからEの語句を空欄 ［1］ から ［5］ に入れて意味の通る文を完成させたと
　　き、［5］ に当てはまるのは次のうちどれか。

　　○A　甘いお菓子などを断とうとすれば

　　○B　ますますそれを食べたくなり

　　○C　含まれている

　　○D　ストレスもたまる

　　○E　砂糖の摂取に慣れた現代の人間が

> 　いすは本来 ［　1　］［　2　］［　3　］［　4　］［　5　］ 使われることも多い

（2）　AからEの語句を空欄 ［1］ から ［5］ に入れて意味の通る文を完成させたと
　　き、［4］ に当てはまるのは次のうちどれか。

　　○A　ハンガーの代わりに使われたりと

　　○B　物を取る際の踏み台に使われたり

　　○C　洗濯物を掛けるための

　　○D　元の意図とは違った用途で

　　○E　腰掛けるための道具だが

(1) 文頭の「今日では多くの食品に」から、［1］にはCが入る。さらに「今日では多くの食品に含まれている」ものとして適切なのはEの「砂糖」。これが［2］に入る（C→E→?→?→?）。

　　残りはA、B、D。このうち、文末の「ばかりである」につながるのは「ストレスもたまる」というDだけ。これが［5］に入る。AとBは、A→BとするとBの「それ」が指す内容がAの「甘いお菓子など」とわかり、適切（C→E→A→B→D）。［5］に当てはまるのはD。

> 【全並び順】今日では多くの食品に［C　含まれている］［E　砂糖の摂取に慣れた現代の人間が］［A　甘いお菓子などを断とうとすれば］［B　ますますそれを食べたくなり］［D　ストレスもたまる］ばかりである

(2) 文末の「使われることも多い」につながるのはDだけ。これが［5］に入り、「元の意図とは違った用途で使われることも多い」となる。文頭の「いすは本来」につながりそうなのは「腰掛けるための道具」とあるEだが、つながるだけならほかにもあるので保留。選択肢どうしでつながりを考える。AとBは、B→Aで「〜使われたり〜使われたりと」という並列の表現になる。さらに、いすが踏み台やハンガー代わりという内容から、B→AはDにつながる（B→A→D）。

　　残りはCと保留したE。C→E、E→Cのどちらも意味が通らない。そこで、［1］にEを入れ、残ったCをBとAの間に入れると意味が通る（E→B→C→A→D）。［4］に当てはまるのはA。

> 【全並び順】いすは本来［E　腰掛けるための道具だが］［B　物を取る際の踏み台に使われたり］［C　洗濯物を掛けるための］［A　ハンガーの代わりに使われたりと］［D　元の意図とは違った用途で］使われることも多い

正解　**(1)**　**D**　**(2)**　**A**

次の文について、各問いに答えなさい。

免疫抑制剤のシクロスポリンが土壌に ［ 1 ］ ［ 2 ］ ［ 3 ］ ［ 4 ］ ［ 5 ］ 使われてきた手法である

（1） AからEの語句を空欄 ［1］ から ［5］ に入れて意味の通る文を完成させたとき、［4］ に当てはまるのは次のうちどれか。

○A　有用な物質を探すことは

○B　薬の開発において伝統的に

○C　存在するカビの

○D　土中の微生物を培養して

○E　培養液から分離されて生まれたように

役不足という言葉の本来の意味は ［ 1 ］ ［ 2 ］ ［ 3 ］ ［ 4 ］ ［ 5 ］ 使うべきである

（2） AからEの語句を空欄 ［1］ から ［5］ に入れて意味の通る文を完成させたとき、［2］ に当てはまるのは次のうちどれか。

○A　「役不足」ではなく

○B　「能力に対して役目が軽すぎること」で

○C　「力不足」という表現を

○D　自分に実力が足りないことを言いたいのなら

○E　役目を果たす力量がないという意味の

※ 解　説 ※

(1) 文頭の「免疫抑制剤のシクロスポリンが土壌に」につながるのはCだけ。これが［1］に入る。Cにつながりそうなのは「培養液から分離」とあるEだが、つながるだけならほかにもあるので保留。選択肢どうしでつながりを考える。Dの「土中の微生物を培養して」につながるのは、「有用な物質を探すこと」とあるA（D→A）。さらにBをつなげて［3］～［5］に入れると薬の開発の伝統的手法として意味が通る（D→A→B）。残りは保留したE。これをCの次にしてDを続けると適切（C→E→D→A→B）。［4］に当てはまるのはA。

> 【全並び順】免疫抑制剤のシクロスポリンが土壌に［C　存在するカビの］［E　培養液から分離されて生まれたように］［D　土中の微生物を培養して］［A　有用な物質を探すことは］［B　薬の開発において伝統的に］使われてきた手法である

(2) 文頭につながりそうなのは「能力に対して役目が軽すぎる」とあるBだが、つながるだけならほかにもあるので保留。［5］も複数考えられるので選択肢どうしでつながりを考える。C「力不足」、D「実力が足りない」、E「力量がない」という似た内容から、D→E→Cとすると、Cが文末の「使うべきである」につながって意味が通る。残りはAとB。このうち、文頭につながるのは、保留したB。最後に残ったAは、Bの次では意味が通らない。そこで、DとEの間に入れると意味が通る（B→D→A→E→C）。［2］に当てはまるのはD。

> 【全並び順】役不足という言葉の本来の意味は［B　「能力に対して役目が軽すぎること」で］［D　自分に実力が足りないことを言いたいのなら］［A　「役不足」ではなく］［E　役目を果たす力量がないという意味の］［C　「力不足」という表現を］使うべきである

正解　(1) A　(2) D

文の並べ換え（文章）

ここがポイント！

キーワードから「文のつなぎ」を推測する

◎ 同じキーワードが入っている選択肢は、つながって
いる可能性が高い

◎ 組問題。全部を並べ換え、一気に回答する！

【例題】

次の文を読んで、各問いに答えなさい。

この問題は2問組です

ア　本人がしゃべったことを文章に直して体裁を整える、専門のライターが活躍することが多いのだ

イ　最近は本の著者といっても、必ずしも全部を本人が書くとは限らない

ウ　わたしもそのひとりで、語り口調の文章は書かないようにしている

エ　この役割を担う人をゴーストライターといい、志願者が多い人気の職業なのだそうだ

オ　語り口調の文章はゴーストライターの手によるものと誤解されやすい傾向があるため、これを敬遠する文章家が多い

アからオを意味が通るように並べ換えた場合、オの次にくる文章を選びなさい。

○ A　ア
○ B　イ
○ C　ウ
○ D　エ
○ E　オが最後の文章

1 2

回答時間 ■■■■■■■■■■■■■■■■■■■■■

次へ

※ カンタン解法 ※

文章を並べ換えて長文を作るタイプの問題。コツは以下の２点。

● **キーワードを抜き出して、つながりを推測する**

● **１問目で全選択肢を並べ換えてしまう**

文章タイプの問題は２問１組で出題される（例えば１問目が「オの次」なら、２問目は「イの次」など）。１問目で全部を並べ換えるほうが、設問ごとに一部分だけ並べ換えるよりも早く正確に回答できる。

【例題】

以下のようにキーワードを抜き出す。

ア　本人　しゃべったこと　文章　直す　専門のライター

イ　最近　本　著者　本人　書くとは限らない

ウ　わたしもそのひとり　語り口調　書かないようにしている

エ　この役割　ゴーストライター　人気の職業

オ　語り口調　文章　ゴーストライター　誤解されやすい　敬遠する文章家が多い

「本人」という共通のキーワードから、イ→アと推測。さらに、アの「専門のライター」に続くものを探す。エ「この役割を担う人をゴーストライターといい…」が最適（イ→ア→エ）。

オにも「ゴーストライター」がある。仮にエ→オとし、ウをつなげると「敬遠する文章家が多い」→「わたしもそのひとり」となり、適切（イ→ア→エ→オ→ウ）。オの次にくるのはウ。

正解 **C**

次の文を読んで、各問いに答えなさい。

ア　しかも、これさえ守っていれば、断られることのほうが少ない

イ　日本の場合は、「あそぼ」などの定型的な言葉を使った声かけをするという、い
　　わば暗黙のルールがある

ウ　定型的な言葉の有無と、遊ぶか遊ばないかの決定は別物なのだ

エ　欧米のこどもたちには、こういう前提はないようなのだ

オ　仲間入りしたいときのこどもの行動には、日本と欧米とで違いがあるという

---

(1) アからオを意味が通るように並べ換えた場合、<u>イの次にくる文章</u>を選びなさい。

　　○A　ア　　○B　ウ　　○C　エ　　○D　オ　　○E　イが最後の文章

(2) アからオを意味が通るように並べ換えた場合、<u>ウの次にくる文章</u>を選びなさい。

　　○A　ア　　○B　イ　　○C　エ　　○D　オ　　○E　ウが最後の文章

※※※　**解　説**　※※※

(1) 示された文をざっと読み、キーワードを抜き出す。

　　ア　しかも　これさえ守っていれば　断られない

　　イ　日本　定型的な言葉　声かけ　暗黙のルール

　　ウ　定型的な言葉　決定は別物

　　エ　欧米　こども　こういう前提はない

　　オ　こども　行動　日本　欧米　違い

「欧米」「こども」が共通しているエとオ、オと「日本」が共通しているイの３つから関係を推測する。

オは、日本と欧米でこどもの行動に違いがあるという問題提起。３つの中で先頭に置くのが適切。また、イは「声かけをするという、いわば暗黙のルールがある」と具体的だが、エは単に前を受けた文。イ→エが妥当（オ→イ→エ）。

残りのアとウについて、他とのつながりを推測する。

アの「これさえ守っていれば」の「これ」はイの「暗黙のルール」を指す。イ→エの間にアが入る（オ→イ→ア→エ）。

ウは「定型的な言葉の有無と〜決定は別物」とあり、日本のこどものルールと違う。欧米のこどものことと推測できる。ほかに欧米のこどもについてだけ述べたのはエで、ウはエの前後に入ると推測。適切なのはエの次（オ→イ→ア→エ→ウ）。イの次はア。

(2) 前問で並べ換えた通り、ウは最後の文章。

正解	(1) **A** (2) **E**

【補足：前の文を受けた選択肢を除外して先頭を決める方法もある】

前の文を受けているかどうかの目安は以下の通り。

・接続語（「しかし」「だから」など）で始まっている文
　　→この設問では：ア「しかも」

・指示語（「これ」「その」など）を含む文
　　→この設問では：ア「これさえ」/エ「こういう」

・何か前提があって展開していると思われる文
　　→この設問では：イ「日本の場合」

この設問ではア、エ、イが除外。ウ、オのうち問題を提起するオが先頭。

次の文を読んで、各問いに答えなさい。

ア　これは、おそらく地球や月の巡回する動きに合わせたものだろう

イ　「とき」には繰り返しのないものと巡回するものがある

ウ　もう1つの「とき」は、暦が表すような「とき」で、始まりも終わりもなく巡回するものである

エ　この「とき」は、ある時点を基準にして数えられていく

オ　繰り返しのない「とき」とは、人の一生のように、始まりと終わりが明確に存在するものである

---

(1)　アからオを意味が通るように並べ換えた場合、ウの次にくる文章を選びなさい。

○A　ア　　○B　イ　　○C　エ　　○D　オ　　○E　ウが最後の文章

(2)　アからオを意味が通るように並べ換えた場合、イの次にくる文章を選びなさい。

○A　ア　　○B　ウ　　○C　エ　　○D　オ　　○E　イが最後の文章

（1） 示された文をざっと読み、キーワードを抜き出す。

ア　地球や月　巡回する動き

イ　「とき」　繰り返しのないもの　巡回するもの

ウ　「とき」　始まりも終わりもなく　巡回するもの

エ　「とき」　ある時点を基準にして数えられていく

オ　繰り返しのない「とき」　始まりと終わりが明確に存在

イ、ウ、エ、オで「とき」が繰り返し出てきている。このうち、「とき」には
2種類あると述べているイが問題提起をした先頭の文。

※前の文を受けていることが明らかなア、ウ、エをあらかじめ除外して、イとオを比較して先
　頭を決めてもよい。

イの「繰り返しのないもの」から、これについて述べたオがイの次にくる（イ
→オ）。

次に、オの「始まりと終わりが明確に存在する」という内容から、オはエの
「ある時点を基準にして数えられていく」という内容に続くことが推測できる
（イ→オ→エ）。

残りのアとウは、2種類の「とき」のもう1種類について述べている。アの
「これは」から、ウ→アとわかる。これがイ→オ→エの後ろにつながる（イ→
オ→エ→ウ→ア）。ウの次はア。

（2） 前問で並べ換えた通り、イの次はオ。

正解　**（1） A　（2） D**

次の文を読んで、各問いに答えなさい。

ア　脚本という形式だけで判断するとそうなるのかもしれないが、文章で構築された
　　世界に変わりはなく、しかもその表現はさまざまな方面に影響をおよぼしてきた

イ　シナリオといえばすぐにわかるかもしれないが、ここでは脚本と定義する

ウ　映像を主役にするための文章が存在する

エ　脚本が小説やエッセイと大きく違う点は、あくまでも映像化を目的としていると
　　ころだが、しかし脚本は文章を手段として扱っているに過ぎないと軽んじるのは
　　間違っている

オ　文学の世界にも、その影響を受けた作品が数多くある

（1）　アからオを意味が通るように並べ換えた場合、<u>ウの次にくる文章</u>を選びなさい。
　　　　○A　ア　　○B　イ　　○C　エ　　○D　オ　　○E　ウが最後の文章

（2）　アからオを意味が通るように並べ換えた場合、<u>エの次にくる文章</u>を選びなさい。
　　　　○A　ア　　○B　イ　　○C　ウ　　○D　オ　　○E　エが最後の文章

（1） 示された文をざっと読み、キーワードを抜き出す。

ア　脚本という形式　文章で構築された世界　さまざまな方面に影響

イ　シナリオ　ここでは脚本と定義

ウ　映像を主役　文章

エ　脚本　小説　エッセイ　違う　映像化を目的　脚本は文章を手段　軽んじるのは間違っている

オ　文学　影響を受けた作品

「脚本」というキーワードがア、イ、エにある。この言葉を定義しているのがイで、アとエはイより後ろにくることが推測できる。

「脚本」を定義したイでは「シナリオといえばすぐにわかるかもしれない」と述べており、この前には「シナリオ」を説明した内容が入ることがわかる。適切なのはウ（ウ→イ）。

イよりも後ろになるアとエの順番を考える。アの「そうなるのかもしれない」が指す内容は、エの「脚本は文章を手段として扱っているに過ぎないと軽んじる」。エ→アとなる（ウ→イ→エ→ア）。残りはオ。オの「影響」という言葉は、アにも入っている。ア→オとすると、脚本が及ぼす影響を受けた作品が文学の世界にあるという内容になり、適切（ウ→イ→エ→ア→オ）。ウの次はイ。

（2） 前問で並べ換えた通り、エの次はア。

正解　**(1) B　(2) A**

8 空欄補充

ここがポイント!

ヒントとなる言葉や表現を適切に読み取る

◉文中の空欄にふさわしい選択肢を選ぶ

◉空欄の前後から見ていくこと

【例題】

次の文を読んで、各問いに答えなさい。

この問題は1問組です

　歴史は社会科学の一種で、物理は自然科学の一種だ。後者には実験実施要項がつきものだが、前者は違う。仮説を [　　] できないのだ。

　文中の空欄に入る最も適切な表現は次のうちどれか。

○ A　大々的に発表

○ B　実験的に検証

○ C　抽象的に展開

○ D　効率的に著述

○ E　主観的に否定

○ F　積極的に断定

1

回答時間 ■■■■■■■■■■■■■■■■■■■■

次へ

※ カンタン解法 ※

空欄を含む文章を中心に、前後の文からヒントをつかもう。

【例題】

設問文は「歴史」と「物理」を対比させており、空欄を含む文はそのうち「歴史」について述べたもの。

● 先頭の文　　　歴史 は社会科学の一種で、物理は自然科学の一種だ。

> ① 「前者」=「歴史」。
> 歴史には実験実施要項がつきものではない。

● 空欄の前の文　後者には実験実施要項がつきものだが、前者 は違う。

● 空欄を含む文　仮説を [　　　　] できない のだ。

> ② 前者（＝歴史）は、仮説を [　　] できない。

空欄を含む文と、前の文から、「歴史」について以下の2点がわかる。

① 「実験実施要項」がつきものではない

② 「仮説」について何らかのことができない

①と②から、正解は「実験」に関することで、「仮説」についてできない何か、といえる。選択肢で該当するのは「B　実験的に検証」。

> 「仮説」とは「ある現象を理論的に統一して説明するために立てられた経験科学上の仮定」のこと。「仮説」の真偽を確かめるのが「検証」で、この2つの言葉はセットで使われることが多い。
> なお、「実験実施要項」とは、実験の内容や進め方、実験に際しての注意点などをまとめたもののこと。

正解　B

※言葉の定義は『大辞林第三版』（三省堂）から引用しました。

練習問題 ① 空欄補充

各問いについて、文中の空欄に入る最も適切なものをAからFの中から1つ選びなさい。

(1)

> 効率を最優先に考えて作られた家が、必ずしも機能的な家とは限らない。遊びの空間は [   ] 空間ではないのだ。たとえば、床の間や物置のような空間は、住宅を伸縮自在な存在に変え、高い機能性を与えるのだ。

○A 効率のよい　　　○B 機能的な　　　○C 伸縮自在の

○D もてなしの　　　○E 最優先の　　　○F 無用の

(2)

> 雲と霧はどちらも空気中の水分が水滴などになっている状態を指す言葉だが、[   ] によって呼び方が変わる。ふもとから高い山を見て雲がかかっているとき、その山に登って雲の中に入ると、そこには霧があることになる。

○A 上昇気流　　　○B 見る人がいる場所　　　○C その山の高さ

○D その地域の名称　　　○E 気温が高いか低いか　　　○F 下降気流

（1） 空欄を含む文の次は「たとえば」で始まっている。この文は、空欄を含む文の具体例。2文の対応を見れば、空欄の言葉が推測できる。

●空欄を含む文

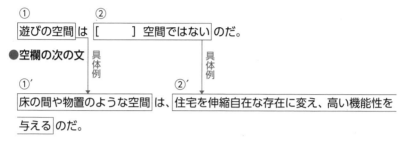

① 遊びの空間 は ② [　　　] 空間ではない のだ。

●空欄の次の文

①´ 床の間や物置のような空間 は、②´ 住宅を伸縮自在な存在に変え、高い機能性を与える のだ。

②「〜空間ではない」は否定の文。②´と逆の意味になる言葉を空欄に入れると、2文が正しく対応する。適切なのは「F　無用の」。

※ここでいう「遊び」は、一見すると不要だが、実は大事な存在である、ゆとりを指した言葉。

（2） 「雲」と「霧」は、何によって呼び方が変わるのかを推測する。

●空欄を含む文

　雲と霧はどちらも

　・空気中の水分が水滴などになっている状態

　・[　　　] によって呼び方が変わる

●空欄の次の文

　・ふもとから高い山を見たとき　＝雲

　・その山に登って雲の中に入ると　＝霧

　「どの位置から見ているか」で違う

雲と霧の違いは、「どの位置から（空気中の水分が水滴などになった状態を）見ているか」。適切なのは「B　見る人がいる場所」。

正解　（1）F　（2）B

3章
空欄補充

練習問題 ② 空欄補充

各問いについて、文中の空欄に入る最も適切なものをAからFの中から1つ選びなさい。

(1)

> 日本の中小企業の技術者の特徴は、ひとりでいくつもの業務をこなしていることだ。開発から設計、製造までをひとりが一貫してこなすことで、技術者は自分の業務を部分ではなく〔　　　〕把握できる。そのことが新しいアイデアや柔軟な対応につながるのである。

○A　細部として　　　　○B　利益として　　　　○C　感覚として

○D　新しい技術として　○E　全体として　　　　○F　顧客として

(2)

> 翻訳は、ある言語で表現されている文を、他の言語に直して表現する。その具体的な手法は、異なった言語間の〔　　　〕を確定し、その法則に従ってそれぞれの表現を移し変えていくものであるが、その作業は簡単ではない。

○A　対応関係　　　　○B　文字種　　　　○C　文化的意味

○D　話者の癖　　　　○E　相違点　　　　○F　文章

（1） 空欄を含む文を中心に、前後の内容から、空欄に入る言葉を推測する。

●空欄の前の文

・技術者の特徴は、 ひとりでいくつもの業務をこなしている

●空欄を含む文

・開発から設計、製造までを ひとりが一貫してこなす

・自分の 業務を部分ではなく [　　　] 把握できる

「いくつもの業務」を「一貫して」こなすという内容から推測できることで、かつ、空欄の直前の「部分」と逆の意味の言葉は、「E　全体として」。

（2） 設問文では、「翻訳」は「ある言語で表現されている文を、他の言語に直して表現する」と説明されている。つまり、翻訳とは2つの言語間で表現を置き換えること。その置き換えの手法を具体的に説明する言葉で、かつ「法則」と言い換え可能な言葉が空欄に入る。

●空欄を含む文

・異なった言語間の [　　　] を確定

　　└ 言い換え

・その法則 に従ってそれぞれの表現を移し変えていく

選択肢のうち、適切なのは「二つの物事が互いに一定の関係にあること」という意味の「対応」を含む「A　対応関係」。

正解 **（1）E　（2）A**

練習問題 ③ 空欄補充

各問いについて、文中の空欄に入る最も適切なものをAからFの中から1つ選びなさい。

(1)

本能は「動物のそれぞれの種に固有の生得的行動」で、外部の変化に対する先天的な反応の形である。本能と [　　　] 行動は、後天的に学習された行動である。

○A　内部にある 　　　　○B　延長にある 　　　　○C　対極にある

○D　外部にある 　　　　○E　抑制である 　　　　○F　短縮である

(2)

地球は、太陽の放射するエネルギーを受けて暖められ、宇宙空間へのエネルギー放出により冷える。このエネルギーの [　　　] が均衡している状態では地球の温度は平均して安定している。

(環境省「平成12年度版環境白書」を元に作成)

○A　収支 　　○B　消費 　　○C　上昇 　　○D　変化 　　○E　濃度

○F　空間

（1） 空欄部分は、空欄の前の文で述べていることの対比。

● **空欄の前の文**

本能は

・「動物のそれぞれの種に固有の 生得的行動 」
・外部の変化に対する 先天的な反応の形

言い換え

● **空欄を含む文**

対比

本能と〔　　〕行動は、 後天的に学習された行動

「後天的に学習された行動」は、空欄の前の文の「生得的行動」「先天的な反応の形」と逆。選択肢のうち、適切なのは「C　対極にある」。

（2） 空欄部分は、空欄の前の文で述べられていることの言い換え。

● **空欄の前の文**

地球は

・太陽の放射する エネルギーを受けて暖められ
・宇宙空間への エネルギー放出により冷える

対比

● **空欄を含む文**

エネルギーによって暖められた
り冷えたりすることの言い換え

このエネルギーの〔　　〕が均衡している状態 では地球の温度は平均して安定している。

地球がエネルギーを受けて暖められたり、逆にエネルギーを放出して冷えたりすることの言い換えになる言葉は「A　収支」。

正解 **(1) C　(2) A**

⑨ 長文読解

ここがポイント!

「すべて選ぶ」や「入力」など複数の回答形式がある

◉本書で慣れておこう
◉組問題。1問目から順に解いていこう

【例題】

次の文を読んで、各問いに答えなさい。

この問題は3問組です

父系社会であるマントヒヒのユニットは、メス同士の親和関係は希薄なので、リーダーがいなくなるとユニットは［　　］する。ところが、ゲラダヒヒのユニットのメス同士は仲が良く、順位制もあって、がっちりとユニットを成り立たせている。だから、オスが死んでも、あるいはユニットを離れてフリーランスになっても、順位が1番のメスがリーダーシップをとり、ユニットは崩壊するということがない。メスたちはそうして、やがて新しいオスを迎えればよいわけである。霊長類で重層社会を形成するのは、マントヒヒとゲラダヒヒだけであるが、前者は父系社会、後者は母系社会である。マントヒヒのユニットは、オスの攻撃性に基づく支配とメスの服従によって成立しており、ゲラダヒヒのそれはオスの宥和（ユウワ）と慰撫（イブ）行動に基づいて、オスとメスの協調性によって成立している。人類家族の起源が父系なのか母系なのか、非常に興味のある問題として、今後大きな議論を呼ぶことになろう。

文中の空欄に入る語句を、文中から3文字以内で抜き出しなさい。

[　　　　　　　　　　　]

[1][2][3]

回答時間 ■■■■■■■■■■■■■■■■■■■■

次へ

（『学問の冒険』河合雅雄・岩波書店）

※ カンタン解法 ※

長文読解では、2014年度から以下の回答形式が登場している。本書で慣れておこう。

①入力欄に回答を入力する

②チェックボックス（□）をクリックして、当てはまるものをすべて選ぶ

【例題】

空欄を含む文とその後の内容から、「3文字以内」をヒントに、当てはまる言葉を探す。

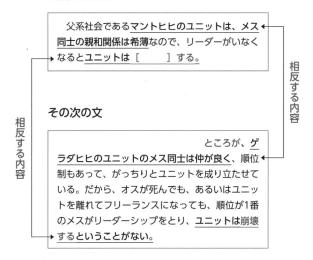

空欄を含む文

> 父系社会であるマントヒヒのユニットは、メス同士の親和関係は希薄なので、リーダーがいなくなるとユニットは〔　　　〕する。

相反する内容

その次の文

> ところが、ゲラダヒヒのユニットのメス同士は仲が良く、順位制もあって、がっちりとユニットを成り立たせている。だから、オスが死んでも、あるいはユニットを離れてフリーランスになっても、順位が1番のメスがリーダーシップをとり、ユニットは崩壊するということがない。

相反する内容

空欄を含む文と、その次の文は「ところが」という逆接の接続詞でつながっている。ここから、2つの文では、「マントヒヒのユニット」と「ゲラダヒヒのユニット」とで相反する内容が述べられていると予想できる。

空欄の次の文では、「ゲラダヒヒのユニットのメス同士は仲が良」いため、「ユニットは崩壊するということがない」とある。マントヒヒのユニットはこれと逆で、「メス同士の親和関係は希薄」なので、「ユニットは崩壊する」。空欄に入るのは「崩壊」。

正解 崩壊

次の文を読んで、各問いに答えなさい。

※【例題】の続き（組問題）

　父系社会であるマントヒヒのユニットは、メス同士の親和関係は希薄なので、リーダーがいなくなるとユニットは［　　　］する。ところが、ゲラダヒヒのユニットのメス同士は仲が良く、順位制もあって、がっちりとユニットを成り立たせている。だから、オスが死んでも、あるいはユニットを離れてフリーランスになっても、順位が１番のメスがリーダーシップをとり、ユニットは崩壊するということがない。メスたちはそうして、やがて新しいオスを迎えればよいわけである。霊長類で重層社会を形成するのは、マントヒヒとゲラダヒヒだけであるが、前者は父系社会、後者は母系社会である。マントヒヒのユニットは、オスの攻撃性に基づく支配とメスの服従によって成立しており、ゲラダヒヒのそれはオスの宥和と慰撫行動に基づいて、オスとメスの協調性によって成立している。人類家族の起源が父系なのか母系なのか、非常に興味のある問題として、今後大きな議論を呼ぶことになろう。

（『学問の冒険』河合雅雄・岩波書店）

（1） マントヒヒについて、文中で述べられていることと合致するものは、次のうちどれか。当てはまるものをすべて選びなさい。

□A　オスとメスは支配と服従の関係にある

□B　母系社会である

□C　オスには順位制がある

□D　メス同士は仲が良くない

（2） 文中で述べられていることと合致するものは、次のうちどれか。当てはまるものをすべて選びなさい。

□A　人類家族の起源は、支配と服従で成立する関係である

□B　すべての生物のなかで、重層社会を形成するのは、マントヒヒとゲラダヒヒだけである

□C　人類家族の起源が父系なのか母系なのかについては、わかっていない

□D　ゲラダヒヒの社会はマントヒヒの社会よりも人間に近い

❀❀ 解　説 ❀❀

(1)　当てはまるものをすべて選ぶ問題。マントヒヒについて述べられていることから、合致するかどうかを判断する。

Ⓐ　「マントヒヒのユニットは、オスの攻撃性に基づく支配とメスの服従によって成立」（7～8行目）とある。合致する。

❌　「父系社会であるマントヒヒのユニット」（1行目）とある。母系社会ではない。合致しない。

❌　本文では、マントヒヒのオスに順位制があるかどうかは述べられていない。合致しない。

Ⓓ　「マントヒヒのユニットは、メス同士の親和関係は希薄」（1行目）とある。合致する。

(2)　本文全体で述べられていることから、合致するかどうかを判断する。

❌　人類家族の起源が何かは、本文では述べられていない。合致しない。

❌　マントヒヒとゲラダヒヒは重層社会を形成する（6～7行目）が、すべての生物の中でとは述べられていない。合致しない。

Ⓒ　「人類家族の起源が父系なのか母系なのか（略）今後大きな議論を呼ぶことになろう」（9～10行目）とある。父系か母系かはわかっていない。合致する。

❌　ゲラダヒヒ、マントヒヒの社会と人間の比較は本文にない。合致しない。

正解　(1) A、D　(2) C

練習問題 ② 長文読解

次の文を読んで、各問いに答えなさい。

> 水が乏しくてわずかな草しか生えない土地に草の生産力以上の家畜を放牧すれば、裸地化し、ますます土壌水分が失われ、生産力が減退する。燃料用に樹木を伐採して裸地化しても同様なことが起きる。また、森林を刈り払って焼き、畑作物を数年間栽培した後、その土地は森林に戻し、別の森林を焼き払う焼畑農業の場合は、焼き払う区画が大きくなく、かつ森林への再生期間を十分取れば、生産力を回復できる。しかし、人口増加のために、焼き払い規模が大きくなり、森林再生期間も短縮された結果、生産力が回復せず、土壌浸食などの環境問題が生じている。さらに、自分らの食料生産でなく、安価な輸出用牛肉を生産するために、焼畑で無肥料で牧草を生産し、放牧して牧草が採れなくなったら別の森を焼き払うケースもある。この場合、もはや森林の再生は期待できない。
>
> (『有機栽培の基礎知識』西尾道徳・農山漁村文化協会)

(1) 土地の生産力の低下の原因として文中で述べられているものは、次のうちどれか。

- ○A 畑作物を栽培した後で、土地を森林に戻すため
- ○B 森林の再生期間が長期化したため
- ○C 焼畑で無肥料で牧草を生産した後、放牧をしないため
- ○D 裸地化によって土壌水分が消失したため

(2) 文中で述べられていることと合致するものは、次のうちどれか。

- ○A 土地の生産力以上の草を栽培すれば、裸地化する
- ○B 人口増加を解決する方法として輸出用牛肉の生産が行われている
- ○C 土壌浸食などの環境問題が人口増加のために起きている
- ○D 森林を刈り払った後に焼き払うと、森林としての再生は期待できない

(1) 土地の生産力の低下に関して、本文で該当する箇所を探す。

本文では、2行目に「生産力が減退する」とある。この箇所を含む文と、次の「燃料用に樹木を伐採して裸地化しても同様なことが起きる」という文から、土地が「裸地化」して「土壌水分の消失」が起こり、それが「生産力の減退」につながることがわかる。

正解はD。

(2) 本文全体で述べられていることから、合致するかどうかを判断する。

X 裸地化の原因は、「草の生産力以上の家畜を放牧」（1行目）と「燃料用に樹木を伐採」（2行目）。草の栽培ではない。合致しない。

X 本文では、人口増加（5行目）や輸出用牛肉の生産（7行目）について述べられているが、輸出用牛肉の生産が人口増加の解決法とは述べられていない。合致しない。

○ 5〜7行目で、人口増加のために結果として土壌浸食などの環境問題が生じていることが述べられている。合致する。

X 「焼き払う区間が大きくなく、かつ森林への再生期間を十分取れば、生産力を回復できる」（4〜5行目）とある。合致しない。

正解 (1) D (2) C

次の文を読んで、問いに答えなさい。

※【練習問題2】の続き（組問題）

> 　水が乏しくてわずかな草しか生えない土地に草の生産力以上の家畜を放牧すれば、裸地化し、ますます土壌水分が失われ、生産力が減退する。燃料用に樹木を伐採して裸地化しても同様なことが起きる。また、森林を刈り払って焼き、畑作物を数年間栽培した後、その土地は森林に戻し、別の森林を焼き払う焼畑農業の場合は、焼き払う区画が大きくなく、かつ森林への再生期間を十分取れば、生産力を回復できる。しかし、人口増加のために、焼き払い規模が大きくなり、森林再生期間も短縮された結果、生産力が回復せず、土壌浸食などの環境問題が生じている。さらに、自分らの食料生産でなく、安価な輸出用牛肉を生産するために、焼畑で無肥料で牧草を生産し、放牧して牧草が採れなくなったら別の森を焼き払うケースもある。この場合、もはや森林の再生は期待できない。
>
> （『有機栽培の基礎知識』西尾道徳・農山漁村文化協会）

（問） 文中で述べられていることと合致するものは、次のうちどれか。

　　○A　焼畑農業では畑作物を数年間栽培した後、その土地を焼き払う

　　○B　焼畑農業で土地を回復させるには、焼き払い規模と再生期間に条件がある

　　○C　焼畑農業をすると必ず土壌浸食が起きる

　　○D　焼畑で無肥料で安価な輸出用牧草が生産されるケースがある

（問） 本文全体で述べられていることから、合致するかどうかを判断する。

✗ 3〜4行目で、畑作物を数年間栽培した土地を森林に戻し、別の森林を焼き払うことが述べられている。「その土地（栽培した土地）」を焼き払うのではない。合致しない。

Ⓑ 「焼き払う区画が大きくなく、かつ森林への再生期間を十分取れば、生産力を回復できる」（4〜5行目）とある。合致する。

✗ Bで検証したように、焼畑農業では条件を守れば生産力を回復できる。必ず土壌浸食が起きるわけではない。合致しない。

✗ 牧草は、輸出用牛肉のために生産されている（7〜8行目）。牧草が輸出用とは述べられていない。合致しない。

正解 **B**

3章 長文読解

次の文を読んで、各問いに答えなさい。

　抽象的な意味でのマチとムラを比べてみよう。マチは閉鎖的なムラとは違って、はじめから開放的な性質をもっている。マチを成立させた大きな要素は、昔から市（イチ）だったが、イチとは、多くの異なる人々と物、情報を集めて初めて成り立つものである。閉鎖していてはマチにならない。西欧では、今でも都市の中心にマーケットプレイスという広場があり、イチが開かれる。日本の都市でも、定期的にイチが立つ四日市とか五日市とかいう名のつく町もあった。マチはムラと違い、多くの異質な職業、異質な考えや生活様式をもつ人々も一緒に住まわせる場である。マチは開かれており、大勢の異なる立場や行動や思想をもつ人々が集まるのが本質である。近くから遠くから人々はマチを目指して旅をした。シルクロードの古道には、崖から滑りおちそうな一木一草もない斜面を辿る困難な道がある。よくもこんな危険を冒してユーラシア大陸を超えて旅したものだと感心する。文明評論家のルイス・マンフォードは都市の本質は多様な人々を惹きつける磁力だと言った。マチは、異なる人と物と情報を繋ぎ合わせる人類の発明した素晴らしい装置だが、その中心は開かれたイチだった。昔のムラは食糧はもちろん、肥料も自給し、エネルギーも里山の薪や炭で自給自足していた。マチはその逆である。

（『まちづくりの実践』田村明・岩波書店）

（1） ムラについて文中で述べられていることと合致するものは、次のうちどれか。

　　○A　ムラは多くの異なる人々と物、情報を集めて初めて成り立つ

　　○B　西欧では、ムラの中心にマーケットプレイスという広場がある

　　○C　昔は閉鎖的だったムラにも、大勢の異なる立場や行動や思想をもつ人々が集まるようになった

　　○D　昔のムラは、マチとは違ってエネルギーの自給自足が可能だった

（2） 文中で述べられていることと合致するものは、次のうちどれか。

　　○A　定期的にイチが立つマチには必ずイチを表す名前がつけられた

　　○B　マチは、異なる人と物と情報を繋ぎ合わせる装置である

　　○C　ユーラシア大陸では外敵から守るために都市への道を整備しなかった

　　○D　抽象的な意味でのマチとムラと、実際の都市と地方は違う

(1) ムラについて述べられていることから、合致するかどうかを判断する。

　　🗙 「多くの異なる人々と物、情報を集めて初めて成り立つ」（3行目）のはイチ。ムラのことではない。合致しない。

　　🗙 中心に「マーケットプレイス」があるのは都市（4行目）。ムラのことではない。合致しない。

　　🗙 「大勢の異なる立場や行動や思想をもつ人々が集まる」（7〜8行目）のはマチ。また、本文では閉鎖的だったムラが開放的になることについて述べた箇所はない。合致しない。

　　Ⓓ 「昔のムラは（略）エネルギーも里山の薪や炭で自給自足していた。マチはその逆」（13〜14行目）とある。合致する。

(2) 本文全体で述べられていることから、合致するかどうかを判断する。

　　🗙 本文では、定期的にイチが立つマチには必ずイチを表す名前がつけられたと述べた箇所はない。合致しない。

　　Ⓑ 「マチは、異なる人と物と情報を繋ぎ合わせる人類の発明した素晴らしい装置」（11〜12行目）とある。合致する。

　　🗙 「ユーラシア大陸」（10行目）という言葉を含む文の前の文で、シルクロードの古道に辿るのが困難なものがあると述べているが、外敵や道の整備については述べていない。合致しない。

　　🗙 本文では抽象的な意味でのマチとムラを比べているが、それが実際の都市と地方とは違うと述べた箇所はない。合致しない。

正解　(1) D　(2) B

3章 長文読解

次の文を読んで、各問いに答えなさい。

　変革の時代には、ルールに従う価値判断ではなく、ルールを変え、ルールをつくるための価値判断が要求される。20世紀的な価値判断と意思決定の考え方では、人間はルールに従って自己の利益を最大化する存在であった。このような人間像の基礎にあるのは、ルールに従う合理性である。しかし、人間は、自分の利益だけを最大化しようと行為するわけではない。関係するすべてのひとの利益を平等にしようとすることもある。自分の利益を犠牲にしても、ひとのためになることをしようとするひともいる。ある状況では、自分の利益を最大化する活動をするが、別の場面では、他者のために尽くす活動をすることもある。そのような多面性をもつのが人間の本質である。ルールをつくるにも多様性ということを考慮しなければならない。では、硬直したルールに従う合理性ではなく、柔軟なルールをつくる合理性の基礎はどこにあるのだろうか。それは「変動の本質」を捉える能力のうちにあると、わたしは考える。環境からまったく独立した人間は存在しない。人間自身のあり方は、変動する［　　　］とつねに連動している。環境変動と自分自身とのダイナミックな関係を捉える能力が求められている。そのような能力が「感性」である。

（『理想と決断　哲学の新しい冒険』桑子敏雄・日本放送出版協会）

---

(1) 文中の空欄に入る語句を、文中から3文字以内で抜き出しなさい。

(2) ルールについて、文中で述べられていることと合致するものは、次のうちどれか。当てはまるものをすべて選びなさい。

　□A　変革の時代には、ルールに従う価値判断に基づいて、自己の利益を最大化することが求められる

　□B　ルールを変えたり作ることは感性の硬直につながる

　□C　変革の時代にルールを作る際には多様性を考慮すべきである

　□D　20世紀的な人間像の基礎は、ルールに従う合理性にある

(3) 文中で述べられていることと合致するものは、次のうちどれか。当てはまるものをすべて選びなさい。

　□A　人間の本質は自己の利益の最大化である

　□B　柔軟なルールを作る合理性の基礎は「感性」にある

　□C　環境変動を利益の最大化に結びつける能力が求められている

　□D　人間の本質は多面性を持つのでルールを作る際には多様性を考慮する必要がある

（1）　「3文字以内」をヒントに、空欄の前後から該当する言葉を探す。

- ●空欄を含む文の前
  - ・ 環境 からまったく独立した人間は存在しない
- ●空欄を含む文と、その次の文
  - ・人間自身のあり方は、 変動 する　[　　　]とつねに連動
  - ・ 環境変動 と自分自身とのダイナミックな関係

空欄を含む文の前の「環境」と、空欄を含む文の「変動」を合わせたのが空欄
の次の文の「環境変動」。空欄に当てはまるのは「環境」。

（2）　✗　1〜2行目に、ルールに従う価値判断ではなく、ルールを変えたり作るた
めの価値判断が要求されるとある。合致しない。

　　✗　「感性」は13行目、「硬直」は9行目にあるが、ルールを変えたり作るこ
とが感性の硬直につながるとは述べていない。合致しない。

　　Ⓒ　「ルールをつくるにも多様性ということを考慮しなければならない」（8〜
9行目）とある。合致する。

　　Ⓓ　「このような人間像の基礎にあるのは、ルールに従う合理性」（3〜4行
目）とある。「このような」は20世紀的な価値判断と意思決定の考え方の
こと。合致する。

（3）　✗　人間の本質が自己の利益の最大化であると述べた箇所はない。合致しない。

　　Ⓑ　9〜10行目の「柔軟なルールをつくる合理性の基礎はどこにあるのだろ
うか」の答えが13行目の「感性」。合致する。

　　✗　利益の最大化に結びつける能力が求められていると述べた箇所はない。合
致しない。

　　Ⓓ　7〜9行目で、人間の本質が多面性を持つこと、ルールを作る際に多様性
を考慮すべきことが描かれている。合致する。

正解　**（1）環境**　**（2）C、D**　**（3）B、D**

3章 長文読解

　中間管理職になるために、昇進・昇格試験を受ける企業もあります。リクルートマネジメントソリューションズ社の「NMAT」はそのためのテストです。NMATは、昇進・昇格以外にも、社員の能力開発や研修資料、異動・配属転換のための資料などに使われることがあります。中には、毎年社員にNMATやSPIの性格テストを受けさせるところもあるのです。

　NMATの構成は、言語・非言語の基礎能力が70分、性格が40分です。SPIと似た問題と、独自の問題が出ます。『完全再現NMAT・JMAT攻略問題集』（講談社）を活用してください。なお、転職者には「SPI-G」がよく実施されます。対策は、『これが本当の転職者用SPI3だ！』（講談社）をお読みください。

テストセンター

英語

テストセンター 英語の概要

英語の出題範囲

	テストセンター	ペーパーテスト	掲載ページ
同意語	◎	◎	p.330
反意語	◎	◎	p.338
空欄補充	◎	◎	p.346
言葉の説明	◎	◎	p.354
訂正	◎	◎	p.362
和文英訳	○	◎	p.370
長文読解	◎	◎	p.376

◎：高い頻度で出題される　　○：出題されることがある

※上表のデータは、SPIノートの会の独自調査によるものです。無断転載を禁じます。

© SPIノートの会

　テストセンターの英語（ENG）は、ペーパーテストと出題範囲が似ています。ただし、和文英訳の出題頻度などに違いがあります。

出題範囲、出題数は人により違う

　前ページの出題範囲の表は、テストセンターで出題される可能性がある分野を
すべて掲載しています。実際には、**出題範囲のどの分野から何問出題されるかは
決まっていません**。これはテストセンターの性質によるものです。

　言語では、特定の分野の問題が他よりも多めに出題されるといった傾向があり
ますが、英語では、このように特定の出題範囲から多めに出題される傾向は今の
ところ見られません。

　本書では、短時間の学習で効果が出やすい語彙の問題（同意語、反意語など）
から順に掲載します。

テストセンター英語の設問内容と対策

●同意語

　設問の英単語と同じ意味のものを選ぶ問題です。設問が英単語のみのタイプと、
設問が英文で示され、下線部の単語と最も意味が近いものを選ぶタイプがありま
す。どちらも、その単語を知っていればすぐに答えられますが、意味を知らない
と難しい問題です。**本書に取り組んで語彙を増やすのが一番の対策**ですが、もし
知らない単語が出題されても、何らかの選択肢を選んで次に進みましょう。

●反意語

　設問の英単語と反対の意味のものを選ぶ問題です。同意語と同様、設問が英単
語のみのタイプと、英文のタイプがあります。

　**同意語に続いて出題されることが多く、同意語と取り違えて回答してしまうこ
とがあるようです**。問題文をよく読み、取り違えないように注意しましょう。

●空欄補充

　英語の短文にある空欄に、適切な語句を補う問題です。複数の単語で構成され

る表現（熟語）が出題されやすい傾向がありますが、文法の知識を試す問題が出題されることもあります。

熟語の場合は、知っていればすぐに回答ができます。文法の知識を試す問題の場合、問われるのは基礎的な英文法です。本書で出題傾向をつかんでおきましょう。

●言葉の説明

英語で説明される内容に最も近い意味の単語を選ぶ問題です。

英語の説明文自体はそれほど難解ではありません。説明文の意味をざっとつかんでヒントを見つけましょう。

●訂正

英語の短文を読み、文法や用法が間違っている箇所を選ぶ問題です。英文法の基礎的な知識が試される問題です。

出題されやすいのは、be動詞です。主語と述語を確認し、be動詞が正しく変化しているかどうかを確認しましょう。

●和文英訳

日本語の文の意味を最もよく表す英文を選ぶ問題です。同じ単語を使っていて紛らわしいものや、大意では同じといえる選択肢が複数あるので、**すべての選択肢に目を通しましょう。**

●長文読解

1つの長文に対し3問程度が出題される、組問題です。英語で書かれた文章の読解問題で、設問、選択肢ともに英語で表示されることがほとんどです。

長文は、易しく書かれた社会記事や身近なテーマで書かれたものが多く、難解なものはあまり出題されません。本文から正しく情報を探し出せるかを見る設問が多く出題されます。

言語の長文読解と同様に、設問を先に読み、必要な箇所を探す方法がおすすめ

です。短い時間を効率よく使って全問に回答することを心がけましょう。

時間が限られていても対策できる!

　英語では、「同意語」「反意語」「空欄補充」など語彙が試される問題が多く出題されます。効果の高い対策は、「出題されやすい言葉を押さえておくこと」です。本書に取り組むことで、得点アップが見込めます。

1 同意語

英単語の同意語を選ぶ

◉単語の意味を知っていればすぐに答えられる。語彙を増やそう

◉わからない場合でも未回答にはしないこと!

【例題】

はじめにあげた語と最も意味が近い語を1つ選びなさい。

cure

- ○ A　build
- ○ B　prove
- ○ C　rule
- ○ D　heal
- ○ E　receive

回答時間 ■■■■■■■■■■■■■■■■■■■■■■■　　　　次 へ

※ カンタン解法 ※

同意語は、以下の2種類が出題される。

・英単語が示され、最も意味が近いものを選ぶ問題

・英文が示され、文中の下線部の単語と最も意味が近いものを選ぶ問題

どちらも意味を知っていればすぐに答えられるので、本書で語彙を増やしておこう。

【例題】

最初に示された英単語と最も意味が近いものを選ぶ問題。

cureの意味は「治療する、治す」。選択肢のうち、同意語といえるのはDの「heal（治す、いやす）」。

> 残りの選択肢の意味は以下の通り。
> A   build（建てる、造る）
> B   prove（証明する、〜と判明する）
> C   rule（支配する、統治する）
> E   receive（受け取る）

正解 D

各問いについて、はじめにあげた語と最も意味が近い語をAからEの中から1つ選びなさい。

（1）compete

○A reduce　　○B deceive　　○C perform　　○D increase

○E contest

（2）affection

○A influence　　○B love　　○C grief　　○D aid

○E behavior

（3）hidden

○A exposed　　○B important　　○C aware　　○D released

○E secret

（4）hardship

○A difficulty　　○B bravery　　○C formality

○D application　　○E diligence

（5）painful

○A sore　　○B sensitive　　○C stable　　○D strict

○E patient

最初に示された英単語と最も意味が近いものを選ぶ問題。

（1）「compete（競争する）」＝「contest（争う、競争する）」

> 残りの選択肢の意味は以下の通り。
> A reduce（減らす）　B deceive（欺く）
> C perform（行う、成し遂げる）　D increase（増強する、拡大する）

（2）「affection（愛情、感情）」＝「love（愛、愛情）」

> 残りの選択肢の意味は以下の通り。
> A influence（影響、勢力）　C grief（深い悲しみ）
> D aid（援助、救助）　E behavior（行儀、ふるまい）

（3）「hidden（隠された、秘密の）」＝「secret（秘密の、内緒の）」

> 残りの選択肢の意味は以下の通り。
> A exposed（さらされた、むき出しの）　B important（重要な、重大な）
> C aware（〜に気づいて、知って）　D released（解放された、公開された）

（4）「hardship（苦難、苦労）」＝「difficulty（困難、難事）」

> 残りの選択肢の意味は以下の通り。
> B bravery（勇敢さ）　C formality（形式的な行為、堅苦しさ）
> D application（適用、申し込み）　E diligence（勤勉さ、不断の努力）

（5）「painful（痛い、苦しい）」＝「sore（痛い、ひりひりする）」

> 残りの選択肢の意味は以下の通り。
> B sensitive（敏感な、感じやすい）　C stable（安定した、しっかりした）
> D strict（厳しい、厳格な）　E patient（我慢づよい、腹を立てない）

正解 （1）**E** （2）**B** （3）**E** （4）**A** （5）**A**

4章 同意語

各問いについて、はじめにあげた語と最も意味が近い語をAからEの中から1つ選びなさい。

(1) courageous

○A humorous　　○B fearless　　○C keen　　○D false
○E delicate

(2) faithful

○A marvelous　　○B useful　　○C loyal　　○D curious
○E legal

(3) alter

○A stand　　○B change　　○C fix　　○D reject
○E disrupt

(4) purpose

○A account　　○B problem　　○C destiny　　○D credit
○E intention

(5) indispensable

○A innovative　　○B original　　○C intellectual
○D essential　　○E enough

（1）　「courageous（勇気のある）」＝「fearless（恐れを知らない、勇敢な）」

残りの選択肢の意味は以下の通り。
A　humorous（こっけいな）　　C　keen（鋭利な）
D　false（誤った）　　E　delicate（繊細な）

（2）　「faithful（誠実な、忠実な）」＝「loyal（忠実な）」

残りの選択肢の意味は以下の通り。
A　marvelous（すばらしい）　　B　useful（役に立つ）
D　curious（好奇心の強い）　　E　legal（法律の）

（3）　「alter（変える、変更する）」＝「change（変える、変更する）」

残りの選択肢の意味は以下の通り。
A　stand（立つ、我慢する）　　C　fix（固定する、修理する）
D　reject（拒絶する）　　E　disrupt（混乱させる、中断させる）

（4）　「purpose（目的、意図）」＝「intention（意図、意向）」

残りの選択肢の意味は以下の通り。
A　account（説明、報告）　　B　problem（問題、課題）
C　destiny（運命）　　D　credit（信用、信頼）

（5）　「indispensable（絶対に必要な）」＝「essential（不可欠である、絶対に必要な）」

残りの選択肢の意味は以下の通り。
A　innovative（革新的な）　　B　original（最初の、独創的な）
C　intellectual（知性の、知的な）　　E　enough（充分な）

4章 同意語

正解	(1) **B**	(2) **C**	(3) **B**	(4) **E**	(5) **D**

練習問題 ③ 同意語

各問いについて、下線部の語と最も意味が近い語をAからEの中から1つ選びなさい。

(1) There were <u>roughly</u> 100 people.

　○A　quite　　　○B　approximately　　　○C　absolutely

　○D　exclusively　　　○E　additionally

(2) His car is the <u>latest</u> model.

　○A　current　　　○B　official　　　○C　tired　　　○D　popular

　○E　shared

(3) It's <u>just</u> ten o'clock now.

　○A　slightly　　　○B　exactly　　　○C　possibly　　　○D　little

　○E　irresponsibly

(4) I can't <u>recall</u> the words of the song.

　○A　repeat　　　○B　consent　　　○C　remember　　　○D　regard

　○E　inform

文中の下線部の単語と最も意味が近いものを選ぶ問題。

（1）「roughly（およそ、だいたい）」＝「approximately（およそ）」

　　　文の意味は「そこにはおよそ100人がいた」。選択肢のうち、下線の単語と最も意味が近いものは「B　approximately」。

（2）「latest（最近の、最新の）」＝「current（現在の、最新の）」

　　　文の意味は「彼の車は最新のモデルだ」。選択肢のうち、下線の単語と最も意味が近いものは「A　current」。

（3）「just（ちょうど、ぴったり）」＝「exactly（正確に、ちょうど）」

　　　文の意味は「今、ちょうど10時だ」。選択肢のうち、下線の単語と最も意味が近いものは「B　exactly」。

（4）「recall（思い出す）」＝「remember（思い出す、覚えている）」

　　　文の意味は「私はその歌の歌詞が思い出せない」。選択肢のうち、下線の単語と最も意味が近いものは「C　remember」。

正解　**(1) B　(2) A　(3) B　(4) C**

4章
同意語

② 反意語

英単語の反意語を選ぶ

◉同意語に続いて出題されることが多い

◉問題文に注意して、同意語と間違えないようにしよう！

【例題】

はじめにあげた語と反対の意味の語を
１つ選びなさい。

construct

- ○ A　calculate
- ○ B　destroy
- ○ C　manipulate
- ○ D　instruct
- ○ E　repair

回答時間 ■■■■■■■■■■■■■■■■■■

次へ

338

反意語は、以下の2種類が出題される。

・英単語が示され、反対の意味のものを選ぶ問題

・英文が示され、文中の下線部の単語と反対の意味のものを選ぶ問題

反意語は、同意語（330ページ）に続いて出題されることが多い。問題の形式や選択肢が似ているので、取り違えないように気をつけよう。

また、反意語は同意語と同じく、単語の意味を知っていればすぐに答えられる。語彙を増やしておこう。

【例題】

最初に示された英単語と反対の意味のものを選ぶ問題。

constructの意味は「組み立てる、建設する」。これと反対の意味があるのは、Bの「destroy（破壊する、滅ぼす）」。

> 残りの選択肢の意味は以下の通り。
> A calculate（計算する）
> C manipulate（操る）
> D instruct（教える、指図する）
> E repair（修理する）

正解 B

各問いについて、はじめにあげた語と反対の意味の語をAからEの中から1つ選びなさい。

(1) despair

　　○A　shortage　　　○B　vacuum　　　○C　luck　　　○D　interruption
　　○E　hope

(2) relaxed

　　○A　tense　　○B　comfortable　　　○C　combined
　　○D　incentive　　　○E　rude

(3) dismiss

　　○A　demand　　　○B　expire　　　○C　employ　　　○D　start work
　　○E　break down

(4) clear

　　○A　serious　　○B　obvious　　　○C　innocent　　　○D　obscure
　　○E　decisive

(5) praise

　　○A　conflict　　○B　accept　　　○C　complain　　　○D　advance
　　○E　decline

最初に示された単語と反対の意味のものを選ぶ問題。

（1）「despair（絶望）」⟷「hope（希望）」

> 残りの選択肢の意味は以下の通り。
> A shortage（不足）　　B vacuum（真空）　　C luck（運命）
> D interruption（遮断）

（2）「relaxed（くつろいだ、気楽な）」⟷「tense（緊張した）」

> 残りの選択肢の意味は次の通り。　B comfortable（心地よい、安楽な）
> C combined（結合された、兼ね備えた）　　D incentive（刺激的な、奨励的な）　　E rude（無礼な、荒れた）

（3）「dismiss（解雇する）」⟷「employ（雇う）」

> 残りの選択肢の意味は以下の通り。
> A demand（要求する）　　B expire（満了する）
> D start work（仕事を始める）　　E break down（崩壊する、故障する）

（4）「clear（はっきりした）」⟷「obscure（あいまいな）」

> 残りの選択肢の意味は以下の通り。
> A serious（まじめな、深刻な）　　B obvious（明らかな）
> C innocent（無罪の、無邪気な）　　E decisive（決定的な）

（5）「praise（称賛する）」⟷「complain（不平を言う）」

> 残りの選択肢の意味は以下の通り。
> A conflict（矛盾する、衝突する）　　B accept（受け入れる）
> D advance（進める、提案する）　　E decline（衰える、傾ける）

正解　（1）**E**　（2）**A**　（3）**C**　（4）**D**　（5）**C**

4章 反意語

各問いについて、はじめにあげた語と反対の意味の語をAからEの中から1つ選びなさい。

(1) approach

○A grow ○B bind ○C connect ○D divide

○E withdraw

(2) accidental

○A careless ○B immediate ○C incidental

○D intentional ○E useless

(3) conservative

○A comprehensive ○B defensive ○C expensive

○D successive ○E progressive

(4) forbid

○A cease ○B advance ○C allow ○D conclude

○E require

(5) sudden

○A gradual ○B smart ○C humble ○D neutral

○E tranquil

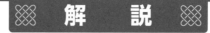
（1） 「approach（近づく、接近する）」 ⟷ 「withdraw（引っ込める、引き離す）」

残りの選択肢の意味は以下の通り。
A　grow（成長する）　　B　bind（縛る）
C　connect（結ぶ、つなぐ）　　D　divide（分割する）

（2） 「accidental（偶然の）」 ⟷ 「intentional（故意の、計画的な）」

残りの選択肢の意味は以下の通り。
A　careless（不注意な）　　B　immediate（即時の）
C　incidental（付帯的な）　　E　useless（役に立たない）

（3） 「conservative（保守的な）」 ⟷ 「progressive（進歩的な）」

残りの選択肢の意味は以下の通り。
A　comprehensive（包括的な）　　B　defensive（防御の、防衛の）
C　expensive（高価な）　　D　successive（連続する）

（4） 「forbid（禁じる）」 ⟷ 「allow（許す）」

残りの選択肢の意味は以下の通り。
A　cease（終わる、〜をやめる）　　B　advance（前進させる、進める）
D　conclude（結論を出す）　　E　require（〜を必要とする）

（5） 「sudden（突然の、思いがけない）」 ⟷ 「gradual（段階的な、漸進的な）」

残りの選択肢の意味は以下の通り。
B　smart（利口な、賢明な）　　C　humble（謙虚な）
D　neutral（中立の）　　E　tranquil（静かな、一定した）

4章 反意語

正解　(1) **E**　(2) **D**　(3) **E**　(4) **C**　(5) **A**

各問いについて、下線部の語と反対の意味の語をAからEの中から1つ選びなさい。

(1) He has failed his driving test.

○A deferred　　○B passed　　○C prepared

○D neglected　　○E proposed

(2) an imaginary person

○A fictional　　○B ideal　　○C restless　　○D mutual

○E actual

(3) an exceptional case

○A unique　　○B straight　　○C short　　○D ordinary

○E temporary

(4) a friendly relationship

○A hostile　　○B neutral　　○C helpful　　○D prosperous

○E sympathetic

文中の下線部の単語と反対の意味のものを選ぶ問題。

(1) 「failed（落ちた）」 ←→ 「passed（合格した）」

文の意味は「彼は運転免許試験に落ちた」。選択肢のうち、下線の単語と反対の意味になるものは「B passed」。

(2) 「imaginary（想像上の）」 ←→ 「actual（現実の）」

文の意味は「想像上の人物」。選択肢のうち、下線の単語と反対の意味になるものは「E actual」。

(3) 「exceptional（非凡な、例外的な）」 ←→ 「ordinary（平凡な）」

文の意味は「例外的な場合」。選択肢のうち、下線の単語と反対の意味になるものは「D ordinary」。

(4) 「friendly（友好的な、親しい）」 ←→ 「hostile（敵意のある）」

文の意味は「友好関係」。選択肢のうち、下線の単語と反対の意味になるものは「A hostile」。

正解 **(1) B (2) E (3) D (4) A**

4章 反意語

③ 空欄補充

ここがポイント！

短文の空欄に適切な語句を補う

● 複数の単語からなる表現（熟語）が出題されや
すい

● 基礎的な英文法の問題も出題される

【例題】

空欄に入る最も適切なものを1つ選び
なさい。

お役に立ててうれしいです。
I'm glad to be（　　）help.

○ A　if
○ B　special
○ C　at
○ D　with
○ E　of

回答時間 ■■■■■■■■■■■■■■■■■■■■■■

次へ

空欄補充では、同意語や反意語と同じく、語彙力が試される。出題されやすい問題に取り組み、効率的に得点アップを図ろう。

【例題】

be of help ＝ 「役に立つ」

I'm glad to ～は「～してうれしい」の意味。「役に立つ」という意味になる E の「of」が正解。

> "I'm glad to be of help（お役に立ててうれしいです）"は、文全体で1つの慣用表現。文そのものを覚えてしまおう。

正解 E

※日本語の言葉の定義は『大辞林第三版』（三省堂）から引用しました。

各問いについて、文中の空欄に入る最も適切なものをAからEの中から1つ選びなさい。

（1） 2人の兄弟はそれぞれの年齢に応じた本を買った。

The two brothers bought books according to their (　) ages.

○A mutual 　 ○B hopeful 　 ○C desirable 　 ○D respective

○E parallel

（2） ジェーンは歌手として前途有望だ。

Jane shows great (　) as a singer.

○A celebrity 　 ○B little 　 ○C promise 　 ○D wishing

○E step

（3） フランクは決して嘘をつくような人ではない。

Frank is the (　) person to tell a lie.

○A of 　 ○B ever 　 ○C first 　 ○D out 　 ○E last

（4） その教授のクラスでは、遅刻することは無礼とみなされる。

In the professor's class, being late is (　) to be impolite.

○A disclosed 　 ○B considered 　 ○C compared

○D admired 　 ○E directed

（1） **respective ＝「それぞれの、各自の」**

respective agesで「それぞれの年齢」という意味。according to ～には「～に従って、～に応じて」という意味がある。

（2） **great promise ＝「前途有望」**

promiseには「約束」のほかに「見込み、展望」という意味がある。great（大きい）を伴って「大いに見込みがある」、つまり「前途有望」という意味になる。

（3） **the last person to ～ ＝「最も～しそうにない人」**

直訳すると「～をする最後の人」。ここから「最も～しそうにない人（＝～するような人ではない）」という意味になる。

（4） **be considered to be ～ ＝「～とみなされる」**

considerには「考える、検討する」という意味のほか、「みなす」という意味がある。

正解　（1）**D**　（2）**C**　（3）**E**　（4）**B**

各問いについて、文中の空欄に入る最も適切なものをAからEの中から1つ選びなさい。

（1） 台風のために、その村に深刻な被害が出た。

The typhoon （　） heavy damage to the village.

○A　caused　　　○B　flood　　　○C　strong　　　○D　rained

○E　broken

（2） 私は東京にプログラミングの本を何冊か注文した。

I ordered some books （　） programming from Tokyo.

○A　from　　　○B　to　　　○C　with　　　○D　on

○E　at

（3） 提出期限は来週の水曜日です。

The submission （　） date is next Wednesday.

○A　design　　　○B　due　　　○C　launch　　　○D　managed

○E　reserved

（4） 面白いと思えない映画を無理して見るな。

Don't （　） yourself to watch movies that you can't enjoy.

○A　cause　　　○B　revenge　　　○C　force　　　○D　hit

○E　dare

（1）　caused =「引き起こした」

causeは名詞で「原因、理由」という意味だが、動詞の場合、「引き起こす」
という意味になる。

（2）　books on =「〜に関する本」

設問文のbooks on programmingは「プログラミングに関する本（=プログ
ラミングの本)」という意味になる。

（3）　due date =「締め切り期日」

dueは形容詞で「〜する予定で、正当な」という意味。「(手形などの)支払期
日が来た、満期の」という意味もある。due dateで「期限日（=締め切り期
日)」という意味になる。

（4）　Don't force oneself to do =「無理に〜するな」

forceは名詞で「力、強さ」の意味だが、動詞で「無理にさせる」という意味
がある。Don't force oneself to doで「無理に〜するな」という意味。

> Eの「dare」は、Don't dare 〜で「絶対に〜してはいけない」という意味に
> なるが、「無理に」という意味合いはない。

正解　（1）A　（2）D　（3）B　（4）C

各問いについて、文中の空欄に入る最も適切なものをAからEの中から1つ選びなさい。

(1) マイクがしょっちゅう遅刻をするので、彼らは堪忍袋の緒が切れた。

They lost (　) with Mike because he had been often late.

○A　patience　　　○B　friendship　　　○C　agree　　　○D　mind
○E　face

(2) 「海に行かない？」「そうしよう」

"How about going to the beach ?" "(　)"

○A　I'll say no.　　　○B　Where is it ?　　　○C　Why not ?
○D　How come ?　　　○E　Definitely not.

(3) 彼女は分別があるからそのようなことは言わない。

She has more (　) than to say such a thing.

○A　influence　　　○B　impulse　　　○C　confidence
○D　temper　　　○E　sense

(4) ロバートは高校時代に出会った中で最もすばらしい友人だった。

Robert was the most wonderful friend I (　) in my high school days.

○A　ever meet　　　○B　have ever been　　　○C　had ever met
○D　ever meeting　　　○E　having ever met

（1） lose patience with ＝「～に我慢できなくなる、堪忍袋の緒が切れる」

「堪忍袋の緒が切れる」の意味は「忍耐の限度を越えたことのたとえ」。patience は「忍耐、我慢」という意味。

（2） Why not ? ＝「よかろう、そうしよう」

Why not ? は相手の提案に同意して「そうしよう」という意味。

（3） have more sense than to ＝「～するほど無分別ではない（＝分別があるから～しない）」

senseには「分別、良識」という意味がある。

（4） (that) I had ever met in my high school days ＝「高校時代に出会った中で」

設問文は主節と従属節に分けられる。また、従属節の前では関係代名詞（that）が省略されている。

● Robert was the most wonderful friend（主節）

● (that) I (　　) in my high school days.（従属節）

主節は過去形（Robert was）。また、従属節は高校時代から主節の時点（過去）までの間に完了したことなので、空欄には過去完了形（had ever met）が入る。

正解 **(1) A　(2) C　(3) E　(4) C**

④ 言葉の説明

説明文に最も近い意味の単語を選ぶ

◉英語の説明文自体はそれほど難解ではない

◉説明文はざっと見て意味をつかもう

【例題】

説明文と意味が最も近いものを1つ選びなさい。

something that you do for fun when you are not working

- ○ A　repose
- ○ B　pastime
- ○ C　checkup
- ○ D　breath
- ○ E　ease

回答時間 ■■■■■■■■■■■■■■■■■■■■

次へ

英語の説明文から、わかる範囲でよいのでざっと意味をつかもう。選択肢の単語に知らないものがあったら、この機会に覚えよう。

【例題】

働いていないときに、楽しみのために行うこと　=　「pastime（娯楽）」

・「do for fun（楽しみのために行う）」

・「when you are not working（働いていないとき）」

から推測する。Aの「repose」は「休息」の意味で、働いていないときに行うことといえるが、「楽しみのために行う」とはいえない。「娯楽」という意味があるBの「pastime」が適切。

> 残りの選択肢の意味は以下の通り。
> C　checkup（検査）
> D　breath（息、呼吸）
> E　ease（気楽、たやすさ）

正解 B

※日本語の言葉の定義は『大辞林第三版』（三省堂）から引用しました。

4章 言葉の説明

各問いについて、説明文と意味が最も近いものをAからEの中から1つ選びなさい。

(1) to discuss something in order to reach an agreement

○A negotiate　○B fail　○C instruct　○D engage

○E swear

(2) to be trusted to do what is expected

○A expensive　○B reliable　○C payable　○D strange

○E pleasant

(3) a well-known phrase that gives advice

○A debate　○B reading　○C proverb　○D noun

○E ridicule

(4) the maximum amount that can be contained

○A majority　○B value　○C section　○D area

○E capacity

※ 解 説 ※

(1) 同意に達するために議論すること ＝「negotiate（交渉する）」

in order to ～は「～するために」という意味。「交渉」という日本語の意味
は「ある事を実現するために、当事者と話し合うこと。かけあうこと」で、説
明文とほぼ同じ。

残りの選択肢の意味は以下の通り。

B　fail（失敗する、〜できない）　　C　instruct（指図する、教える）

D　engage（従事させる）　　E　swear（誓う）

（2）　期待したことを実行するので信頼できる ＝「reliable（信頼できる）」

trustの同義語を探す問題と考える。

残りの選択肢の意味は以下の通り。

A　expensive（高価な）　　C　payable（支払うべき）

D　strange（奇妙な）　　E　pleasant（楽しい、愉快な）

（3）　忠告を与えるよく知られた言い回し ＝「proverb（ことわざ）」

残りの選択肢の意味は以下の通り。

A　debate（討論）　　B　reading（読書）　　D　noun（名詞）

E　ridicule（嘲り）

（4）　収納できる最大の量 ＝「capacity（収容能力）」

残りの選択肢の意味は以下の通り。

A　majority（大多数）　　B　value（価値）　　C　section（部分）

D　area（地域）

正解　（1）**A**　（2）**B**　（3）**C**　（4）**E**

各問いについて、説明文と意味が最も近いものをAからEの中から1つ選びなさい。

（1） to put someone's name on an official list

○A adapt　　○B register　　○C organize　　○D apply

○E establish

（2） to become liquid as a result of heating

○A broil　　○B cool　　○C melt　　○D crush

○E dry

（3） an unexpected and dangerous situation that must be dealt with immediately

○A event　　○B emergency　　○C decision

○D opportunity　　○E exploration

（4） to give up a job or position in a formal or official way

○A resign　　○B guard　　○C avoid　　○D ignore

○E discontinue

(1)　公的なリストに名前を載せること ＝「register（登録する）」

日本語の「登録」の意味は「帳簿に記し載せること」で、説明文とほぼ同じ。

残りの選択肢の意味は以下の通り。
A　adapt（適応させる）　　C　organize（組織する、編成する）
D　apply（適用する、当てはまる）　　E　establish（設立する）

(2)　加熱の結果として液体になること ＝「melt（溶ける、溶かす）」

残りの選択肢の意味は以下の通り。
A　broil（焼く、あぶる）　　B　cool（冷える、冷やす）
D　crush（つぶれる、砕ける、つぶす、砕く）　　E　dry（乾く、乾かす）

(3)　すぐに対応しなければならない、予期せぬ危険な状況 ＝「emergency（緊急事態）」

残りの選択肢の意味は以下の通り。
A　event（できごと）　　C　decision（決断）
D　opportunity（機会、好機）　　E　exploration（調査、探検）

(4)　正式または公式に仕事をやめる、あるいは地位を退くこと ＝「resign（辞任する）」

残りの選択肢の意味は以下の通り。
B　guard（守る）　　C　avoid（避ける）　　D　ignore（無視する）
E　discontinue（中止する）

正解　(1) B　(2) C　(3) B　(4) A

4章 言葉の説明

各問いについて、説明文と意味が最も近いものをAからEの中から1つ選びなさい。

(1) a show of paintings, sculptures, or other things in a public place

○A competition ○B direction ○C conference

○D exhibition ○E audience

(2) to talk in a friendly, informal way

○A cheer ○B protest ○C chat ○D complain

○E argue

(3) a curved path followed by an object which is moving around another much larger object

○A orbit ○B spaceship ○C satellite ○D ocean

○E expressway

（1） 公共の場での絵画や彫刻、その他の展示 ＝「exhibition（展覧会、展示会）」

> 残りの選択肢の意味は以下の通り。
> A　competition（競争）　　B　direction（方向）
> C　conference（会議）　　E　audience（聴衆、観客）

（2） 親しみやすい、堅苦しくない態度で話すこと ＝「chat（雑談する、おしゃべりする）」

> 残りの選択肢の意味は以下の通り。
> A　cheer（喝采する）　　B　protest（抗議する）
> D　complain（不満を言う）　　E　argue（議論する）

（3） 他の、より大きな物体の周りを回っている物体がたどる、曲線状の道筋 ＝「orbit（軌道）」

「a curved path（曲線状の道筋）」から、「B　spaceship（宇宙船）」「C　satellite（衛星）」「D　ocean（大洋）」ではないことがわかる。その他の説明から「E　expressway（高速道路）」も間違い。

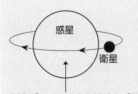

惑星
衛星

例えば、このような経路を「軌道」という

「軌道」という日本語の意味は以下の通り。
「物体が一定の法則に従って運動するときに描く道筋。特に、天体が一定の曲線を描いて運行する経路」

正解　**（1）D　（2）C　（3）A**

4章 言葉の説明

5 訂正

文法や用法が間違っている箇所を選ぶ

◉基礎的な英文法の知識が問われる

◉be動詞が出題されやすい

【例題】

文法上または用法上間違っているもの
を１つ選びなさい。

A In spite of his bad attitude, his speech that he B overcame C many D hardships E were very moving.

- ○ A In spite of
- ○ B overcame
- ○ C many
- ○ D hardships
- ○ E were

回答時間 ■■■■■■■■■■■■■■■■■■■■■■■■

次へ

訂正では、基礎的な英文法が問われる問題が出る。また、be動詞が出題されやすい。主語と述語を確認し、be動詞が正しく変化しているかどうかを確認しよう。

【例題】

×were → ○was

設問文全体で「彼の悪い態度にも関わらず、多くの困難を乗り越えたという彼のスピーチは感動的だった」という意味になる。

文の主語はhis speech。単数なので、この主語を受けたbe動詞はwereでなく、単数形のwasでなければならない。

4章 訂正

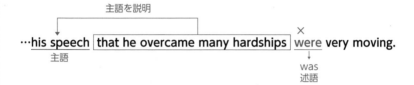

主語を説明

…his speech that he overcame many hardships were very moving.
主語　　　　　　　　　　　　　　　　　　　　　was
　　　　　　　　　　　　　　　　　　　　　　述語

設問文は1文が長く、構造がやや複雑になっている。このように長い文が出題されたときは、あまり構造にとらわれず、ざっと見て主語と述語を見つけるようにすると、意味が取りやすい。

正解 E

各問いについて、文法上または用法上間違っているものをAからEの中から1つ選びなさい。

(1) Jim _Aapologized _Bto his mother and said that he didn't _Crealize how _Dsadly she _Ewas.

○A apologized ○B to ○C realize ○D sadly

○E was

(2) Everyone _Awho _Bare going _Cto drive a car _Dmay need _Eto get a driver's license.

○A who ○B are ○C to drive ○D may

○E to get

(3) Jane _Aguaranteed that Mike _Bwas the man _Cto _Dbe _Erely on.

○A guaranteed ○B was ○C to ○D be

○E rely

（1） ×sadly → ○sad

apologize toの意味は「わびる、謝罪する」。ここでは副詞howは「どれだ
け」という、程度の意味で使われている。続くsadlyは様態を表す副詞。副詞
は動詞や形容詞などを修飾する働きを持つが、設問文にはsadlyのあとに修飾
対象が存在しない。howの次には形容詞sadが入るのが正しい。

> 設問文全体の意味は「ジムは彼の母に、彼女がどれだけ悲しんでいるか認識し
> ていなかったと謝罪した」。

（2） ×are → ○is

これもbe動詞の問題。主語Everyoneは代名詞だが、単数形として扱うきまり
がある。従って、述語のbe動詞はareではなくisとなる。

> 設問文全体の意味は「車を運転しようとする者はだれでも運転免許を取得する
> 必要があるだろう」。

（3） ×rely → ○relied

rely onは「当てにする、頼る」という意味。マイク（Mike）は頼られる側な
ので、be動詞の後ろには過去分詞（relied）が入り、受動態にならなければ
ならない。

> 設問文全体の意味は「ジェーンは、マイクが頼れる人だと保証した」。

正解 **（1） D** **（2） B** **（3） E**

章 訂
正

各問いについて、文法上または用法上間違っているものをAからEの中から1つ選びなさい。

(1) These _A<u>results</u> _B<u>are</u> not something _C<u>that</u> I can _D<u>be</u> satisfied _E<u>for</u>.

○A results ○B are ○C that ○D be ○E for

(2) Never _A<u>I have</u> seen such a beautiful sunset _B<u>as</u> I _C<u>saw</u> _D<u>on</u> the beach _E<u>last</u> summer.

○A I have ○B as ○C saw ○D on ○E last

(3) In order _A<u>to see</u> _B<u>what wrong</u> _C<u>with</u> this bicycle, I _D<u>have to</u> _E<u>take</u> it apart.

○A to see ○B what wrong ○C with ○D have to
○E take

（1） ×for → ○with

前置詞の問題。be satisfied withで「〜に満足している」という意味になる。

> 設問文全体の意味は「これらの結果は私にとって満足できるものではない」。

（2） ×I have → ○have I

Neverは否定の意味の副詞。否定の意味の副詞や副詞句が強調の意味で文頭に置かれている場合、その後の語順は疑問文と同じになる（倒置）。

> 設問文全体の意味は「昨年の夏にその浜辺で見たものほど美しい夕日は見たことがない」。

（3） ×what wrong → ○what is wrong

これもbe動詞の問題。設問文は間接疑問で、疑問詞whatと形容詞wrongとの間にはbe動詞のisが入る。

> 設問文全体の意味は「この自転車のどこが悪いのかを見るためには、分解しなければならない」。

正解 **(1) E** **(2) A** **(3) B**

各問いについて、文法上または用法上間違っているものをAからEの中から1つ選びなさい。

(1) Because my laptop computer _A<u>was</u> _B<u>out</u> of order, I _C<u>will</u> _D<u>have it fix</u> in a few _E<u>days</u>.

　　○A　was　　　○B　out　　　○C　will　　　○D　have it fix
　　○E　days

(2) Kenji _A<u>has</u> _B<u>made</u> _C<u>remarkably</u> progress _D<u>in</u> English _E<u>in</u> the past year.

　　○A　has　　　○B　made　　　○C　remarkably　　　○D　in
　　○E　in

(3) We are _A<u>pleasant</u> _B<u>to</u> announce that _C<u>our</u> company _D<u>will</u> present a 3-day seminar _E<u>for</u> special customers.

　　○A　pleasant　　　○B　to　　　○C　our　　　○D　will　　　○E　for

(1) ×have it fix → ○have it fixed

設問文全体の意味は「私のラップトップコンピュータが故障したので、2、3日のうちに修理してもらうつもりです」。

この場合、使役動詞（have）＋ 目的語（it）＋ 過去分詞（fixed）の形を取るのが正解。

(2) ×remarkably → ○remarkable

名詞progressの前には副詞のremarkablyではなく形容詞のremarkableが入る。make remarkable progressで「目に見えて上達する」という意味。

設問文全体の意味は「ケンジはこの１年で英語が目に見えて上達した」。

(3) ×pleasant → ○pleased

pleasedは「うれしい、喜んで」という意味の形容詞。We are pleased to ～は、企業などが取引先や顧客に対して「（喜んで、謹んで）～いたします」という意を表すきまり文句のようなもの。

設問文全体の意味は「このたび、我が社は特別なお客様のために３日間のセミナーを開催することになりましたので、謹んでお知らせいたします」。

正解 **(1) D (2) C (3) A**

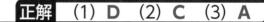

4章
訂正

6 和文英訳

ここがポイント！

．日本語の文と同じ意味になる英文を選ぶ．

◉ すべての選択肢に目を通す

◉ 似たような意味の文が複数あるときは、どちらが
設問文の日本語の意味により近いかを判断する

【例題】

はじめにあげた日本語の文の意味を最
もよく表す英文を１つ選びなさい。

私の兄は５年ぶりに帰省した。

○ A　My elder brother intended to
return home five years ago.

○ B　Five years have passed since
my elder brother returned
home.

○ C　My elder brother had forgotten
the promise of five years ago.

○ D　My elder brother returned
home after five years' absence.

○ E　My elder brother was supposed
to return home five years ago.

回答時間 ■■■■■■■■■■■□□□□■■■■■■■

次 へ

日本語の文の意味を最もよく表す英文を選ぶ問題。選択肢には同じ単語を使っていて紛らわしいものや、大意では同じといえるものもある。すべての選択肢に目を通し、似たような意味の文があるときは、どちらが設問の日本語の文により近いかを判断しよう。

【例題】

「5年ぶりに帰省する」 = return home after five years' absence

「5年ぶりに帰省する」は、「5年間不在にして、そのあとで家に戻る」ということ。Dを直訳すると「私の兄は5年間の不在ののちに家に戻った」となり、設問の日本語の意味に最も近い。

> 残りの選択肢の意味は以下の通り。
>
> A　私の兄は5年前に帰省するつもりだった。
>
> B　私の兄が帰省してから5年がたった。
>
> C　私の兄は5年前の約束を忘れていた。
>
> E　私の兄は5年前に帰省するはずだった。

正解 **D**

各問いについて、はじめにあげた日本語の文の意味を最もよく表す英文をAからEの中から1つ選びなさい。

（1） 今度こそ本当に飲酒をやめるつもりだ。

- ○A　It is possible for me to stop drinking alcohol.
- ○B　This time I'm really going to give up drinking alcohol.
- ○C　I am forced to stop drinking alcohol this time.
- ○D　Next time I will stop drinking alcohol for sure.
- ○E　This is the right time to give up drinking alcohol.

（2） 彼女はいつも誰よりも先に質問をする。

- ○A　Her answer is always to the point.
- ○B　No one can ask questions as fast as she can.
- ○C　She always asks more questions than any other student.
- ○D　She always tries to ask questions as fast as she can.
- ○E　She is always the first one to ask questions.

（3） 彼はサッカーをしてへとへとになった。

- ○A　He got tired of playing soccer.
- ○B　Playing soccer wore him out.
- ○C　He was so tired that he couldn't play soccer.
- ○D　He spent all his energy before playing soccer.
- ○E　It was a heavy burden for him to play soccer.

解　説

(1) 「今度こそ」という意味のthis timeと「本当にやめるつもり」という意味の
I'm really going to give upの両方を含むＢが正解。

> Ｅのthe right timeは「好機」という意味。文の意味は「これは飲酒をやめる
> 好機だ」。大意では設問の日本語に近いといえるが、「今度こそ」「本当にやめ
> るつもり」という意味はない。

(2) 「誰よりも先に」という意味のfirst oneを含むＥが正解。
Ｅの文を直訳すると「彼女はいつも最初に質問をする人だ」となる。

> Ｂの文の意味は「誰も彼女のようには素早く質問できない」。設問の日本語の
> 「いつも」に当たる言葉がない。また、設問の日本語は「質問をする順番」だ
> が、Ｂは「質問の速さ」。意味が異なる。

(3) 「へとへとにする」という意味のwore outを含むＢが正解。
woreはwearの過去形。過去分詞のworn は、worn outで「使い古した、す
り切れた、疲れ果てた」という意味の言葉になる。

> Ｅのburdenは「負担」という意味。文の意味は「彼にとってサッカーをする
> ことは大きな負担だった」。

正解 (1) **B** (2) **E** (3) **B**

各問いについて、はじめにあげた日本語の文の意味を最もよく表す英文をAからEの中から1つ選びなさい。

（1）　彼は何とか時間通りに駅に到着することができた。

○A　He arrived at the station as planned.

○B　He managed to get to the station on time.

○C　He was fortunate to get to the station on time.

○D　Arriving at the station on time depended largely on his ability.

○E　There was a possibility of his arriving at the station on time.

（2）　私が期待に添えなかったので、父はがっかりした。

○A　My father felt disappointed that I didn't try to do my best.

○B　I intended to succeed, but I could not.

○C　I'm shocked to hear that my father's plan has not been realized.

○D　My father felt disappointed that I couldn't come up to his expectations.

○E　I was disappointed that my father wasn't able to succeed.

（3）　わざわざ、お見送りに来ていただかなくても結構です。

○A　I would not allow your coming to see me off.

○B　You need not have come from such a distant place.

○C　You need not bother to see me off.

○D　It is kind of you to come to see me off.

○E　Please come on time if at all possible.

（1）　「何とか～する（やっとのことで～する）」という意味のmanage toと「時間通りに」という意味のon timeの両方を含むＢが正解。

> Ａの文の意味は「彼は計画通りに駅に到着した」。設問の日本語の「何とか～する」に当たる言葉がない。また「計画通り」は大意では「時間通りに」と同じと言えるが、Ｂのon timeのほうがより適切。

（2）　「（期待などに）添う」という意味のcome up toを含むＤが正解。

> Ａの文の意味は「私がベストを尽くさなかったので、父はがっかりした」。設問の日本語の「私が期待に添えなかったので、父はがっかりした」に似ているが、「期待に添えなかった」に相当する表現として、より適切なcouldn't come up toを含むＤが正解。

（3）　「わざわざ～しない」という意味のnot bother toを含むＣが正解。
botherには「思い悩む、気にする」という意味のほか、bother to ～で「わざわざ～する」という意味がある。基本的に否定文で使う。

> Ｂの文の意味は「そんなに遠い場所から来ていただかなくても結構でしたのに」。設問の日本語の「わざわざ」「見送り」に当たる言葉がない。「遠い場所」も設問とは異なる。
> ＤのIt is kind of youは「～してくれてありがとう」という意味。

正解　**(1) B　(2) D　(3) C**

7 長文読解

英文を読み、英語の設問に答える

◉ 短時間で情報を正しく読み取ることが必要

◉ 先に設問を確認してから必要な箇所だけ本文を読む

【例題】

次の文を読んで、各問いに答えなさい。

この問題は3問組です

The inventor of the sandwich was a very important person in 18th century Great Britain. John Montagu was born in 1718 and became the 4th Earl of Sandwich at the age of ten. He was later postmaster general, a member of the House of Lords, and three-times First Lord of the Admiralty (equivalent to Secretary of the Navy.)

He was said to be a bit of a rake and made many political enemies who were not averse to slandering and libeling him. There are two stories on how the sandwich was born in 1762. One says the Earl was such a reprobate that he could not leave the gambling table to grab a proper bite to eat, and ordered up a few slices of beef between two pieces of bread.

The other (less sensational) story is that the hard-working First Lord of the Admiralty placed his momentous order because he often worked at his desk past dinner time.

Whichever story is true; the invention was named after the Earl of Sandwich and became a godsend for people on the go. A world of possibilities pressed between a couple of slices of bread is now ours to enjoy.

That first simple sandwich spread throughout the world while constantly evolving. From France we have the delectable croque madame, a grilled ham and cheese sandwich topped with a fried egg. New York is home to the Reuben, toasted rye bread with corned beef, melted Swiss cheese and Thousand Island dressing.

Moving through Asia, in Vietnam we find banh mi, a baguette filled with savory pork cold cuts, pickled vegetables, herbs and mayonnaise.

回答時間 ■■■■■■■■■■■ ■■ ■■ ■■ ■■ ■■ ■■

When did John Montagu become the 4th Earl of Sandwich ?

- ○ A in 1718
- ○ B in 1728
- ○ C in 1762
- ○ D in 1800
- ○ E in 1822

1 2 3

次へ

（「Origin of the sandwich」Steve Ford）

※ カンタン解法 ※

正しく情報を探せるかを見るタイプの問題が出題されやすい。まずは設問に目を通し、その上で必要な箇所を探す方法で取り組もう。

【例題】

設問のthe 4th Earl of Sandwichは、「4代目のサンドイッチ伯爵」という意味。ジョン・モンタギュー（John Montagu）が、いつ4代目のサンドイッチ伯爵になったかを答える。

John Montaguについて本文を探すと、2～4行目（第1段落）に出てくる。

→ 1718年生まれ

in 18th century Great Britain. **John Montagu** was born in 1718 and became the 4th Earl of Sandwich at the age of ten. He was later postmaster general, a member of the

→ 10歳でサンドイッチ伯爵になった

1718＋10＝1728年（サンドイッチ伯爵になった年）

正解 B

【補足：テーマの当たりをつけておこう】

長文読解では、本文のテーマが先にわかっていると回答に役立つ。設問に目を通した後、できれば本文全体にざっと目を通し、テーマの当たりをつけておこう。また、長文によっては、末尾に引用元の書籍名が示されていることもある。テーマのヒントになるので、注意して見てみよう。

次の文を読んで、各問いに答えなさい。

※【例題】の続き（組問題）

The inventor of the sandwich was a very important person in 18th century Great Britain. John Montagu was born in 1718 and became the 4th Earl of Sandwich at the age of ten. He was later postmaster general, a member of the House of Lords, and three-times First Lord of the Admiralty (equivalent to Secretary of the Navy.)

He was said to be a bit of a rake and made many political enemies who were not averse to slandering and libeling him. There are two stories on how the sandwich was born in 1762. One says the Earl was such a reprobate that he could not leave the gambling table to grab a proper bite to eat, and ordered up a few slices of beef between two pieces of bread.

The other (less sensational) story is that the hard-working First Lord of the Admiralty placed his momentous order because he often worked at his desk past dinner time.

Whichever story is true; the invention was named after the Earl of Sandwich and became a godsend for people on the go. A world of possibilities pressed between a couple of slices of bread is now ours to enjoy.

That first simple sandwich spread throughout the world while constantly evolving. From France we have the delectable croque madame, a grilled ham and cheese sandwich topped with a fried egg. New York is home to the Reuben, toasted rye bread with corned beef, melted Swiss cheese and Thousand Island dressing.

Moving through Asia, in Vietnam we find banh mi, a baguette filled with savory pork cold cuts, pickled vegetables, herbs and mayonnaise.

（「Origin of the sandwich」Steve Ford）

（1） What is the dish that the Earl of Sandwich ordered up ?

- ○A　a baguette filled with pork, pickled vegetables and other ingredients
- ○B　a grilled ham and cheese sandwich topped with a fried egg
- ○C　toasted rye bread with a fried egg
- ○D　a few slices of beef between two pieces of bread
- ○E　bread with Thousand Island dressing

（2） Which of the following is true of the sandwich ?

① It was invented for the House of Lords.

② In Europe, only British people eat it.

③ There are two stories about the origin of it.

○A ①only ○B ②only ○C ③only ○D ①and② ○E ②and③

解　説

(1) 設問の意味は、「サンドイッチ伯爵が注文した食べ物は何ですか？」。本文を探すと、該当箇所は７～８行目（第２段落の後半）。「the Earl was such a reprobate（略）and ordered up a few slices of beef between two pieces of bread.（伯爵が非常に無頼漢だったので（略）数切れの牛肉を２枚のパンにはさんだものを注文した）」とある。

(2) 設問の意味は、「サンドイッチについて正しいのは以下のどれですか？」。①～③について、正誤を判定する。

❌ 意味は「貴族院のために発明された」。「House of Lords（貴族院）」はサンドイッチ伯爵の経歴の１つとして３行目（第１段落）に出てくるが、サンドイッチの発明とは関係ない。間違い。

❌ 意味は「ヨーロッパでは、イギリス人しか食べない」。サンドイッチが世界に広がった例として、15行目（第５段落）で最初にフランスの「croque madame（クロックマダム）」のことが述べられている。間違い。

③ 意味は「起源について２つのストーリーがある」。起源とは、サンドイッチがどのようにして生まれたのかということ。６行目（第２段落）に「There are two stories on how the sandwich was born in 1762.（サンドイッチがどのようにして1762年に生まれたのかについては２つのストーリーがある）」とある。正しい。

※２つのストーリーは以下の通り。

１つめ：賭博台を離れることができなかったから（第２段落）

２つめ：海軍大臣の仕事が忙しかったから（第３段落）

正解　(1) D　(2) C

4章 長文読解

次の文を読んで、各問いに答えなさい。

I enjoyed driving in Japan where almost everyone obeys the rules. You know what to expect. There are a lot of cars on the road, but it is rarely chaotic. The drivers are as evolved as the economy. My biggest fear was not other drivers, it was getting caught in a narrow, dead-end road and having to back my SUV up, while trying not to scrape the sides.

I also learned about six-hour traffic jams to go 30 km. It seems many people in Japan choose to go to the same place at the same time. It only took me once to learn that lesson.

I recently moved to small-town America. The drivers are very orderly but there is a new dynamic that is confusing. They are so polite they don't actually obey the rules. They slow down and let you turn in front of them. This is very puzzling when you are new and don't know the rules or when you are not sure if the other person is using "small-town polite" rules or regular driving rules.

(「Road rules」 Maria Bromley)

---

(1) According to the article, what was the biggest fear that the author had felt in Japan ?

○A Six-hour traffic jams to go 30 km.

○B Japanese drivers.

○C Getting caught in a narrow, dead-end road and having to back her SUV up.

○D Very orderly drivers.

○E The person who was using "small-town polite" rules.

(2) Which of the following is true of the Japanese drivers ?

①They don't obey the rules.

②It seems that they choose to go to the same place at the same time.

③Almost everyone obeys the rules.

○A ①only　　○B ②only　　○C ③only　　○D ①and②　　○E ②and③

※ 解　説 ※

(1) 設問の意味は、「本文によると、筆者が日本で最も怖かったことは何ですか?」。本文を探すと、該当箇所は3〜5行目(第1段落の後半)。「it was getting caught in a narrow, dead-end road and having to back my SUV up, while trying not to scrape the sides. (狭い行き止まりの道に入ってしまい、側面をこすらないように多目的スポーツ車をバックさせなければならなかったことだった)」とある。

(2) 設問の意味は、「日本のドライバーたちについて正しいのは以下のどれですか?」。①〜③について、正誤を判定する。

　　意味は「彼らは規則に従わない」。1行目に「I enjoyed driving in Japan where almost everyone obeys the rules. (私は日本でのドライブを楽しんだが、そこでは、ほぼ誰もが規則に従っていた)」とある。間違い。

　　※規則に従わないドライバーたちは、アメリカの田舎町での運転体験について述べた第3段落に出てくる。

②意味は「彼らは同じ時間に同じ場所に行こうとするようだ」。6〜7行目(第2段落)に「It seems many people in Japan choose to go to the same place at the same time. (日本では、多くの人々が同じ時間に同じ場所に行こうとするようだ)」とある。正しい。

③意味は「ほぼ誰もが規則に従う」。①で解説したとおり、日本では、ほぼ誰もが規則に従っていたことが述べられている。正しい。

正解　(1) C　(2) E

本 文 の 訳

●例題 (P.376) と練習問題1 (P.378)

サンドイッチの発明者は18世紀英国の非常に重要な人物だった。ジョン・モンタギューは1718年に生まれ、10歳で4代目のサンドイッチ伯爵になった。彼は後の郵政大臣であり、貴族院のメンバーであり、海軍大臣（米国の海軍長官に相当する）に3度なった。

彼には道楽者の気があったと言われ、彼を中傷したり、侮辱することをためらわない政敵を多く作っていた。サンドイッチがどのようにして1762年に生まれたのかについては2つのストーリーがある。ひとつは、伯爵が非常に無頼漢だったので、ちゃんと軽食をとるために賭博台を離れることができなかった、そこで数切れの牛肉を2枚のパンにはさんだものを注文した、というものである。

もうひとつの（少し面白みを欠く）ストーリーは、たびたびディナーの時間を過ぎてもデスクで仕事をしていたので、激務の海軍大臣は重大な注文を行った、というものだ。

どちらの話が本当であれ、この発明にはサンドイッチ伯爵にちなんだ名前が付けられ、とても忙しい人々には天の恵みとなった。2切れのパンの間にはさまれる可能性の世界は、今では私たちを楽しませる。

最初のシンプルなサンドイッチは絶え間なく進化しながら世界中に広がった。フランスからはグリルしたハムとチーズのサンドイッチの上にフライド・エッグをのせたおいしい食べ物クロックマダム。ニューヨークはトーストしたライ麦パンにコーンビーフ、溶けたスイスチーズとサザンアイランドドレッシングをはさんだルーベンの故郷だ。

アジアを移動していると、ベトナムで私たちは食欲をそそるハム、サラミなどのスライスや酢漬けの野菜、ハーブとマヨネーズでいっぱいにしたバゲットであるバインミーに出会う。

(週刊ST ONLINE, http://st.japantimes.co.jp/essay/, ジャパンタイムズ, 2009年6月19日)

●練習問題2 (P.380)

私は日本でのドライブを楽しんだが、そこでは、ほぼ誰もが規則に従っていた。何を予期すべきなのかがわかるだろう。そこでは多くの車が走っているが、混乱状態になることはめったにない。ドライバーたちは経済と同じくらい進化している。私が最も怖かったことは、他のドライバーたちではなく、狭い行き止まりの道に入ってしまい、側面をこすらないように多目的スポーツ車をバックさせなければならなかったことだった。

30km進むのに6時間ほどかかる渋滞からも学んだ。日本では、多くの人々が同じ時間に同じ場所に行こうとするようだ。そのことを学ぶには1度で充分だった。

私は最近になってアメリカの田舎町に引っ越した。ドライバーたちはとても秩序があるが、そこには混乱の新しい原動力がある。彼らは礼儀正しすぎて、実はかえって規則に従わない。彼らは減速してあなたを彼らの真ん前で曲がらせてくれる。その町が初めてで規則を知らないときや、他の人たちが"田舎町の礼儀正しさ"規則と普通の交通規則のどちらを使っているのかわからないときは、大変に混乱するだろう。

(週刊ST ONLINE, http://st.japantimes.co.jp/essay/, ジャパンタイムズ, 2013年2月15日)

テストセンター
構造的把握力

テストセンター 構造的把握力の概要

 構造的把握力の出題範囲

	テストセンター	掲載ページ
非言語系	◎	p.386
言語系	◎	p.396

◎：高い頻度で出題される

※上表のデータは、SPIノートの会の独自調査によるものです。無断転載を禁じます。

© SPI ノートの会

 非言語系、言語系の順に出題される

　構造的把握力では、4～5程度の箇条書きになった文章や問題を、その性質に応じて分類します。非言語系、言語系の順に問題が出題されます。問題数は非言語系と言語系でだいたい同じくらいの割合です。ただし、テストセンターの性質上、どの分野が何問出題されるかは決まっていません。

 短時間で構造をつかむ

　非言語系、言語系ともに、1問あたりに使える時間が短いのが特徴です。構造を大づかみに把握して、素早く判断していくことが必要です。

構造的把握力の設問内容と対策

●非言語系

　非言語の文章題が4つ提示され、その中から問題の構造が似ているもの（通常は2つ）を選びます。問題の構造が似ているというのは「解いてみたときに、同じような式が立つもの」のことです。

　問われているのは問題の構造なので、式の答えを最後まで求める必要はありません。文章を読んだだけで、問題の構造が思い浮かぶようになるのが理想的です。

●言語系

　5つの文章を、その性質に応じて分類します。文の構造によって分類する問題や、論理的に間違った会話の間違い方で分類する問題などが出題されます。

　箇条書きの文章から共通点を探すなどの方法で、分類のとっかかりを見つけましょう。

① 非言語系

ここがポイント！

問題の構造が共通しているものを選ぶ

◎図にすると、どんな関係になるか考える

◎同じような式で解けるものを見つける

【例題】

次のア〜エのうち、問題の構造が似ているものの
組み合わせを１つ選びなさい。

ア　ひもを１本購入して、全体の3/7を使ったら、残り
　　は48cmだった。ひもの最初の長さは何cmか。

イ　ある会社では、社員120人のうち35％が通勤にバ
　　スを使っている。通勤にバスを使っていない社員は
　　何人か。

ウ　あるマンションでは住人の85％が成人で、未成年
　　は75人だった。このマンションの住人は何人か。

エ　ある学校の美術部員30人のうち女性の割合は60％
　　だが、書道部と合わせると部員60人のうち女性の
　　割合は70％である。書道部の女性は何人か。

- ○ A　アとイ
- ○ B　アとウ
- ○ C　アとエ
- ○ D　イとウ
- ○ E　イとエ
- ○ F　ウとエ

回答時間 ■■■■■■■■■■■■■■■■■

次へ

ア～エはいずれも、何らかの割合に関する文章題だ。この中から、「解いてみたとき
に、同じような式が立つもの」を選ぶ。

似ているのはアとウ。どちらも「部分の数と割合から全体の数を求める」問題。

※以下では、参考までに計算結果を載せている。実際には、問われているのは問題の構造なので、式
の答えを最後まで求める必要はない。文章を読んだだけで式の構造が浮かぶようになるのが理想的。

部分の数 (残り)	部分の割合		全体の数 (ひも全体)
48cm	÷ $\left(1-\dfrac{3}{7}\right)$	=	84cm

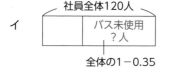

全体の数 (社員)	部分の割合		部分の数 (バス未使用)
120人	× (1−0.35)	=	78人

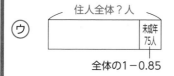

部分の数 (未成年)	部分の割合		全体の数 (住人全体)
75人	÷ (1−0.85)	=	500人

全体の 数	部分の 割合	美術部	部分の 割合		部分の数 (書道部の女)
(60人 × 0.7)		−	(30人 × 0.6)	=	24人

イとエは、「割合を使って部分の数を求める」ところは似ているが、エのみ、さらに
引き算が必要なところが異なる。

正解 **B**

練習問題 ① 非言語系

(問) 次のア〜エのうち、問題の構造が似ているものの組み合わせを1つ選びなさい。

ア　ミカン1個とリンゴ2個を合計290円で購入した。ミカンが50円だとするとリンゴは1個いくらか。

イ　父は母より5歳年上で、2人の年齢を足すと87歳である。このとき母は何歳か。

ウ　ある商品は先週と今週で合計310個売れたが、今週は先週よりも56個少なかった。今週は何個売れたか。

エ　犬と猫が合わせて42匹いる。そのうち28匹は犬である。猫は何匹か。

○A　アとイ　　　○B　アとウ　　　○C　アとエ　　　○D　イとウ

○E　イとエ　　　○F　ウとエ

問題の構造が似ているのはイとウ。どちらも「2つの和から差を引いて2で割ると小さいほうの値となる」問題。

ア

合計	ミカン金額	リンゴ個数	リンゴ1個
(290円	－ 50円)	÷ 2個	= 120円

イ

2つの和	差	小さいほうの値 (母の年齢)
(87歳	－ 5歳)	÷ 2 = 41歳

ウ

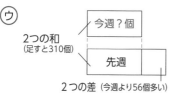

2つの和	差	小さいほうの値 (今週の個数)
(310個	－ 56個)	÷ 2 = 127個

エ

合計	犬	猫
42匹	－ 28匹	= 14匹

アは、「引き算をしてから2で割る」ところがイ・ウと似ているが、引くものが、ミカンの金額であり、ミカンとリンゴの差ではないところなどが異なる。

正解　D

(問) 次のア～エのうち、問題の構造が似ているものの組み合わせを1つ選びなさい。

ア　ある月の支出は収入の90%で、そのうちの25%が食費、8%が光熱費だった。食費に使った支出は、収入の何%か。

イ　全店の売上高に占める店ごとの割合は、P店が20%、Q店が15%である。P店の売上高が260万円のとき、Q店の売上高はいくらか。

ウ　姉と弟の2人で庭の草むしりをすることになり、姉は全体の1/3を、弟は全体の3/8を行った。残りは全体のどれだけか。

エ　イモが1箱ある。その半分を兄にあげたところ、兄はもらった中から1/5を妹に分けた。妹がもらったイモは、1箱のどれだけか。

○A　アとイ　　　○B　アとウ　　　○C　アとエ　　　○D　イとウ

○E　イとエ　　　○F　ウとエ

問題の構造が似ているのはアとエ。どちらも「全体の一部分のさらに一部分が、全体に占める割合を求める」問題。

ⓐ

全体の 割合 （収入）	全体に 対する割合 （支出）	部分に 対する割合 （食費）	全体に 対する割合 （食費は収入 のどれだけ）
1	× 0.9	× 0.25	= 0.225 = 22.5%

支出の25%←収入全体のどれだけ？

イ

売上高の全体

全売上高 （P 売上 ÷ P 割合）	部分の割合 （Q 割合）	部分の数 （Q 売上高）
260万円	÷ 0.2	× 0.15 = 195万円

ウ

全体（庭）　部分（姉）　部分（弟）　残りの部分

$$1 - \frac{1}{3} - \frac{3}{8} = \frac{7}{24}$$

ⓔ

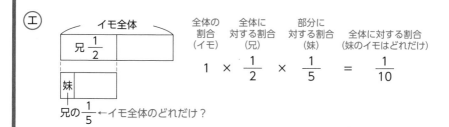

全体の 割合 （イモ）	全体に 対する割合 （兄）	部分に 対する割合 （妹）	全体に対する割合 （妹のイモはどれだけ）
1	× $\frac{1}{2}$	× $\frac{1}{5}$	= $\frac{1}{10}$

兄の$\frac{1}{5}$←イモ全体のどれだけ？

イとウは、「部分を求める」ところは似ているが、イは割り算とかけ算で求め、ウは引き算で求めるところが異なる。

正解 C

(問) 次のア〜エのうち、問題の構造が似ているものの組み合わせを1つ選びなさい。

ア　ある仕事を終えるのに、Pは5日間かかり、Qは7日間かかる。2人が一緒に仕事をすると、1日で全体のどれだけを終えることができるか。

イ　ある駅では上り電車は15分間隔、下り電車は18分間隔で発車している。9時ちょうどに上りと下りが同時に発車した場合、次に上りと下りが同時に発車するのは何時何分か。

ウ　ある人は自宅から駅まで、自転車では8分、徒歩では20分かかる。この人が自宅から図書館まで自転車で10分かかる場合、徒歩では何分かかるか。

エ　ある蛇口は2時間に300リットルの水を出すことができる。この蛇口で、ある水槽を満水にするのに5時間かかるとき、水槽の容量は何リットルか。

○A　アとイ　　　　○B　アとウ　　　　○C　アとエ　　　　○D　イとウ

○E　イとエ　　　　○F　ウとエ

問題の構造が似ているのはウとエ。どちらも「比を使って、もう一方の値を求める」問題。

ア

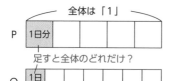

P の1日分　　　Q の1日分　　　2人の1日分

$$\frac{1}{5} + \frac{1}{7} = \frac{12}{35}$$

イ

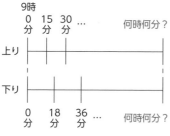

上りと下りの電車は、15分と18分の公倍数となる時間ごとに同時発車する。

$$\begin{array}{r} 3\,)\underline{15\quad 18} \\ 5\quad 6 \end{array}$$

$3 \times 5 \times 6 = 90$分後

➡ 10時30分

ウ

自転車　　徒歩　　　自転車　　徒歩

8分 : 20分 = 10分 : x

$x = 25$

エ

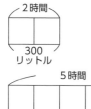

時間　　　容量　　　　時間　　容量

2時間 : 300リットル = 5時間 : x

$x = 750$

正解　**F**

(問) 次のア～エのうち、問題の構造が似ているものの組み合わせを１つ選びなさい。

ア　８人で旅行に行く。この８人を４人ずつ２グループにすると分け方は何通りあるか。

イ　５色の玉が１個ずつある。この５個を残らずＰとＱの２人で分ける。２人とも少なくとも１個はもらえるようにするとき、分け方は何通りあるか。

ウ　６人の社員が、月曜日から土曜日までの６日間、１人ずつ交代で宿直をする。だれが何曜日に宿直をするか、その割り当て方は何通りあるか。

エ　100円、500円、1000円の商品券が１枚ずつある。この商品券を使って、ちょうど支払うことができる金額は何通りあるか。

○A　アとイ　　　○B　アとウ　　　○C　アとエ　　　○D　イとウ
○E　イとエ　　　○F　ウとエ

問題の構造が似ているのはイとエ。どちらも、「組み合わせの和」を求める。

ア　全体（8人）から片方のグループ（4人）を選ぶ「組み合わせ」。

8人から　4人を選ぶ

$$_8C_4 = \frac{8 \times 7 \times 6 \times 5}{4 \times 3 \times 2 \times 1} = 70通り$$

イ　全体（5個）からPが1個もらう場合、2個もらう場合、3個もらう場合、4個もらう場合の「組み合わせの和」。

1個 または 2個 または 3個 または 4個

$$_5C_1 + {}_5C_2 + {}_5C_3 + {}_5C_4 = 5 + \frac{5 \times 4}{2 \times 1} + \frac{5 \times 4 \times 3}{3 \times 2 \times 1} + \frac{5 \times 4 \times 3 \times 2}{4 \times 3 \times 2 \times 1} = 30通り$$

ウ　月曜日から土曜日までの宿直の「組み合わせの積」（月曜日は6人から選ぶので6通り、火曜日は残り5人から選ぶので5通り…）。

月　かつ　火　かつ　水　かつ　木　かつ　金　かつ　土
6　×　5　×　4　×　3　×　2　×　1　＝　720通り

エ　全体（3枚）から1枚使う場合、2枚使う場合、3枚使う場合の「組み合わせの和」。

1枚 または 2枚 または 3枚

$$_3C_1 + {}_3C_2 + {}_3C_3 = 3 + \frac{3 \times 2}{2 \times 1} + 1 = 7通り$$

正解　**E**

5章 非言語系

ここがポイント！

5つの文章を分類する

● 文の構造の問題では、文章どうしの共通点を探す
● 間違い方で分類する問題では、ＸとＹ両方の発言の意味を読み取る

【例題】

次のア～オを「文の構造」によってＡグループ（2つ）とＢグループ（3つ）に分けるとする。このとき、Ａグループに分類されるものはどれとどれか。

ア　その職人はまだ若くて不慣れに見えたが、仕上げの美しさと手早さには驚いた。

イ　ビルの屋上から市街を見渡したが、美しい眺めだった。

ウ　イルカのショーで話題になった水族館に行ったが、大人でも充分に見応えがあった。

エ　友人に強く勧められた靴店に行ったが、私の好みの靴はなかった。

オ　泊まったホテルの客室はシングルだったが、予想以上に広かった。

- ○ A　アとイ
- ○ B　アとウ
- ○ C　アとエ
- ○ D　アとオ
- ○ E　イとウ
- ○ F　イとエ
- ○ G　イとオ
- ○ H　ウとエ
- ○ I　ウとオ
- ○ J　エとオ

回答時間 ■■■■■■■■■■■■■■■■■■■■■

次へ

※ カンタン解法 ※

「文の構造」についての問題では、ア～オの文の共通点を探そう。

ア～オの文章は、どれも前半と後半が接続助詞「が」でつながっている。ここでの「が」の意味合いは、以下の2通りに分類される。

「対比的な事柄をつなげる」ア、エ、オ
「単に前の事柄を後の事柄につなげる」イ、ウ

● 「対比的な事柄をつなげる」の例（ア）

「が」が、対比的な内容や相反する内容をつなげる役割を持つ。逆接。

ア　その職人はまだ若くて不慣れに見えた　が、

　　　　　　　　　　　　└──→ マイナスの印象　　┌「にも関わらず」などで
　　　　　　　　　　　　　　　　　　　　　　　　　└言い換え可能。

　　仕上げの美しさと手早さには驚いた。↓
　　　　　　　　　　　└──→ 印象とは逆の結果

● 「単に前の事柄を後の事柄につなげる」の例（イ）

「が」が、前後の事柄をつなげて1つの文にする役割を持つ。

イ　ビルの屋上から市街を見渡した　が、

　　　　　　　　└──→ 事柄①　　┌「ところ」などで
　　　　　　　　　　　　↓　　　　└言い換え可能。
　　美しい眺めだった。
　　　　　　　　└──→ 事柄②

Aグループ（2つ）を答えるので、当てはまるのは「E　イとウ」。

正解 E

(問) 次のア～オの会話で、Yの言ったことは論理的に間違っている。「間違い方」でA（2つ）とB（3つ）に分けるとする。このとき、Aグループに分類されるものはどれとどれか。

ア　X「Oさんは円周率を100桁、暗記しています。」
　　Y「では、Oさんはきっと数学が得意に違いない。」

イ　X「Pさんの学校のブラスバンド部が全国大会で優勝しました。」
　　Y「では、Pさんはきっと楽器の演奏が上手に違いない。」

ウ　X「Qさんは針に糸を通すのが得意です。」
　　Y「では、Qさんはきっと洋裁が上手に違いない。」

エ　X「Rさんは有名な建物を設計した建築事務所で働いています。」
　　Y「では、Rさんはきっとセンスが良いに違いない。」

オ　X「Sさんは英語のテストでクラス1位になりました。」
　　Y「では、Sさんはきっと英会話が得意に違いない。」

○A　アとイ　　　　○B　アとウ　　　　○C　アとエ　　　　○D　アとオ

○E　イとウ　　　　○F　イとエ　　　　○G　イとオ　　　　○H　ウとエ

○I　ウとオ　　　　○J　エとオ

「間違い方」について分類する問題。ア～オはどれも、Xに対してYが論理的に間違った返答をしている。Yが間違っている根拠はXにあるので、Xの違いで分類する。Xの違いは以下の2通りに分類される。

「会話に出てくる人自身の能力」ア、ウ、オ

「会話に出てくる人が所属する部などの実績」イ、エ

● 「会話に出てくる人自身の能力」の例（ア）

ア　X「Oさんは<u>円周率を100桁、暗記しています。</u>」

　　　　　　　　　　　→ Oさん自身の能力の話
　　　　　　　　　　　　（円周率を100桁暗記）

　　Y「では、Oさんはきっと<u>数学が得意に違いない。</u>」

　　　　　　　　　　　→ 円周率を100桁暗記したからといって、
　　　　　　　　　　　　数学が得意とは限らない
　　　　　　　　　　　　（論理的に間違っている）

● 「会話に出てくる人が所属する部などの実績」の例（イ）

イ　X「Pさんの<u>学校のブラスバンド部が全国大会で優勝</u>しました。」

　　　　　　　　　　　→ 学校のブラスバンド部の実績
　　　　　　　　　　　　（Pさん自身との関連は不明）

　　Y「では、Pさんはきっと<u>楽器の演奏が上手に違いない。</u>」

　　　　　　　　　　　→ 学校のブラスバンド部が優勝したからといって、
　　　　　　　　　　　　Pさんの演奏が上手とは限らない
　　　　　　　　　　　　（論理的に間違っている）

当てはまるのは「F　イとエ」。

正解　**F**

(問) 次のア〜オを「色についての説明」によってAグループ（2つ）とBグループ（3つ）に分けるとする。このとき、Aグループに分類されるものはどれとどれか。

ア　東京タワーの赤い色は、航空法の規定によるものだ。

イ　木の葉が緑色なのは、葉に含まれるクロロフィルによるものだ。

ウ　医者の白衣が白いのは、汚れなどがついたときに目立ちやすいという衛生的な理由からである。

エ　人の注意を引きつけやすいことから、道路標識には黄色が多く使われている。

オ　空が青く見えるのは、波長の短い青い光が空気中に散乱するからだ。

○A　アとイ　　　○B　アとウ　　　○C　アとエ　　　○D　アとオ

○E　イとウ　　　○F　イとエ　　　○G　イとオ　　　○H　ウとエ

○I　ウとオ　　　○J　エとオ

「色についての説明」を分類する問題。

選択肢は以下の2通りに分類される。

「人為的に使われる色の説明」ア、ウ、エ

「自然現象としての色の説明」イ、オ

● 「人為的に使われる色の説明」の例（ア）

ア　<u>東京タワーの赤い色</u>は、<u>航空法の規定によるものだ。</u>
　　　└───────→人為的に使われる色　└→色の説明

● 「自然現象としての色の説明」の例（イ）

イ　<u>木の葉が緑色なのは、葉に含まれるクロロフィルによるものだ。</u>
　　　└────────→自然現象としての色　└→色の説明

当てはまるのは「G　イとオ」。

正解 **G**

(問) 次のア～オを「サクランボの説明の仕方」によってAグループ（2つ）とBグループ（3つ）に分けるとする。このとき、Aグループに分類されるものはどれとどれか。

ア　サクランボには1粒あたり数百円するものもある。

イ　サクランボは、バラ科の果樹であるミザクラの果実だ。

ウ　サクランボがなるミザクラには、種類によって自家受粉するものとしないものがある。

エ　サクランボの出荷のピークはだいたい6～7月だ。

オ　サクランボは生食のほか、ジャムに加工することもある。

○A　アとイ　　　　○B　アとウ　　　　○C　アとエ　　　　○D　アとオ

○E　イとウ　　　　○F　イとエ　　　　○G　イとオ　　　　○H　ウとエ

○I　ウとオ　　　　○J　エとオ

「サクランボの説明の仕方」について分類する問題。

選択肢は以下の2通りに分類される。

「収穫後のサクランボに関する説明」ア、エ、オ

「サクランボの生態の説明」イ、ウ

● 「収穫後のサクランボについての説明」の例（ア）

ア　サクランボには1粒あたり数百円するものもある。

　　　　　　　　　→収穫後のサクランボが商品として流通するときの話

● 「サクランボの生態の説明」の例（イ）

イ　サクランボは、バラ科の果樹であるミザクラの果実だ。

　　　　　　　　　→サクランボの生態

当てはまるのは「E　イとウ」。

正解　E

Webサイトでも貴重な情報をお知らせしています

「SPIノートの会」は、独自の Web サイトを開設しています。

https://www.spinote.jp/

就活生、転職志望者、大学就職課、そして、企業の人事担当者にも活用していただける貴重な採用テスト情報・就活情報を公開しています。今後も続々と新情報を掲載しますので、乞うご期待！

テストセンター
性格

テストセンター　性格検査の概要

3部構成、画面ごとに制限時間がある

　テストセンターの性格検査は3部構成です。基礎能力検査などと同じく、画面ごとの制限時間があります。質問数と制限時間は以下の通りです。

テストセンターの性格検査の構成

	質問数	制限時間
第1部	約90問	約12分
第2部	約130問	約13分
第3部	約70問	約11分

※質問数や制限時間は異なることもあります。正確な質問数と制限時間は、性格検査を受検する前の画面で確認できます。

●第1部と第3部

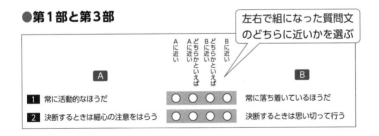

●第2部

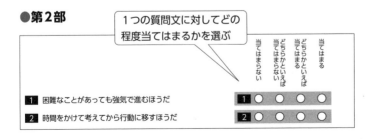

406

テストセンターの性格検査は何を見る検査か

　テストセンターの性格検査は、企業の風土や職務内容に、受検者がどの程度、適しているかを客観的に診断するための検査です。大きく分けて以下の3つの項目で診断をします。

・**職務適応性**

　「多くの人と接する仕事」など、さまざまな特徴を持つ職務に対して、受検者がどの程度適しているかを診断します。

・**組織適応性**

　「創造（重視風土)」などの組織風土に対して、受検者がどの程度適しているかを診断します。

・**性格特徴**

　受検者の性格にどのような傾向があるかを、行動、意欲、情緒、社会関係の4つの側面で診断します。

全問回答を心がけよう

　テストセンターの性格検査は全問回答を前提に診断されます。質問数が多く、答えきれないことがあるかもしれませんが、**なるべく全問に回答することを心がけましょう**。未回答があまりにも多いと、正しい診断結果が出ません。

　また、**画面ごとの制限時間にも注意しましょう**。制限時間を過ぎると、未回答の質問が残っていても自動的に次の画面に切り替わってしまいます。あまり考え込まずにスピーディーに回答することを心がけましょう。

テストセンターの性格検査は
こう考えよう

テストセンターの性格検査は「適社・適職」探しにつながる

　企業が応募者に求める人物像は、企業ごと、また職種ごとに違います。ですから、企業は応募者が自社の風土や職務内容に適しているかを重視します。企業にとって、テストセンターの性格検査は、こうした観点から応募者を客観的に判断するための重要なツールなのです。

　受検者にとって大事なのは、自分がその企業の風土や職務内容に合っているかどうかを知ることです。まずは、応募企業が求める人物像を知ることから始めましょう。研究を進めて理解が深まれば、性格検査の質問に対してどう答えればよいのか、推測できるようになってきます。

　志望企業を絞り込んでいないときは、逆に「自分はどんな企業で働きたいのか」「どのような職種につきたいのか」を考えることから始めましょう。テストセンターの性格検査対策は、「適社・適職探し」につながるのです。

性格検査は自分を補足説明してくれる資料

　企業にとって、テストセンターの性格検査は、必ずしも受検者をふるい落とすためのものではありません。**その後の面接などの選考過程で、より詳しく受検者の人物面を確認するための資料づくり**という側面があります。

　面接官は応募者が自社に適しているか、さまざまな切り口で確認したいと考えています。しかし面接の時間は限られています。客観的な指標に基づいた受検者の診断結果は、応募者を知るための貴重な資料なのです。

　性格検査を受検するときは、ただ「テストさえ通過すればいい」と考えるのではなく、その後の過程で自分を補足説明する資料づくりに協力するつもりで回答しましょう。性格検査も、自分を知ってもらうための手段の1つなのです。

働くときの自分を想定して答える

　回答するときは、「社会に出て働いている自分」ならどう考えるか、どう行動するかということを念頭に置きましょう。

　働くということは、家族でも友人でもない人たちと、社会人として接するということです。社会人には節度のある言動が求められます。そのような場面で、プライベートな場面の自分と同じ考え方、同じ行動を取ることが望ましいかどうか、想像してみることが大事です。

　まだ社会に出ていないのでよくわからない、という人は、アルバイトなどで職場の上司と接するときの自分や、大学などで教授と接するときの自分を想定してもよいでしょう。

性格検査（第1部、第3部）

ここがポイント!

左右で組になっている質問文を判断する

◎左右で組になった質問文に対する回答を、4つの
選択肢から選ぶ

◎自分が質問文のどちらに当てはまるかを考えよう

【再現問題】

以下の質問は、あなたの日常の行動や考え方にどの程度
当てはまるか。最も近い選択肢を1つ選びなさい。

	A	Aに近い	どちらかといえばAに近い	どちらかといえばBに近い	Bに近い	B
1	常に活動的なほうだ	○	○	○	○	常に落ち着いているほうだ
2	決断するときは細心の注意をはらう	○	○	○	○	決断するときは思い切って行う
3	冗談をあまり言わないほうだ	○	○	○	○	冗談をよく言うほうだ
4	うまくいかなくてもやり続ける	○	○	○	○	うまくいかなければ違う方法を試す
5	他人の意見に従うほうだ	○	○	○	○	他人の意見には従わないほうだ
6	気が強いと言われる	○	○	○	○	穏やかだと言われる
7	ある分野で抜きん出た存在になりたい	○	○	○	○	無理せず自分らしく進みたい
8	失敗してもあまり気にしないほうだ	○	○	○	○	失敗するといつまでも気になるほうだ

回答時間 ■■■■■■■■■■■■■■　　　　■　　　　　　次へ

性格検査の第1部と第3部では、尺度を測定する質問文が左右で組になって出題される。4つの選択肢から1つを選択することで、尺度の高低がつけられる。

自分が質問文のどちらに当てはまるかを考えて回答しよう。

例えば、自分が常に活動的なほうだと思うときは、「Aに近い」を選ぶ。

例えば、自分が常に落ち着いているほうだと思うときは、「Bに近い」を選ぶ。

A

Aに近い
Aに近いどちらかといえば
Bに近いどちらかといえば
Bに近い

B

	A					B
1	常に活動的なほうだ	○	○	○	○	常に落ち着いているほうだ
2	決断するときは細心の注意をはらう	○	○	○	○	決断するときは思い切って行う
3	冗談をあまり言わないほうだ	○	○	○	○	冗談をよく言うほうだ
4	うまくいかなくてもやり続ける	○	○	○	○	うまくいかなければ違う方法を試す
5	他人の意見に従うほうだ	○	○	○	○	他人の意見には従わないほうだ
6	気が強いと言われる	○	○	○	○	穏やかだと言われる
7	ある分野で抜きん出た存在になりたい	○	○	○	○	無理せず自分らしく進みたい
8	失敗してもあまり気にしないほうだ	○	○	○	○	失敗するといつまでも気になるほうだ

【補足：回答の矛盾について】

ある質問の回答に対して別の質問で矛盾した回答をしても、多少であれば気にする必要はない。1つ1つの質問にきちんと答えることを心がけよう。矛盾した回答をする傾向が非常に強く現れた場合には、報告書にその旨が表示される。これは性格検査としての信頼性にやや欠けることを示すもので、受検者の性格傾向についての注意を示すものではない。

6章 性格

性格検査（第2部）

ここがポイント！

質問文にどの程度当てはまるかを判断する

◎ 1つの質問文に対して、どの程度当てはまるかを選択する

◎ 「当てはまる」「どちらかといえば当てはまる」を選択すると尺度が高くなる

【再現問題】

以下の質問は、あなたの日常の行動や考え方にどの程度当てはまるか。最も近い選択肢を1つ選びなさい。

		当てはまらない	どちらかといえば当てはまらない	どちらかといえば当てはまる	当てはまる
1	困難なことがあっても強気で進むほうだ	○	○	○	○
2	時間をかけて考えてから行動に移すほうだ	○	○	○	○
3	ユニークな考え方をするほうだ	○	○	○	○
4	人前で話すときも緊張しないほうだ	○	○	○	○
5	物事を手際よく進めるほうだ	○	○	○	○
6	活発に動きまわるほうだ	○	○	○	○
7	深く考えることが必要な仕事がしたい	○	○	○	○
8	やることが多すぎるとうまくできないのではと不安になる	○	○	○	○

回答時間 ■■■■■■■■■■■■■■■■■■

次 へ

性格検査の第2部では、1つの質問文に対して、4つの選択肢から回答を選択する。質問文に対して、「当てはまる」「どちらかといえば当てはまる」を選択すると、その質問文の尺度は高くなる。逆に、「当てはまらない」「どちらかといえば当てはまらない」を選択すると、その質問文の尺度は低くなる。

> 例えば、自分が困難に際して強気で進むほうだと思うときは、「当てはまる」を選ぶ。

	質問文	当てはまらない	どちらかといえば当てはまらない	どちらかといえば当てはまる	当てはまる
1	困難なことがあっても強気で進むほうだ	○	○	○	○
2	時間をかけて考えてから行動に移すほうだ	○	○	○	○
3	ユニークな考え方をするほうだ	○	○	○	○
4	人前で話すときも緊張しないほうだ	○	○	○	○
5	物事を手際よく進めるほうだ	○	○	○	○
6	活発に動きまわるほうだ	○	○	○	○
7	深く考えることが必要な仕事がしたい	○	○	○	○
8	やることが多すぎるとうまくできないのではと不安になる	○	○	○	○

【補足：性格検査の質問文と尺度】

性格検査の質問文はそれぞれ、尺度に基づいている。尺度とは、受検者の性格傾向などを測定するための切り口（測定基準）のこと。その性格傾向などについて強い傾向が現れたときは尺度が高くなり、逆の場合は尺度は低くなる。

1つの尺度を測るための質問文は複数ある。回答するときは、「この質問文が何の尺度を測るものなのか」を推測しよう。

※性格検査の尺度と、尺度が測定する内容は416ページを参照。

6章 性格

性格検査の結果はこう表示される

「報告書」の性格検査に関する項目

　性格検査の結果は、基礎能力検査などの結果とともに、テストセンターの報告書に表示されます。

テストセンターの報告書(例)

氏名・年齢	**「応答態度」欄**
基礎能力検査などの得点欄	**「性格特徴」欄** ※受検者の性格特徴を、「行動的側面」「意欲的側面」「情緒的側面」「社会関係的側面」に分けて表示
「職務適応性」欄 (新) **「組織適応性」欄** ※14の職務に関する適応性と、企業や配属部署の風土に関する適応性を表示	
	「人物イメージ」欄
コミュニケーション上の注意点 (新) ※受検者をタイプごとに分け、面接や選考でのコミュニケーション上の注意点を表示	**「チェックポイントと質問例」欄** (新) ※面接での確認ポイントと質問例を表示

(SPIノートの会調べ)

※(新)とある項目は、2018年1月のリニューアルで変更があった項目です。
※報告書は、SPIの各方式で共通です。

● **「職務適応性」欄** (新)

　「多くの人と接する仕事」などのように、職務が14タイプに分けられています。
　受検者の職務に関する適応性が5段階で表示されます。

414

● 「組織適応性」欄

「創造（重視風土）」などのように、組織の特徴が4タイプに分けられています。
受検者の組織に対する適応性が5段階で表示されます。

● 「コミュニケーション上の注意点」欄 <small>(新)</small>

受検者のタイプと、面接や選考でのコミュニケーション上の注意点が表示されます。

● 「応答態度」欄

質問に対して矛盾の多い回答をする傾向が非常に強く現れた場合に、「自分をよく見せようとしている」という内容の文が表示されます。

● 「性格特徴」欄

受検者の性格特徴が、4つの側面（「行動的側面」「意欲的側面」「情緒的側面」「社会関係的側面」）に分けて表示されます。

● 「人物イメージ」欄

「性格特徴」欄の結果から、受検者のイメージが文章で説明されます。

● 「チェックポイントと質問例」欄 <small>(新)</small>

「性格特徴」で傾向が強く表れている尺度について、面接で確認するためのポイントと具体的な質問例が表示されます。

【2018年1月のリニューアルによる変更点】

・「職務適応性」「組織適応性」と「性格特徴」の位置を入れ替え

・「職務適応性」の14タイプの名称を変更

・「コミュニケーション上の注意点」を新設

・「チェックポイントと質問例」欄に、面接での質問例を追加

性格検査の尺度一覧

「職務適応性」 ※2018年1月にリニューアル

14タイプの職務について、受検者がどの程度適しているかが診断されます。

職務適応性のタイプ	どんな職務か
関係構築	多くの人と接する仕事
交渉・折衝	人との折衝・交渉が多い仕事
リーダーシップ	リーダーとして集団を統率する仕事
チームワーク	周囲と協調・協力して進める仕事
サポート	人に気を配ったり、人のサポートをする仕事
フットワーク	フットワークよく進める仕事
スピード対応	スピーディーに手際よく進める仕事
柔軟対応	計画・予定にはないできごとへの対応が多い仕事
自律的遂行	自分で考え、自律的に進める仕事
プレッシャー耐性	目標達成へのプレッシャーの大きな仕事
着実遂行	粘り強く着実に進める仕事
発想・チャレンジ	まったく新しいことに取り組む仕事
企画構想	新しい企画・アイデアを考え出す仕事
問題分析	複雑な問題を分析する仕事

(SPIノートの会調べ)

「組織適応性」

4タイプの組織風土について、受検者がどの程度適しているかが診断されます。

組織適応性のタイプ	どんな組織か
創造（重視風土）	・革新的な考えや、創造に対して積極的な組織 ・風通しが良く、積極的に議論をする組織 ・社員が新しいことに挑戦することを受け入れる組織
結果（重視風土）	・各自に高い目標の達成を求める競争的な組織 ・各自の成果・責任が明確な組織 ・合理性を重んじ、意思決定が速い組織
調和（重視風土）	・人の和を重視しつつ、着実に進める組織 ・面倒見がよく、チームプレーを強みとする組織 ・家庭的で温かみのある組織
秩序（重視風土）	・明確なルールに従って、秩序だった意思決定をする組織 ・合理的な判断が強みの組織 ・計画的で、手堅く仕事を進める組織

(SPIノートの会調べ)

「性格特徴」(社会関係的側面を含む)

　受検者の性格特徴です。その項目について強い傾向が現れたときは尺度が高くなり、逆の場合は尺度は低くなります。

性格特徴の4項目	尺度	測定内容
行動的側面 行動としてあらわれやすい性格特徴を測定。	社会的内向性	対人的に消極的か積極的か
	内省性 <small>ないせいせい</small>	物事を深く考えるかどうか
	身体活動性	体を動かし、気軽に行動するか
	持続性	困難があっても、あきらめずに頑張り抜くか
	慎重性	先行きの見通しをつけながら、慎重に物事を進めるか
意欲的側面 目標の高さやエネルギーの大きさを測定。	達成意欲	大きな目標を持ち、第一人者になることに価値を置くか
	活動意欲	行動や判断が機敏で意欲的か
情緒的側面 行動にあらわれづらい性格特徴を測定。	敏感性	神経質で、周囲に敏感か
	自責性	不安を感じたり、悲観的になりやすいか
	気分性	気分に左右されやすく、感情が表にあらわれやすいか
	独自性	独自の物の見方・考え方を大切にするか
	自信性	自尊心が強く、強気か
	高揚性	調子がよく、楽天的か
社会関係的側面 周囲の人と関わりあう際の特徴を測定。厳しい状況であらわれやすい。	従順性	他人の意見に従うか
	回避性	他人との対立やリスクを避けるか
	批判性	自分と異なる意見に対して批判的か
	自己尊重性	自分の考えに沿って物事を進めるか
	懐疑思考性	他人との間に距離を置こうとするか

(SPIノートの会調べ)

「職務適応性」「組織適応性」を参考にしよう

志望業界や企業、職種などが決まっているときは、その企業や職種が「職務適応性」「組織適応性」のどのタイプに当てはまるのかを確認しておきましょう。企業風土がわからない場合は、4タイプのどれに当てはまるのかが大まかにわかる程度まで研究を進めておきましょう。

志望業界や企業がまだ決まっていないときは、逆に「職務適応性」「組織適応性」の各タイプを参考に、自分がどんな職業につきたいのか、どんな風土の企業で働きたいのかを考えるとよいでしょう。

【SPIの診断項目はどのように変わってきたか】

SPIは、SPI2、SPI3と大きなリニューアルを2度行っています（テストセンターはSPI2から登場）。その都度、性格検査では診断項目の増減がありました。

初期のSPIの性格検査の診断項目は「性格特徴」「性格類型」でした。受検者がどのような性格なのかに焦点を当てて確認するテストといえます。

SPIは2002年にSPI2にリニューアルします。このとき性格検査に「職務適応性」が追加され、「性格類型」が廃止されました。受検者の性格に加え、仕事に対する適応性を確認する検査になったのです。

SPI2の登場後、ITの進展やグローバル化など企業を取り巻く環境は変化し、社員に要求される仕事の難易度は高まりました。しかし、企業は以前に比べ、人材育成に時間を割くことが難しくなっています。その結果、若手社員の組織への不適応が大きな問題になりました。これを受けて登場したのがSPI3の新項目「社会関係的側面」「組織適応性」です。これにより、受検者が自分を取り巻く社会や組織にどのような適応性があるかを客観的に確認できるようになりました。

SPI	SPI2 (2002〜)	SPI3 (2013〜)
性格特徴	性格特徴	性格特徴※
性格類型	職務適応性	職務適応性
		組織適応性

※社会関係的側面が追加

　本書は、2023年10月までに入手した情報をもとに作成・編集しています。

　今後、テストの仕様はテスト会社の都合などで変更される可能性もあります。その場合は、変更点がわかりしだい「SPIノートの会」のWebサイトでお知らせします。

https://www.spinote.jp/

【編著者紹介】

SPIノートの会 1997年に結成された就職問題・採用テストを研究するグループ。2002年春に、『この業界・企業でこの「採用テスト」が使われている！』（洋泉社）を刊行し、就職界に衝撃を与える。その後、『これが本当のSPI3だ！』をはじめ、『これが本当のWebテストだ！』シリーズ、『これが本当のSPI3テストセンターだ！』『これが本当のSCOAだ！』『これが本当のCAB・GABだ！』『これが本当の転職者用SPI3だ！』『完全再現NMAT・JMAT攻略問題集』『「良い人材」がたくさん応募し、企業の業績が伸びる採用の極意』『こんな「就活本」は買ってはいけない！』などを刊行し、話題を呼んでいる。講演依頼はメールでこちらへ　pub@spinote.jp

SPIノートの会サイトでは情報を随時更新中

https://www.spinote.jp/

カバーイラスト＝しりあがり寿
口絵イラスト＝草田みかん
図版作成＝山本秀行（Ｆ３デザイン）／相澤裕美
DTP作成＝中山デザイン事務所

本書に関するご質問は、下記講談社サイトのお問い合わせフォームからご連絡ください。
サイトでは本書の書籍情報（正誤表含む）を掲載しています。

https://spi.kodansha.co.jp
2026年度版に関するご質問
の受付は、2025年3月末日
までとさせていただきます。

＊回答には1週間程度お時間をいただく場合がございます。
＊基本的にご質問は問題の正誤に関わるものに限らせていただいております。就活指導など、本書の範囲を超えるご質問にはお答えしかねます。

本当の就職テストシリーズ

これが本当のＳＰＩ３ テストセンターだ！ 2026年度版

2024年1月20日　第1刷発行　　2024年8月2日　第2刷発行

編著者	ＳＰＩノートの会
発行者	森田浩章
発行所	株式会社講談社
	東京都文京区音羽2-12-21　〒112-8001
	電話　編集　03-5395-3522
	販売　03-5395-4415
	業務　03-5395-3615
装丁	岩橋直人
カバー印刷	共同印刷株式会社
印刷所	株式会社新藤慶昌堂
製本所	株式会社国宝社

KODANSHA

ISBN978-4-06-534506-1　N.D.C. 307.8　439p　21cm